Wilhelm Heincks

Berechnung und Schnitt der Segel (1887)

Handbuch für Kapitäne, Steuerleute und Segelmacher

Wilhelm Heincks

Berechnung und Schnitt der Segel (1887)

Handbuch für Kapitäne, Steuerleute und Segelmacher

ISBN/EAN: 9783954270064
Erscheinungsjahr: 2012
Erscheinungsort: Bremen, Deutschland

© maritimepress in Europäischer Hochschulverlag GmbH & Co. KG, Fahrenheitstr. 1, 28359 Bremen. Alle Rechte beim Verlag und bei den jeweiligen Lizenzgebern.
www.maritimepress.de | office@maritimepress.de

Bei diesem Titel handelt es sich um den Nachdruck eines historischen, lange vergriffenen Buches. Da elektronische Druckvorlagen für diese Titel nicht existieren, musste auf alte Vorlagen zurückgegriffen werden. Hieraus zwangsläufig resultierende Qualitätsverluste bitten wir zu entschuldigen.

Berechnung
und
Schnitt der Segel.

Handbuch
für
Kapitäne, Steuerleute und Segelmacher
von
Wilh. Heincks.

Zweite verbesserte Auflage.

Bremerhaven.
Commissionsverlag von L. v. Vangerow.
1887.

Vorwort.

Auf Reisen nach Ostindien und überhaupt auf langen Reisen ist jeder Schiffer mehr oder weniger darauf angewiesen, seine Segel selbst auszubessern, ja er ist, wenn dieselben durch anhaltende Stürme arg mitgenommen sind, oft sogar gezwungen, neue zu machen. Für Jemand, der von dem Zuschneiden und dem Schnitt der Segel keine Kenntniß hat, ist die Anfertigung neuer immer mit großen Schwierigkeiten verbunden; und wenn sich auch Einzelne dieser Aufgabe unterziehen, so wird im Allgemeinen doch selten etwas Gutes davon, da die Segel, selbst wenn sie gut zugeschnitten, doch durch die Art und Weise der Bearbeitung, besonders in Betreff der Leike (Lieke), leicht verunstaltet werden. Und doch giebt es für das Auge des Seemanns keinen herrlicheren Anblick, als wenn die Segel schön stehen, ganz abgesehen davon, daß man, werden die Segel an Bord verfertigt, sehr wesentliche Ersparnisse erzielt, die bei dem anhaltenden Darniederliegen der Frachten wahrlich nicht zu unterschätzen sind.

Da ich die Segelmacherei erlernt und während einer etwa zwanzigjährigen Fahrzeit zur See weitere Erfahrungen darin gesammelt habe, so fühle ich mich, weil es eben an jeder Anweisung zum Anfertigen neuer Segel mangelt, veranlaßt, diese meine Erfahrungen in zusammenhängender, verständlicher Weise zu veröffentlichen, um so Rehdern und Kapitänen einen nützlichen Rathgeber bei Segelmacherarbeiten an die Hand zu geben. In kurzen knappen Zügen habe ich die Anfertigung, Berechnung und den Schnitt jedes einzelnen Segels durchgenommen, und da ich die Anschauungsweise der Seeleute kenne, so habe ich die an Bord gebräuchlichen Ausdrücke beibehalten, und glaube deshalb von Fachleuten leicht verstanden zu werden.

Die beigefügten Tafeln sind ohne Mühe zu verstehen; sie enthalten das Verhältniß der Hypothenuse zur anliegenden Kathete, oder in anderen Worten, das Verhältniß der schrägen Seite zur Naht (Egge), und zwar ist in den Tafeln der Meter als Maßeinheit angenommen. Es wird allerdings von den Segelmachern noch immer nach Ellen und Sechszehnteln gerechnet, dem sonst überall eingeführten Gebrauche gemäß habe ich hier jedoch gleich das Metermaß eingeführt.

Die Tafeln I.—XI. sind für die Tuchbreiten von 0,60 m. bis 0,70 m.; letztere auch für Leinenbreite.

Da der ganze Centimeter bei der Berechnung der Segel vollständig genügt, so habe ich die Bruchtheile fortgelassen; und wenn die hier berechneten Beispiele auch ziemlich genau ausgeführt sind, so braucht man in der Praxis diese Genauigkeit doch nicht anzuwenden, selbst wenn man das Segeltuch auf Bruchtheile eines Centimeters genau schneiden könnte

Die dem Text beigefügten Figuren werden sehr zur Erleichterung des Verständnisses beitragen; zudem habe ich in Betreff der Bearbeitung Alles, was den guten Stand der Segel, den Hauptvorzug derselben bedingt, mitgetheilt.

Indem ich auf diese Weise den früher genossenen Unterricht so wie meine eigenen Erfahrungen bei der Anfertigung des vorliegenden kleinen Werkes zu Rathe gezogen, glaube ich mich der Hoffnung hingeben zu dürfen, daß dasselbe Rhedern und Schiffern willkommen und von Nutzen sein wird.

Bremerhaven, im September 1886.

Wilh. Heincks.

Inhaltsverzeichniß.

	Seite.
Einleitung	1
I. **Dreieckform.**	
a) Eintheilige Segel	4
b) Zweitheilige Segel	34
c) Mehrtheilige Segel	52
II. **Viereckform.**	
a) Rahsegel	59
Leesegel	69
Unterleesegel	73
Stagsegel, Trapezform	74
b) Gaffelsegel	91
III. **Segel verschiedener Art**	108
IV. **Veränderungen der Segel**	119
Erklärung der Tafeln	123

Einleitung.

Bei einem jeden Segel hat man den Stand und die Stellung desselben wohl zu unterscheiden; ersterer hängt von den Eigenschaften des Segels selbst, von der Art und Weise der Anfertigung, dem Schnitt und hauptsächlich dem Leiken (Lieken), letztere dagegen davon ab, wie es gesetzt und gebraßt wird.

Was zunächst die Wirkung des Windes auf die Segel betrifft, so sei hier folgendes bemerkt:

Nach der Lehre von der Wirkung der Kräfte äußert sich, wie aus nebenstehender Figur ersichtlich, die von dem Punkte W kommende, in der Richtung W P die Fläche A B C D in dem Punkte P treffende Kraft in der Richtung des Lothes P L, welches auf dieser Fläche in dem Punkte P steht.

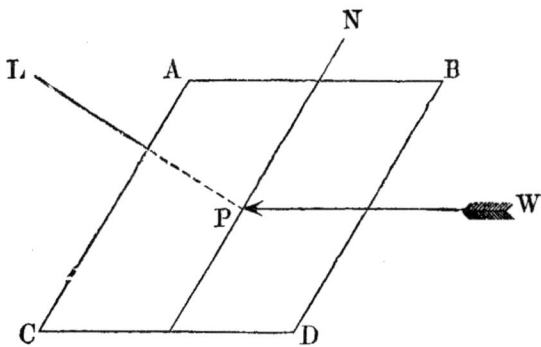

Wenn nun der Wind parallel mit der Meeresfläche in der Richtung von W nach P weht und die Segelfläche A B C D in der Neigung A C, B D trifft, so muß der Wind das Segel in der Richtung der Linie P N heben.

Am deutlichsten wird diese Theorie durch das Aufsteigen eines Papierdrachens bewiesen; man bemerkt aber auch auf See, wenn ein Schiff bei frischer Brise und gleichmäßiger See den Klüver beisetzt, daß das Stampfen des Schiffes um ein Bedeutendes vermehrt wird, während dasselbe nachläßt, wenn unter gleichen Verhältnissen der Klüver eingenommen wird. Hieraus geht hervor, daß ein Stagsegel an einem

1

mehr horizontal als vertikal liegenden Leiter oder Stag nicht von solchem Vortheil sein kann, wie ein derartiges Segel, dessen Leiter senkrechter steht, weil in letzterem Falle die Wirkung des Windes sich vorwärts äußert, wohingegen sie in ersterem eine mehr hebende Wirkung ausübt.

Ein Gaffeltopsegel, in Form und Größe eines Stagsegels, wird an seiner gehörigen Stelle mehr Dienste thun, als wenn man es als Stagsegel angeschlagen hat; dahingegen wird das Stagsegel auch als Gaffeltopsegel vortheilhafter sein, als am Stag, weil die Stenge annähernd lothrecht steht und somit die Kraft des Windes horizontal wirkt, während sie am Stag eine mehr hebende Wirkung verursacht.

Segelt ein Schiff mit angebraßten Rahen beim Winde, so wird letzterer die Segelfläche in einem spitzen Winkel treffen und in der Richtung nach Vorn heben. Das Loth aus dieser Fläche wird allerdings ziemlich stark nach Lee drängen, die Kraft sich indessen, vermöge der Bauart des Schiffes, als länglich geformten Körpers, vorwärts äußern.

Wäre das Schiff ein kugelförmiger Körper, so würde es sich in der Richtung des Lothes fortbewegen.

Raumt der Wind, so daß er die Segelfläche nicht mehr in solchem spitzen Winkel trifft, so wird er bei angebraßten Rahen mehr Druck auf die Fläche selbst hervorbringen; da die Rahen jedoch so gestellt sind, daß das Loth, gleichviel, unter welchem Winkel die Fläche getroffen wird, stark nach Lee drängt, so wird bei starker Brise die Takelung (das Zeug) verhältnißmäßig mehr angestrengt, als die Fahrt des Schiffes befördert. Braßt man dagegen die Rahen auf, so wird das Loth mehr die Längsrichtung des Schiffs nehmen, der Druck auf die Segelfläche wird geringer, die Fahrt dafür aber beschleunigt.

Ist der Wind ganz raum, so wird man die Rahen ungefähr vierkannt brassen können; in Folge dessen fällt das Loth annähernd mit der Längsrichtung des Schiffs zusammen und der Druck äußert sich in der Richtung des Kiels.

Am zweckmäßigsten und vortheilhaftesten sind diejenigen Segel, welche so zugeschnitten und gearbeitet sind, daß sie möglichst flach stehen, und es zeigt sich der Vortheil derselben hauptsächlich dann, wenn das Schiff beim Winde segelt, besonders aber an den Schräg=(Stag= und Gaffel=) segeln.

Obwohl schon früher erfahrene Seeleute zu dieser Ueberzeugung gelangt waren, so haben doch die Amerikaner zuerst die praktischen Beweise für diese Behauptung geliefert. Auch mögen die chinesischen Dschunken als Beweis dienen, die mit ihren aus Matten gearbeiteten, aber durch Bambusrohr möglichst flach gehaltenen Segeln beim Winde überwiegende Vortheile gegen andere Schiffe aufzuweisen haben.

Der Grund, weshalb ein Segel, welches flach gearbeitet und außerdem gut gesetzt ist, stets mehr Druck hervorbringen wird als ein anderes, welches bauchig angefertigt ist, dürfte darin beruhen, daß bei einem flachen Segel die Fläche größer und der Wind auf alle Theile desselben eine gleichmäßigere Wirkung ausübt. Letzteres geschieht aus dem Grunde, weil der Wind ein Segel, welches an den Wind gestellt ist, nicht in einem rechten, sondern in einem spitzen Winkel trifft, mithin auf das Ausbauchen der Luvseite des Segels ohne alle Wirkung bleibt, wohingegen er durch das Ausbauchen der Leeseite das Schiff sehr stark nach Lee drängt. Daher wird ein Schiff mit bauchigen Segeln auch nie so scharf bei dem Winde liegen können, wie ein Schiff mit flachen Segeln.

Vorstehend Gesagtes bezieht sich mehr auf die Bearbeitung, als auf den Schnitt, da ein Segel leicht, hauptsächlich durch das Leiken (Lieken) verdorben wird. Leider ist es bei vielen Segelmachern, welche trotz der erwiesenen Nachtheile bei der alten Methode verharren, noch immer Gebrauch, die Segel bauchig zu machen.

Theilt man zunächst die Segel ihrer Form nach ein, so hat man:
I. die Dreieckform und zwar:
   a) eintheilige, b) zweitheilige, c) mehrtheilige Segel;
II. die Viereckform, und zwar:
   a) Rahsegel, b) Gaffelsegel.

Unter Dreieckform, a) eintheilige, versteht man solche Form der Segel, bei welcher sämmtliche Nähte (Kleider, Bahnen) parallel mit der Hinterseite laufen; nach dieser Methode wurde früher meistentheils gearbeitet.

b) Bei zweitheiligen Segeln laufen die Nähte in dem oberen Theile parallel mit der hinteren, in dem unteren Theile mit der unteren Seite. Beide Theile werden durch eine Naht verbunden, welche den Winkel im Schoothorn halbirt.

Diese Art Segel sind, weil sie ihren Stand besser halten, den eintheiligen vorzuziehen, und besonders, wenn sie, wie Klüver, hoch in der Schoote stehen. Hat das Segel im Schoothorn die Gestalt eines rechten oder eines nahezu rechten Winkels, dann kann man es eintheilig machen.

c) Mehrtheilige oder Strahlensegel sind solche Segel, bei denen sämmtliche Kleider (Bahnen) keilförmig sind und demnach alle Nähte in der Schoote zusammenlaufen.

Zu den Segeln mit Viereckform gehören a) Rahsegel, zu denen auch die Leesegel zählen, und b) die Gaffelsegel.

Die Gaffeltopsegel haben gewöhnlich eine Dreieckform und werden am besten zweitheilig hergestellt. Zu den Segeln mit Viereckform gehören ferner noch diejenigen Stagsegel, welche eine Vorderseite am Mast haben und die, wenn Vorder= und Hinterseite parallel sind, die Gestalt eines Trapezes besitzen.

I.
Dreieckform.

a) Eintheilige Segel.

Die für die Berechnung der Segel nothwendigen Verhältnisse kann man durch Messung finden oder der Koppeltafel in Graben, entnehmen.

Hat man das Maß eines Segels genommen, so sind die Seiten bekannt. Um dem Anfänger das Verständniß zu erleichtern, wird es zweckmäßig sein, die Figur zu construiren.

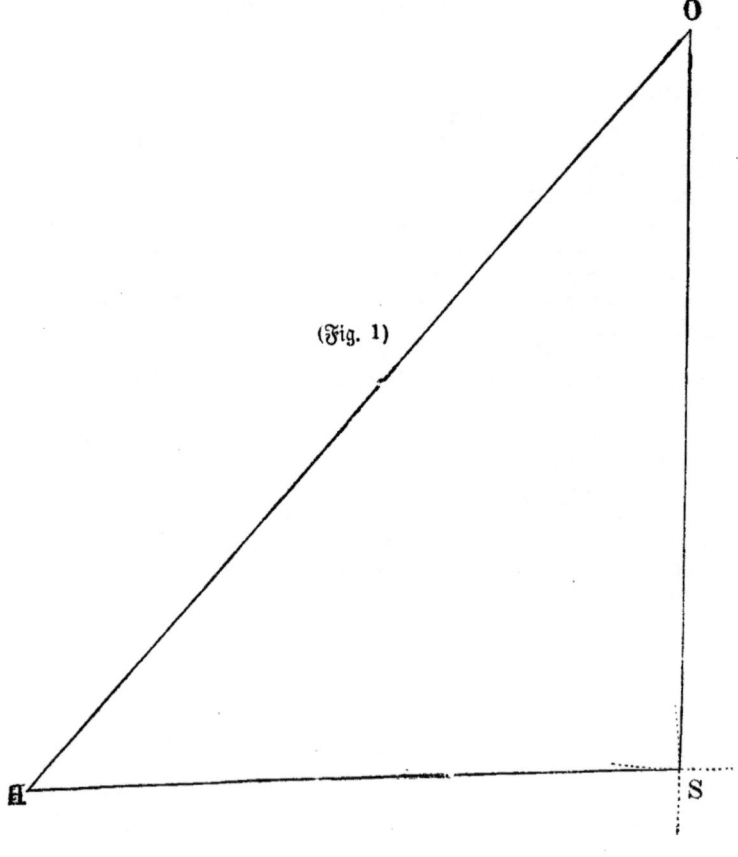

(Fig. 1)

Am leichtesten wird ein Stagsegel anzufertigen sein, welches im Schoothorn S einen rechten, oder einen nahezu rechten Winkel bildet. Will man also ein **Großstengenstagsegel** (Fig. 1) anfertigen, das vorn 13,92 m., hinten 10,08 m. und unten 9,12 m. messen soll, so zieht man zuerst die vordere Seite $OH = 13,92$ m., nehme dann die hintere Seite $OS = 10,08$ m. in den Zirkel und schlage einen Kreis; desgleichen mit der unteren Seite $SH = 9,12$ m.; wo beide Kreislinien sich schneiden, liegt die Schoote S.

Alsdann hat man aus der in Metern angegebenen unteren Seite zunächst die Zahl der Kleider (Bahnen) zu berechnen. Verwendet man Delius'sches Tuch, das 0,60 m. breit ist, und nimmt die Naht 0,03 m. weit, so bleibt für jedes Kleid eine Breite von 0,57 m., dividirt man diese Zahl in die Gesammtbreite von 9,12 m., so erhält man für dieses Segel die Zahl der Kleider = 16.

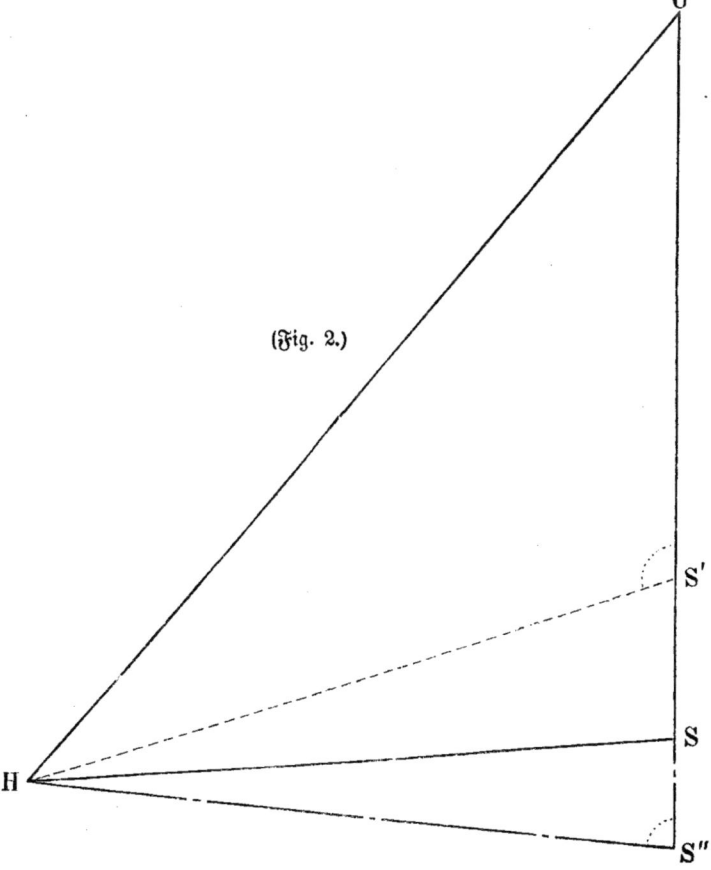

(Fig. 2.)

Wäre das Segel, wie Fig. 2, höher, oder stumpfwinklig im Schoothorn, so würde man ebenfalls 16 Kleider gebrauchen; um diese Zahl jedoch zu finden, müßte man die Hinterseite O S' soweit verlängern, daß die Linie H S dieselbe rechtwinklig schneidet und auf diesem Loth die Kleiderzahl suchen. Reichte die Hinterseite über den rechten Winkel bei S bis nach S" hinaus und das Segel im Schoothorn wäre spitzwinklig, so müßte man von H das Loth auf O S" fällen, um hierauf die Kleiderzahl zu suchen. In beiden Fällen würde die Unterseite größer als das Loth sein, die Kleiderzahl bliebe jedoch stets gleich.

Nachdem man auf diese Weise die Zahl der Kleider gefunden, theile man die untere Seite S H in ebenso viele Theile, ziehe durch die einzelnen Punkte parallel mit der Hinterseite O S Linien, welche alsdann die Näthe resp. die Kleider bezeichnen.

Durch diese Linien wird die Vorderseite O H ebenfalls in 16 Kleider getheilt und es würden, weil O H eine gerade Linie ist, alle denselben Schnitt haben. Da dieses Segel annähernd einen rechten Winkel in der Schoote bildet, so braucht man vorn keine Rundung zu geben, es bleiben vielmehr an der Vorderseite alle Kleider gleich.

Theilt man nun die 13,92 m. lange Vorderseite in 16 Theile ein, so erhält man die Länge der schrägen Seite eines jeden Kleides mit 0,87 m. Da sich das Segel jedoch nicht genau schneiden läßt, so wird die schräge Seite eines jeden Kleides ins „Rechte" übertragen, d. h. man bestimmt das Verhältniß zwischen der Länge der schrägen Seite und der letzterer gegenüber liegenden geraden Naht. Ist, wie in Fig. 3, die schräge Seite O H' = 0,87 m., so mißt nach Tafel I. die rechte Seite O S' = 0,63 m., der Unterschied also = 0,24 m., und da sämmtliche Kleider an der Vorderseite gleich sind, so würde bei allen auch der Unterschied gleich sein und die sogen. „rechte" Seite in jedem Kleide 0,63 m. lang sein. Hiermit ist die Vorderseite genau berechnet und es werden im Dreieck O S H an der Vorderseite alle Kleider rechtwinkelige Dreiecke bilden, in deren jedem die rechte oder die Nathseite = 0,63 m. mißt; diese zusammen ergeben also 16 × 0,63 m. = 10,08 m. = vorn „Recht" = der Hinterseite O S; demnach bildet das Segel einen rechten Winkel in der Schoote.

Geht man jetzt zur unteren Seite über, so könnte man alle Kleider gleich oder gerade nehmen und wäre alsdann fertig, um das Segel zuzuschneiden. Wenn man die Kleider an der unteren Seite indessen sämmtlich gleich oder gerade schneidet, so wird, da Schoote und Hals bald herunter gezogen werden, das Segel an der unteren Seite Höhlung erhalten. Um dieses nun zu vermeiden, giebt man den eintheiligen Segeln unten Rundung, welche mit der Zeit wieder heraussegelt. Wie viel dies sein soll, hängt von dem Ermessen des Verfertigers ab. Es ist bei diesem Segel weder Schooten- noch Halsenschnitt, weil es einen rechten Winkel im Schoothorn bildet. Wäre das Segel höher in der Schoote, oder die hintere Seite kleiner als vorn „Recht", so würde der Unterschied Schootenschnitt sein; wäre dagegen die hintere Seite größer als vorn „Recht", so würde es

Halsenschnitt haben. Wünscht man also Rundung an der Unterseite, so muß man Schooten- und Halsenschnitt geben.

Fängt man nun an der Schoote S bei dem ersten Kleide an und nimmt bis zur Mitte zu und dann wieder nach dem Hals H ab, so wird sich die untere Seite (Unterkante) folgendermaßen gut gestalten:

1. Kleid = 0,21 m.
2. „ = 0,14 „
3. „ = 0,09 „
4. „ = 0,06 „
5. „ = 0,04 „   = 0,57 m. Schootenschnitt.
6. „ = 0,02 „
7. „ = 0,01 „
8. „ = 0,00 „

Mittel

9. „ = 0,00 „
10. „ = 0,01 „
11. „ = 0,02 „
12. „ = 0,04 „
13. „ = 0,06 „   = 0,57 m. Halsenschnitt.
14. „ = 0,09 „
15. „ = 0,14 „
16. „ = 0,21 „

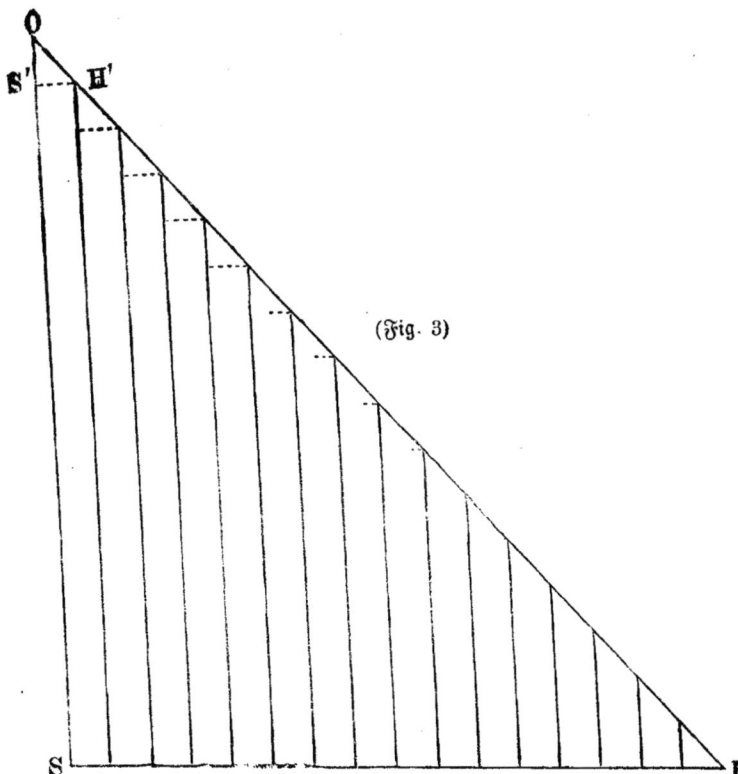

(Fig. 3)

Es würde dies also 0,57 m. Rundung geben, für die Größe des Segels nicht zu viel. In der Schoote und im Hals nimmt man verhältnißmäßig viel Aufsprung, weil beide, und namentlich erstere, immer leicht heruntergezogen werden, und würde man, wenn ein Segel Schootenschnitt hat, dem ersten Kleide einen noch größeren Sprung geben. Hiermit ist die Berechnung und Eintheilung eines der einfachsten Schrägsegel fertig.

Die Größe ist absichtlich so gewählt, um dem Anfänger das Verständniß zu erleichtern; denn in der Praxis und bei der Bearbeitung würde es sich gleich geblieben sein, wenn man statt 13,92 m. die Vorderseite (Vorderkante) 14 m. lang genommen hätte, da es bei einem Stagsegel in Betreff der Größe nicht so sehr genau darauf ankommt.

Man schneidet die Schrägsegel immer von der hinteren Seite (Hinterkante) oben oder unten zu, je nachdem es am günstigsten auskömmt. Das vorstehende Segel würde sich am besten von der Schoote aus zuschneiden lassen, und verfahre man dabei folgendermaßen:

Zuerst schneidet man für das erste, hinterste Kleid den Schootenschnitt = 0,21 m., mißt dann von der kurzen Seite des Tuches, wo also die Schoote sein soll, die hintere Seite (Hinterkante) = 10,08 m., macht hier ein Märk, mißt nun 0,63 m. rückwärts, geht hier bei dem Faden (Drath) quer über das Tuch und macht auf der anderen Seite ebenfalls ein Märk. Alsdann nimmt man das Tuch zusammen und schneidet es von Märk zu Märk schräge durch, womit das erste Kleid fertig ist.

Bei dem zweiten Kleid kehrt man das Segeltuch um, legt die längere Seite des zweiten Kleides an die kürzere des ersten — es wird hier gleich die schräge Seite passen, weil es denselben Schnitt des ersten Kleides hat und der durch das Schrägschneiden am Tuche entstandene stumpfe Winkel des einen Kleides das Complement des spitzen Winkels am andern ist — mißt dann von oben nach unten der kurzen Seite des ersten Kleides entlang, macht ein Märk mit dem ersten Kleide gleich, geht hier beim Faden quer über das Tuch, mißt den Schootenschnitt des zweiten Kleides um 0,14 m. nach unten länger, macht hier das andere Märk und schneidet zwischen beiden Märken wieder schräge durch, womit das zweite Kleid fertig ist.

Alsdann muß man den Schootenschnitt, welcher an dem Reste des Tuches, ebenso wie beim zweiten Kleide = 0,14 m. ist, bis auf 0,09 m. verringern, um ihn für das dritte Kleid passend zu machen; legt darauf die längere Seite des zweiten Kleides an die kürzere des dritten, mißt von unten nach oben, macht hier ein Märk bei der kurzen Seite des zweiten Kleides, mißt um 0,63 m. rückwärts, geht hier beim Faden quer über das Tuch und macht auf der anderen Seite ein Märk. Dann schneidet man wieder zwischen beiden Märken schräge durch und erhält damit das dritte Kleid. Man kehrt darauf das Tuch wieder um und es wird die Seite wie vorhin auch hier passen; auf diese Weise kann man alle Kleider durchnehmen, es wird fast gar kein Tuch verschnitten werden. Unten wird der Schootenschnitt immer geringer; man muß nur darauf achten, daß beim Uebergang zum Halsenschnitt nicht mehr, sondern weniger gemessen wird. Auch ist es zu empfehlen, die Bahnen, sobald sie abgeschnitten, zu nummeriren, und zwar alle unten auf derselben Seite; es ist dies immer übersichtlicher und sogar nothwendig, um Irrthümer zu vermeiden. Bei der letzten Bahn wird die Vorderseite des Kleides unten im Hals H auf Nichts auslaufen; es kann jedoch mitunter vorkommen, daß einige Centimeter Unterschied dadurch entstehen, daß die eine Seite der Egge mehr eingewebt ist, als die andere; indessen wird dies nie erheblich sein und es läßt sich mit dem Saumeinlegen immer wieder ausgleichen.

Den Saum- und Stoßlappen legt man gewöhnlich nach der Steuerbordseite, die Leike (Lieken) bei Schrägsegeln nach der Backbordseite; im Grunde genommen bleibt sich dies gleich, es ist nur einmal der Brauch so.

Streicht man die Näthe ein, so nimmt man oben an der Vorderseite, so weit wie der Saum breit werden soll, runde Nath; alsdann geht man zu den doppelten oder platten Näthen über, welche der Rundung wegen unten breiter auslaufen müssen. Hier hat man sich mit dem Zunehmen der Nathbreite nach dem Schooten- und Halsenschnitt zu richten und darf bei der ersten Nath nicht über 0,24 m. gehen, weil der Schootenschnitt hier schon 0,21 m. beträgt; bei der zweiten Nath kann man vielleicht 0,36 m. nehmen, weil der Schenkel des rechten Winkels in der Schoote schon höher liegt.

Da die Rundung bei diesem Segel 0,57 m. beträgt, so darf man nicht über diesen Betrag mit dem Zunehmen der Nathbreite hinausgehen; es wird auch genügend sein, die Näthe unten um 0,02 m. zu verbreitern.

In Betreff des Leikens (Liekens) sei erwähnt, daß an der Vorderseite des Segels das Tuch etwas eingearbeitet wird, doch darf dies nicht zu viel sein, weil sonst das Segel bauchig werden möchte. Auch ist es zu empfehlen, daß des Vorderleik vorher gut gereckt wird.

An der hinteren und unteren Seite des Segels findet gerade das Gegentheil statt; hier muß das Leik lose angenäht werden, damit das Segel kein Sack wird und flach zu stehen kommt, es muß, so zu sagen, der Wind herauswehen können. Den Uebergang von der hinteren nach der unteren Seite bildet das schwerere Schootleik welches auch vorher gut gereckt werden muß; hier ist es nothwendig, daß das Tuch etwas eingearbeitet oder lose genommen wird, weil die Schoote immer die größte Kraft auszuhalten hat. Von der Bearbeitung der hinteren und unteren Seite des Segels hängt größtentheils der Stand desselben ab; sind hier die Leike gut angesetzt, so wird es auch immer gut stehen. Es ist nicht nöthig, das Hinter- und Unterleik vorher zu recken; es müßte denn sein, daß das anzusetzende Tau kein geschlagenes Leik wäre, alsdann ist es gut, desselben vorher auszutalgen, um die „Turns" (Schläge) herauszudrehen.

Beim Leiken der hinteren Seite (Hinterkante) achte man namentlich darauf, daß man den Segelhaken ins Tuch schlägt, das Leik jedoch zur Bearbeitung lose liegen läßt. Man sticht mit der Nadel durch das Leik ein wenig nach links und zieht dann den Faden an; dadurch wird

erſteres loſe an das Tuch kommen, ſo daß das Segel reſp. das Segel=
tuch ſich genügend recken kann, bis das Leik zur Spannung kömmt.
Will man ziemlich viel einarbeiten, dann gebe man dem Leik mit der
linken Hand eine Biegung um das Tuch, wodurch es loſer wird. Beim
Spliß des Schootleiks angelangt, geht man nach und nach zum Ein=
arbeiten des Tuchs über. Man ſchlägt dann den Segelhaken ins
Leik und läßt das Tuch loſe liegen, ſticht mit der Nadel hindurch, biegt
dieſelbe vielleicht noch ein wenig nach rechts, um etwas mehr Tuch zu
faſſen, und zieht dann erſt den Faden an. Iſt man um die Schoote
herum und beim Spliß an der unteren Seite des Segels angelangt,
dann geht man wieder zur erſteren Methode über und näht das Leik
wie an der hinteren Seite an. Anfänglich wird es zwar ausſehen,
als ſei das Leik in Buchten an die hintere und untere Seite genäht,
doch läßt ſich dies nicht ändern, weil es durch die Loſe des Taues
bedingt wird; mit der Zeit verſchwindet dies jedoch. Bei dem Leiken
an der Vorderſeite ſchlägt man den Segelhaken ins Leik, damit das
Tuch loſe angearbeitet wird, nur darf
man demſelben, wie ſchon vorhin be=
merkt, nicht zu viel geben.

    Hinſichtlich der Bearbeitung die=
ſes Segels dürfte wohl genügend ge=
ſagt ſein; es ſei hier nur noch erwähnt,
daß man die Löcher (Gaten) an der
Vorderſeite gewöhnlich 0,72 m. von
einander entfernt macht.

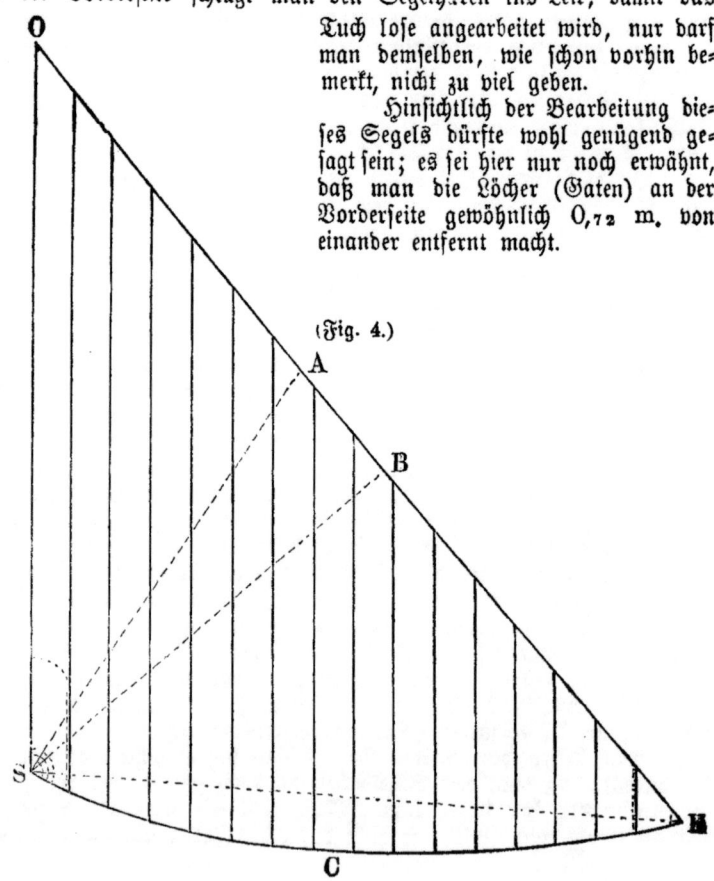

(Fig. 4.)

Es ist nicht zu befürchten, daß das Segel an der Hinterseite klappern wird, denn nach Fig. 4 wird es in der Richtung AS, SB verhältnißmäßig mehr sich ausrecken, als in der Richtung OS, mithin die hintere Seite mehr zum Tragen kommen.

Durch das Zunehmen der Nahtbreite ist auch an der unteren Seite das Klappern nicht möglich; würde man die Nähte unten nicht breiter auslaufen lassen, dann wäre dies allerdings zu befürchten, weil das Tuch auf der unteren Seite SCH (Fig. 4) sich mehr dehnen wird, als auf der Linie SH, wo es gar nichts, oder doch nur sehr wenig nachgiebt.

Ein ähnliches Segel, wie das vorhergehende, ist ein **Großbramstagsegel** (Fig. 5), das vorn 14 m., hinten 12 m. und unten 8 m. mißt.

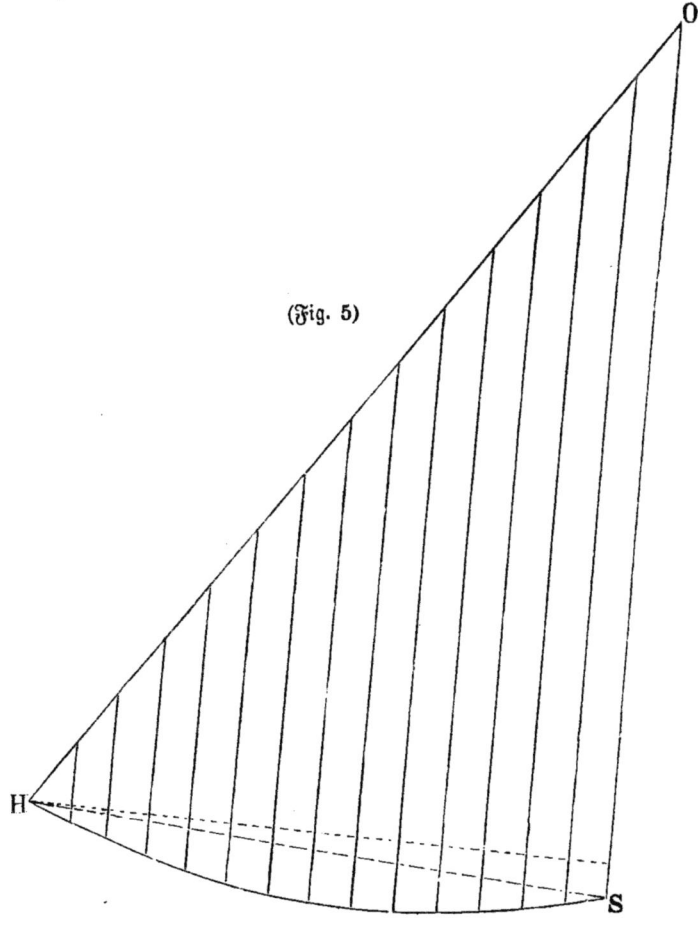

(Fig. 5)

Man zeichne sich zuvörderst das Segel, um die Zahl der Kleider zu finden. Es wird, wie schon aus der Figur ersichtlich, Halsenschnitt haben; das Loth aus H auf OS ist jedoch nur um ein Geringeres kürzer als die untere Seite, so daß man auch auf dieser die Zahl der Kleider annähernd finden kann. Nimmt man auch hier 0,60 m. breites Tuch und eine Nahtbreite von 0,03 m., so ergiebt sich aus der unteren Seite (8 : 0,57) die Zahl der Bahnen = annähernd 14. Man wird genau 14 Kleider für dieses Segel gebrauchen, da das Loth etwas kürzer als die untere Seite ist.

Theilt man nun die 14 m. lange Vorderseite ebenfalls durch 14, so ergiebt sich für die schräge Seite eines jeden Kleides 1 m., und da dieses Segel ebenfalls keine Rundung an der Vorderseite zu haben braucht, so werden demnach alle Kleider an derselben gleich geschnitten.

Nach Tafel I. mißt die der 1 m. langen schrägen Seite entsprechende „rechte" Seite 0,80 m., und da alle Kleider gleich sind, so hat man 14 × 0,80 m............ = 11,20 m. = vorn „Recht".
Es beträgt die Hinterseite .... = 12,00 m.,
der Unterschied demnach .... = 0,80 m.; man hat also, da die Hinterseite länger ist als vorn „Recht", einen Halsenschnitt.

Theilt man nun die untere Seite ein, so würde das Segel, in folgender Weise zugeschnitten, gut stehen. An dem ersten (hintersten) Kleide kann man noch etwas Schootenschnitt geben, vielleicht 0,04 m. Es erhalten dann von der Schoote

das 1. Kleid = 0,04 m. Schootenschnitt.
„ 2. „ = 0,00 „
„ 3. „ = 0,01 „
„ 4. „ = 0,02 „
„ 5. „ = 0,03 „
„ 6. „ = 0,04 „
„ 7. „ = 0,05 „
„ 8. „ = 0,06 „   } 0,84 m. Halsenschnitt.
„ 9. „ = 0,07 „   } − 0,04 m. Schootenschnitt.
„ 10. „ = 0,08 „
„ 11. „ = 0,09 „
„ 12. „ = 0,11 „
„ 13. „ = 0,13 „
„ 14. „ = 0,15 „

0,80 m. Halsenschnitt.

Beim Zuschneiden verfahre man, wie vorhin beim Großstengenstagsegel erklärt, desgleichen beim Ableiken; doch darf man hier mit dem Zunehmen der Nahtbreite in der Schoote nicht zu hoch anfangen, weil das Segel sich sonst von der Schoote aus spannen würde.

Es sei hier ferner noch folgendes Beispiel erwähnt: Ein Großoberbramstagsegel soll vorn 11 m., hinten 8,50 m., unten 8,30 m. lang sein und aus 0,60 m. brettem Tuch mit einer Nahtbreite von 0,03 m. angefertigt werden. Wie schon aus der Fig. 6 ersichtlich, wird dieses Segel mehr Halsenschnitt haben, da das Loth von H auf OS um ca. 0,05 m. kürzer ist. Nimmt man das Loth = 8,25 m. an, so hat man 8,₂₅ : 0,₅₇ = annähernd 14¹/₂, die Zahl der Kleiber. Dividirt man dann letztere Zahl in die Länge der Vorderseite, also 11 m. : 14,₅₀, so bekommt man die Länge der schrägen Seite des Tuches = 0,₇₆ m. (annähernd).

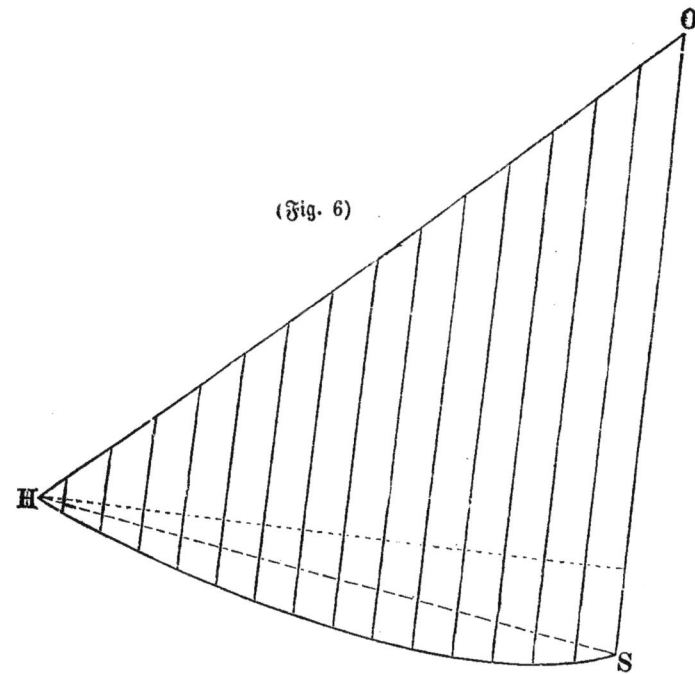

(Fig. 6)

Dies Segel muß vorn keine Rundung haben, daher bleiben auch hier alle Kleider vorn gleich; weil aber die schräge Seite eines jeden Kleibes nicht ganz 0,₇₆ m. beträgt, so kann man an den beiden ersten Bahnen oben 1 Centimeter weniger nehmen. Indessen wäre es auch grade kein erheblicher Fehler, wenn man bei jedem Kleide 0,₇₆ m. berechnete, da es in der Praxis gar nicht so genau darauf ankommt.

Nimmt man also bei den beiden ersten Kleidern 1 Centimeter weniger, so hätte man:

(Nach Tafel I)

vorn Schräg das 1. Kleid = 0,₇₅ m. ist = 0,₄₆ m. vorn Recht.
„ 2. „ „ = 0,₇₅ „ „ = 0,₄₆ „
„ 3. „ „ = 0,₇₆ „ „ = 0,₄₇ „
„ 4. „ „ = 0,₇₆ „ „ = 0,₄₇ „
„ 5. „ „ = 0,₇₆ „ „ = 0,₄₇ „
„ 6. „ „ = 0,₇₆ „ „ = 0,₄₇ „
„ 7. „ „ = 0,₇₆ „ „ = 0,₄₇ „
„ 8. „ „ = 0,₇₆ „ „ = 0,₄₇ „
„ 9. „ „ = 0,₇₆ „ „ = 0,₄₇ „
Transport 6,₈₂ m.   4,₂₁ m.

	Transport	6,82 m.		4,21 m.
vorn Schräg das 10.	Kleid =	0,76 „	ist =	0,47 „
„ 11.	„ =	0,76 „	„ =	0,47 „
„ 12.	„ =	0,76 „	„ =	0,47 „
„ 13.	„ =	0,76 „	„ =	0,47 „
„ 14.	„ =	0,76 „	„ =	0,47 „
„ ½	„ =	0,38 „	„ =	0,24 „
vorn Schräg =		11,00 m.	=	6,80 m. vorn Recht.
				8,50 m. hinten.
		Unterschied =		1,70 m.

Da die Hinterseite länger als vorn „Recht", so ist der Unterschied Halsenschnitt. Um der unteren Seite einen guten Verlauf zu geben, rechnet man von der Schoote an auf

das	1.	Kleid =	0,02 m.
„	2.	„ =	0,03 „
„	3.	„ =	0,04 „
„	4.	„ =	0,05 „
„	5.	„ =	0,06 „
„	6.	„ =	0,07 „
„	7.	„ =	0,09 „
„	8.	„ =	0,11 „
„	9.	„ =	0,13 „
„	10.	„ =	0,15 „
„	11.	„ =	0,17 „
„	12.	„ =	0,19 „
„	13.	„ =	0,21 „
„	14.	„ =	0,24 „
„	½	„ =	0,14 „
		zusammen	1,70 m. Halsenschnitt.

Die Anfertigung dieses Segels ist der der vorhergehenden gleich; doch wird es wohl gewöhnlich aus Leinen hergestellt, weil dies für die oberen leichten Segel passender ist.

Nimmt man also bei diesem Segel die Breite des Leinens 0,70 m., so würde die Zahl der Kleider, wenn für die Nahtbreite 0,03 m. gerechnet wird, 8,25 m. : 0,67 = annähernd $12\frac{1}{3}$ betragen. Theilt man die 11 m. lange Vorderseite in $12\frac{1}{3}$ Theile, so erhält man für jedes Kleid die schräge Seite mit 0,89 m. oder 0,90 m.

Man hat demnach wie folgt:

(Nach Tafel XI)

vorn Schräg das	1.	Kleid	0,89 m	=	0,55 m. vorn Recht.
„	2.	„	0,89 „	=	0,55 „
„	3.	„	0,89 „	=	0,55 „
„	4.	„	0,89 „	=	0,55 „
„	5.	„	0,89 „	=	0,55 „
„	6.	„	0,89 „	=	0,55 „
„	7.	„	0,89 „	=	0,55 „
„	8.	„	0,89 „	=	0,55 „
„	9.	„	0,89 „	=	0,55 „
„	10.	„	0,89 „	=	0,55 „
„	11.	„	0,90 „	=	0,57 „
„	12.	„	0,90 „	=	0,57 „
„	⅓	„	0,30 „	=	0,19 „
vorn Schräg =			11,00 m.	=	6,83 m. vorn Recht.
					8,50 m. hinten.
		Unterschied =			1,67 m.

Der Unterschied betrug bei der Berechnung des vorigen Segels 1,70 m., war also um 0,03 m. größer als hier. Der Grund davon ist, daß in der Koppeltafel 0,89 m. nicht ganz 0,55 m., und 0,90 m. nicht ganz 0,57 m. entsprechen. Daher der kleine Unterschied im Halsenschnitt. Der Verlauf der unteren Seite würde hier sein:

```
das  1. Kleid von der Schoote  = 0,03 m.
 "   2.   "    "   "     "     = 0,04 "
 "   3.   "    "   "     "     = 0,05 "
 "   4.   "    "   "     "     = 0,07 "
 "   5.   "    "   "     "     = 0,09 "
 "   6.   "    "   "     "     = 0,11 "
 "   7.   "    "   "     "     = 0,13 "
 "   8.   "    "   "     "     = 0,15 "
 "   9.   "    "   "     "     = 0,17 "
 "  10.   "    "   "     "     = 0,20 "
 "  11.   "    "   "     "     = 0,24 "
 "  12.   "    "   "     "     = 0,28 "
 "  ⅓    "    "   "     "     = 0,11 "
```

Der Halsenschnitt = 1,67 m.

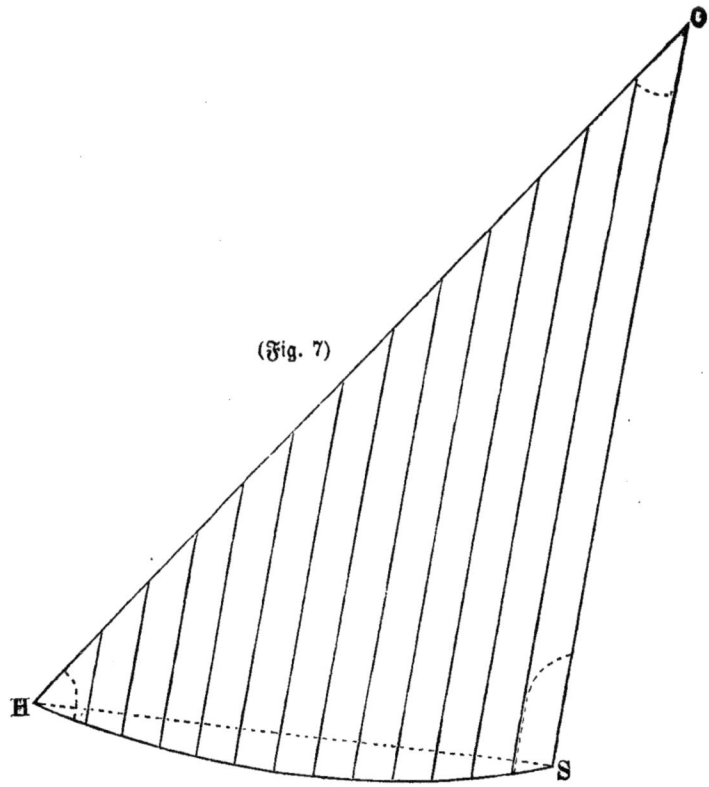

(Fig. 7)

Es ist nicht nöthig, hier die Figur zu construiren, da durch Figur 6 das Loth ja bekannt ist, um die Kleiderzahl zu finden. Sämmtliche hier berechneten Stagsegel sind an der Vorderseite gerade; trotzdem wird sich beim Saumeinlegen ergeben, daß sie dennoch Rundung besitzen Diese kommt daher, daß die Nähte oben mit runder Naht anfangen, dadurch entsteht etwas Rundung, die aber für den Stand des Segels nicht von Nachtheil ist. In Folge der runden Naht läßt sich das Tuch etwas einleiken, ohne daß das Segel sackförmig oder bauchig dadurch wird.

Es sei ein **Besahnstengenstagsegel** anzufertigen, das vorn 13,25 m., hinten 10,50 m., unten 7,40 m. mißt. Wie aus Figur 7 ersichtlich, wird dieses Segel annähernd einen rechten Winkel im Schoothorn bilden, so daß man demnach nach der unteren Seite die Zahl der Kleider suchen kann. Bei 0,60 m. Tuchbreite und 0,03 m. für die Naht ergiebt sich 7,40 : 0,57 = 13 als die Zahl der Kleider. Theilt man die vordere Länge (13,25 m.) durch 13, so erhält man als Länge der schrägen Seite jedes Kleides 1,02 m.

Nach Tafel I. entspricht vorn „Schräg" von 1,02 m. = 0,82 m. „Recht". Das Segel erhält keine Rundung, es ist demnach

0,82 m. × 13 = 10,66 m. vorn „Recht",
hinten = 10,50 m.,
der Unterschied = 0,16 m.

ist Schootenschnitt, weil die hintere Seite kürzer ist als vorn „Recht".

Um die schräge Vorderseite zu erhalten, muß man jedes Kleid = 0,82 m. (ins Rechte übertragen) anschneiden, denn da der Schootenschnitt nur so gering ist, braucht man keine Rundung zu geben.

Um der unteren Seite einen guten Verlauf zu geben, nimmt man von der Schoote gerechnet

das	1.	Kleid =	0,17 m.	
„	2.	„ =	0,10 „	
„	3.	„ =	0,06 „	
„	4.	„ =	0,04 „	0,43 m. Schootenschnitt.
„	5.	„ =	0,03 „	
„	6.	„ =	0,02 „	
„	7.	„ =	0,01 „	
„	8.	„ =	0,01 „	
„	9.	„ =	0,02 „	
„	10.	„ =	0,03 „	
„	11.	„ =	0,05 „	0,27 m. Halsenschnitt.
„	12.	„ =	0,07 „	
„	13.	„ =	0,09 „	

unten = 0,16 m. Schootenschnitt.

Es sei ein **Gaffeltopsegel** (Fig. 8) herzustellen, das vorn 15 m., hinten 12,25 m. und unten 8,25 m. lang sein soll. Da dies Segel im Schoothorn ungefähr einen rechten Winkel bildet, so kann man es eintheilig machen. Dividirt man also die untere Seite = 8,25 m. : 0,57 (es sei die Tuchbreite = 0,60 m. und die Nathbreite 0,03 m.), so erhält man annähernd 14 1/2, die Zahl der Kleider.

17

(Fig. 8)

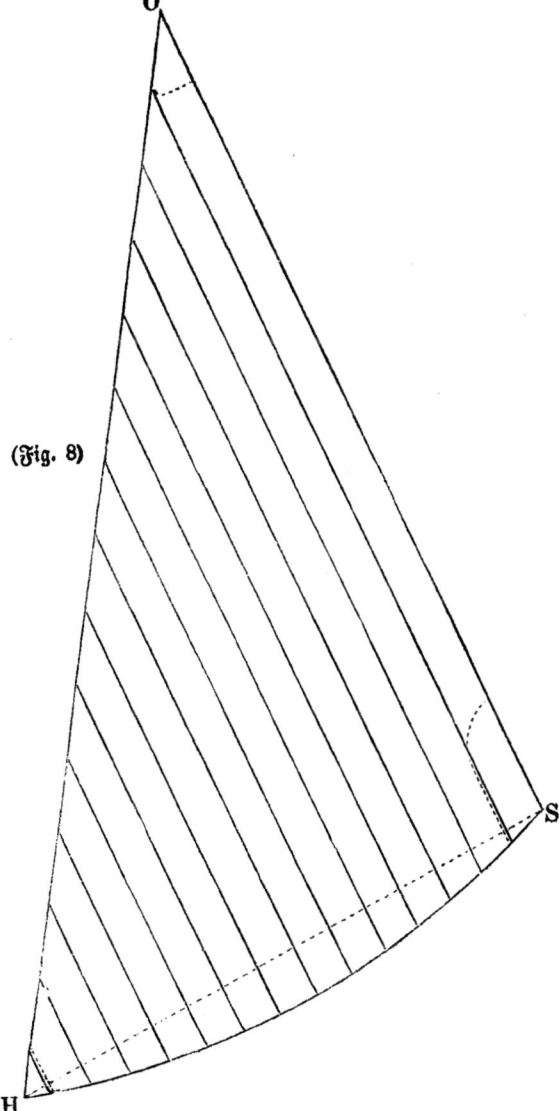

Diese auf die vordere Länge von 15 m. vertheilt, ergiebt für die schräge Seite der Bahnen 1,03 m. und 1,04 m. Rundung braucht man auch hier nicht zu geben, jedoch empfiehlt es sich, die kürzeren Schrägen von 1,03 m. am oberen Theile des Segels zu nehmen; alsdann entspricht

(Nach Tafel I)

vorn Schräg das	1.	Kleid oben	=	1,03 m.	=	0,83 m.	vorn Recht.
„	2.	„	=	1,03 „	=	0,83 „	
„	3.	„	=	1,03 „	=	0,83 „	
„	4.	„	=	1,03 „	=	0,83 „	
„	5.	„	=	1,03 „	=	0,83 „	
„	6.	„	=	1,03 „	=	0,83 „	
„	7.	„	=	1,03 „	=	0,83 „	
„	8.	„	=	1,03 „	=	0,83 „	
„	9.	„	=	1,04 „	=	0,85 „	
„	10.	„	=	1,04 „	=	0,85 „	
„	11.	„	=	1,04 „	=	0,85 „	
„	12.	„	=	1,04 „	=	0,85 „	
„	13.	„	=	1,04 „	=	0,85 „	
„	14.	„	=	1,04 „	=	0,85 „	
„	½	„	=	0,52 „	=	0,45 „	

vorn Schräg = 15,00 m. = 12,17 m. vorn Recht.
 12,25 m. hinten.
Unterschied = 0,08 m.

und zwar Halsenschnitt, weil die hintere Seite länger als vorn „Recht" ist.

Die Eintheilung der unteren Seite stellt sich von der Schoote an gerechnet folgendermaßen:

das	1.	Kleid	=	0,12 m.	
„	2.	„	=	0,07 „	
„	3.	„	=	0,05 „	
„	4.	„	=	0,04 „	0,34 m. Schootenschnitt.
„	5.	„	=	0,03 „	
„	6.	„	=	0,02 „	
„	7.	„	=	0,01 „	
„	8.	„	=	0,00 „	
„	9.	„	=	0,01 „	
„	10.	„	=	0,02 „	
„	11.	„	=	0,04 „	0,42 m. Halsenschnitt.
„	12.	„	=	0,06 „	
„	13.	„	=	0,09 „	
„	14.	„	=	0,12 „	
„	½	„	=	0,08 „	

H − S = 0,08 m. Halsenschnitt.

Stagsegel (Klüver) hoch in der Schoote.

Aus Vorhergehendem ist zu ersehen, daß ein Stagsegel, welches einen rechten, oder annähernd einen rechten Winkel im Schoothorn bildet oder auch Halsenschnitt hat, keiner Rundung an der Vorderseite bedarf; gerade deshalb sind diese Beispiele gewählt worden.

Anders und schwieriger gestaltet sich die Rechnung, wenn das Segel höher in der Schoote, oder die hintere Seite kürzer als vorn „Recht" ist. Soll dann das Segel eintheilig gemacht werden, so ist s nothwendig, daß man der Vorderseite Rundung giebt. Wie viel

dies sein muß, hängt ganz von der Form des Segels ab; je höher
es im Schoothorn ist, desto mehr Rundung muß gegeben werden, und
zwar da am meisten, wo der Schenkel des rechten Winkels im Schoot=
horn die Vorderseite schneidet. Zur Erklärung möge folgendes Bei=
spiel bienen.

Es sei ein Stagsegel (Fig. 9) zu verfertigen, das vorn 14 m.,
hinten 9 m., unten 7 m. lang ist.

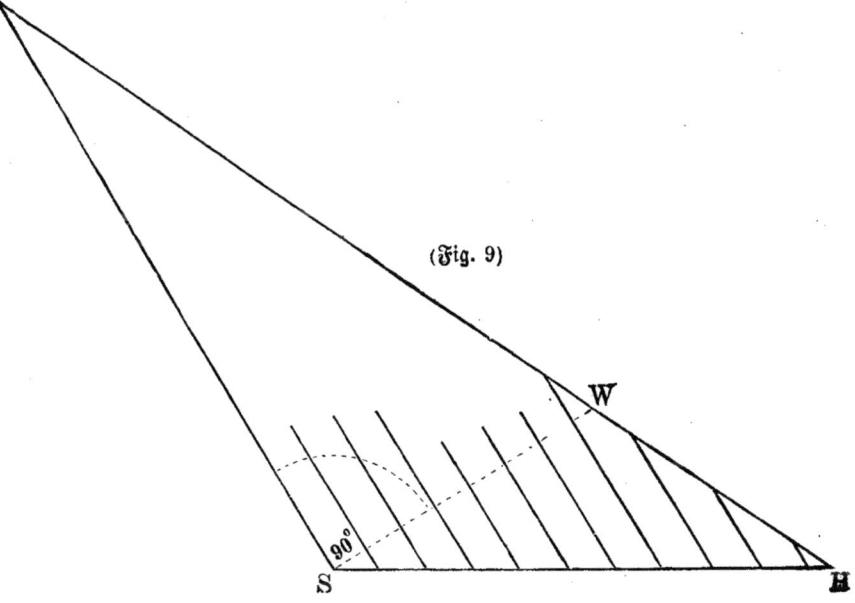

(Fig. 9)

Es würde, wie aus der Construction ersichtlich, der Schenkel des
rechten Winkels im Schoothorn S durch W fallen, demnach die Linie
S W quer über alle Kleider laufen.

Da nun das Segeltuch in der Breite sich fast gar nicht reckt,
so würde, weil die untere Seite schräg läuft und also bedeutend nach=
giebt, bald, nachdem das Segel in Gebrauch kommt, Spannung auf
der Linie S W entstehen; es würde die untere Seite lose werden und
das Segel dadurch einen schlechten Stand erhalten.

Bei alten Klüvern, welche nach dieser Methode zugeschnitten sind,
wird man die Spannung immer wahrnehmen, selbst wenn bei der
Anfertigung ziemlich viel Rundung gegeben ist. Es sind deshalb
Klüver vorzuziehen, welche zweitheilig zugeschnitten werden.

Will man dennoch nach ersterer Methode arbeiten und verhin=
bern, daß ein Segel Spannung von S aus erhält, so hat man dem
Segel an der Vorderseite Rundung zu geben. Bei W müßte dieselbe
am größten sein und es würde sich empfehlen, der Vorderseite einen
Verlauf wie bei Fig. 10 zu geben.

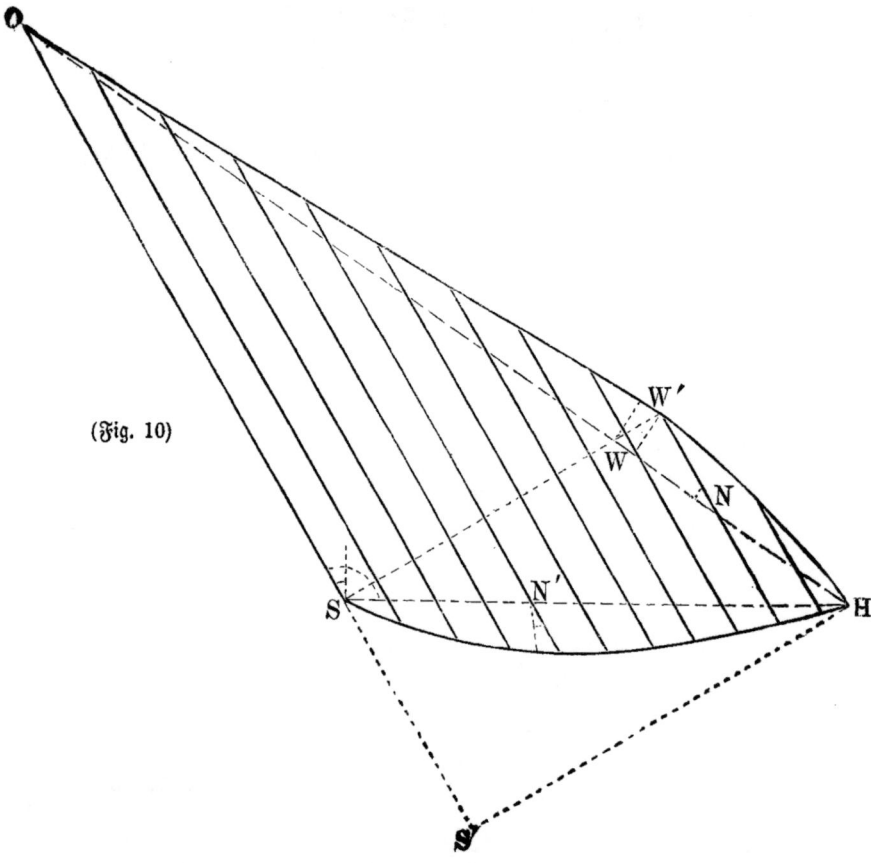

(Fig. 10)

Es müßte die Linie O W' annähernd gerade sein, desgleichen die Linie W' H, die sich indessen bei W' abrundet. Bei diesem Segel ist eine Rundung von ca. 0,80 m. gegeben, dennoch aber hat man zu befürchten, daß nach längerer Zeit Spannung entsteht. Diese Methode ist demnach nicht mehr zu empfehlen, und würde ich immer zu dem System der zweitheiligen Segel rathen.

Die Berechnung dieser letzteren wird später erklärt werden; es möge hier zuvörderst ein anderes Segel berechnet werden, welches nicht so hoch im Schoothorn und dessen Anfertigung deshalb etwas leichter verständlich ist.

Ein Besahnstagsegel mißt vorn 13,50 m., hinten 8 m., unten 9,26 m. Die Tuchbreite beträgt 0,60 m, die Nathbreite 0,03 m.

Es wird nach Fig. 11 bei diesem Segel der Schenkel des rechten Winkels im Schoothorn O S W durch W fallen und müßte es demnach hier die größte Rundung haben, weil es sich auf der Linie

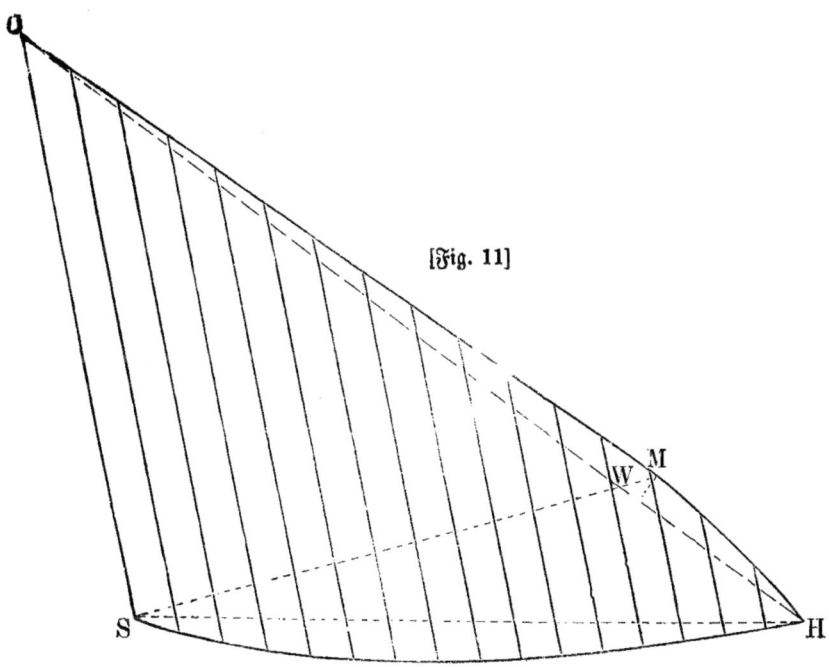

[Fig. 11]

S W nicht recht. Giebt man an der Vorderseite ungefähr 0,35 m., so wird sich die Rundung, wie bei der Figur angegeben, gestalten.

Um zunächst die Zahl der Kleider zu finden, verlängert man die Hinterseite über S hinaus, bis ein aus H gefälltes Loth dieselbe trifft; es würde diese Linie um ca 0,12 m. kürzer sein als die untere Seite, nämlich 9,13 m., woraus die Zahl der Kleider sich als 16 ergiebt.

Theilt man nun die Anzahl der Kleider in die Länge der Vorderseite (13,50 m. : 16), so bekommt man annähernd 0,84 m. Da die Bruchtheile fortgelassen werden können, so rechnet man im Mittel 0,84 m. und 0,85 m.

Um nun der Vorderseite den richtigen Verlauf zu geben, geht man von einem der Kleider, die von dem Schenkel des rechten Winkels am Schoothorn geschnitten werden, vielleicht bei M, aus, nimmt nach oben um etwas ab, nach unten jedoch im Verhältniß mehr zu. Es werden dadurch die schrägen Seiten der Kleider oberhalb M verkürzt, unterhalb M verlängert, wodurch die Linie O H gekrümmt oder gerundet wird.

Die Rechnung stellt sich dann folgendermaßen:

[Nach Tafel I]

vorn Schräg oberstes oder	1. Kleid	0,79 m.	= 0,51 m.	vorn Recht.
	2. "	0,79 "	= 0,51 "	
	3. "	0,80 "	= 0,52 "	
	4. "	0,80 "	= 0,52 "	
	5. "	0,80 "	= 0,52 "	
	6. "	0,81 "	= 0,54 "	
	7. "	0,81 "	= 0,54 "	
	8. "	0,81 "	= 0,54 "	
	9. "	0,82 "	= 0,56 "	
	10. "	0,82 "	= 0,56 "	
	11. "	0,82 "	= 0,56 "	
	12. "	0,83 "	= 0,58 "	
	13. "	0,84 "	= 0,59 "	

-------- Als Mittel --------

14. "	0,85 "	= 0,60 "	
15. "	0,93 "	= 0,71 "	
16. "	1,18 "	= 1,01 "	

vorn Schräg = 13,50 m.   = 9,37 m. vorn Recht.
                          8,00 m. hinten.
                     Unterschied = 1,37 m.

Unterschied = 1,37 m. Schootenschnitt, weil die hintere Seite kürzer ist als vorn „Recht."

Vertheilt man nun den Schootenschnitt 1,37 m. auf die untere Seite, so empfiehlt es sich, die Eintheilung folgendermaßen vorzunehmen. Es erhalten vom Schoothorn aus

das 1. Kleid 0,28 m.
 " 2.   "   0,21 "
 " 3.   "   0,17 "
 " 4.   "   0,14 "
 " 5.   "   0,11 "
 " 6.   "   0,09 "
 " 7.   "   0,08 "   Mittel wenn alle Kleider
 " 8.   "   0,07 "   gleich geschnitten und das
 " 9.   "   0,06 "   Segel unten keine Rundung
 " 10.   "   0,05 "   haben würde
 " 11.   "   0,04 "
 " 12.   "   0,03 "
 " 13.   "   0,02 "
 " 14.   "   0,01 "
 " 15.   "   0,00 "
 " 16.   "   0,00 "

zusammen = 1,37 m. Schootenschnitt.

Beim Schoothorn nimmt man den größten Aufsprung und geht dann allmählich zum Hals über, bei dem derselbe auf Null ausläuft.

Es wird vielleicht auffallen, daß nach der Construction der Schootenschnitt immer größer wird, als nach der Rechnung. Das hat darin seinen Grund, daß die Vorderseite nach der ganzen Tuchbreite (0,60 m.), dagegen die untere Seite nach der Tuchbreite, abzüglich der Nahtbreite (0,57 m.) berechnet ist. Wollte man die Construction mit der Rechnung in Betreff des Schootenschnitts übereinstimmend haben, so müßte man die Kleider aneinandergelegt, oder die untere Seite um sämmtliche Nahtbreiten verlängert denken. Bei Segeln, die Halsenschnitt haben, ist das Umgekehrte der Fall; der Halsenschnitt ist nach der Construction immer geringer, als nach der Rechnung. Der Unterschied hat indessen keine Bedeutung, da, wie schon vorhin erklärt, die Construction nur dazu dient, die Kleiderzahl zu finden.

Um die Rundung an der Vorderseite zu finden, hat man die Kleider vorn „Recht" von oben bis zum Mittel zu addiren, dann das Mittel mit der betreffenden Kleiderzahl zu multipliciren und die Summe von dem Product zu subtrahiren. Der Unterschied ist annähernd die größte Rundung an der Vorderseite, jedoch nach dem Verlauf der Naht.

Oder man addirt die Kleider von unten bis zum Mittel, multiplicirt das Mittel mit der betreffenden Kleiderzahl, subtrahirt in diesem Falle jedoch das Product von der Summe. Addirt man dann die beiden Unterschiede und theilt die Summe durch 2, so erhält man die Rundung ganz genau nach Verlauf der Naht.

Will man also die Rundung lothrecht auf die Vorderseite haben, so ist mit dem Wechselwinkel bei O (S O W) und der gefundenen Rundung als Distanz in die Koppeltafel einzugehen, um hier in der A=Spalte die Rundung zu suchen, welche lothrecht auch die Vorderkante ist.

Nach der Berechnung ist vorn „Recht", von oben bis zum Mittel:

1. Kleid = 0,51 m.
2. " = 0,51 "
3. " = 0,52 "
4. " = 0,52 "
5. " = 0,52 "
6. " = 0,54 "
7. " = 0,54 " } 13 Kleider.
8. " = 0,54 "
9. " = 0,56 "
10. " = 0,56 "
11. " = 0,56 "
12. " = 0,58 "
13. " = 0,59 "

zusammen = 7,05 m.

Das Mittel von vorn „Recht" ist 9,37 m. : 16 = 0,585 m. Dieses Mittel mit der betreffenden Kleiderzahl, welches in ersterem Falle 13 beträgt, multiplicirt, giebt als Product 7,60 m.

(P = 7,60 m) — (S = 7,05 m) = dem Unterschied = 0,55 m.

Oder man berechnet die Summe der unteren 3 Kleider bis zum Mittel:

das 14. Kleid = 0,60 m.
" 15. " = 0,71 "
" 16. " = 1,01 "

3 Kleider = 2,32 m. = S.

Das Mittel 0,585 m. × 3 = 1,75 m. = P.

(S = 2,32 m.) — (P = 1,75 m) = 0,57 m. = U.

Addirt man beide Unterschiede und theilt die Summe durch 2, so ergiebt sich 0,56 m. als Rundung nach Verlauf der Naht.

Zur besseren Uebersicht möge beifolgende Figur dienen.

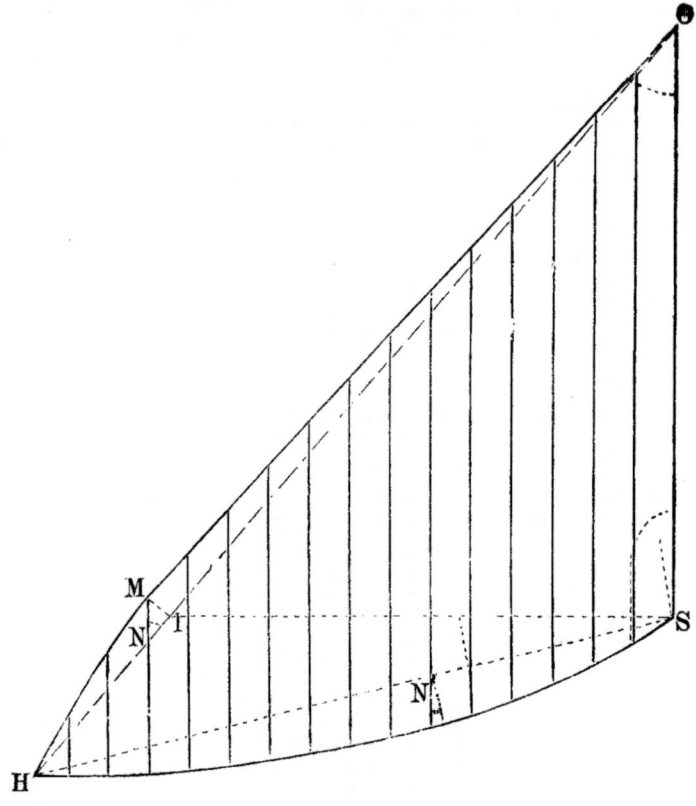

Aus der Rechnung hat sich ergeben, daß die Rundung nach dem Verlauf der Naht = 0,56 m. ist, also gleich der Linie N M. Geht man nun mit dem Winkel bei N als Wechselwinkel von O = 42° und 0,56 m. als Distanz in die Koppeltafel ein, so ergiebt sich aus der A=Spalte die Länge der Linie M 1 als Loth auf die Vorderseite = 0,38 m.

In gleicher Weise läßt sich die Rechnung auf die Unterseite, wo das Segel Rundung hat, ebenfalls anwenden, und wenn auch die Genauigkeit in der Praxis nicht in Betracht kommt, so möge hier doch die Berechnung mitgetheilt werden.

Theilt man den Schootenschnitt 1,37 m. in 16 Theile, so erhält man für jedes Kleid im Mittel annähernd 0,085 m.

S_1^s = der Summe der ersten 6 Kleider
      vom Schoothorn aus .... = 1,01 m.,
$P = \frac{s}{m} 6 \times 0{,}085$ m. .... = 0,51 m.,
                                   S − P = 0,50 m. = U.

Ober:
S = der Summe der ersten 10 Kleider
vom Hals aus .... = 0,36 m.,
P = 10 × 0,085 m............... = 0,85 m.,
P—S = 0,49 m. = U.

Die größte Rundung würde also zwischen dem 6. und 7. Kleide liegen und = 0,495 m. sein. Sie ist dies auch nach Verlauf der Naht, welche jedoch fast einen rechten Winkel mit der Unterseite bildet, und demnach nicht viel länger als das Loth sein wird.

Will man ganz genau rechnen, so muß man mit dem Winkel bei N' als Wechselwinkel von $(HSO — 90°) = 14°$ und der gefundenen Rundung = 0,50 m. in die Koppeltafel eingehen, um dann aus der B=Spalte das Loth, welches hier 0,48 m. beträgt, zu entnehmen.

Eine solche Genauigkeit ist indessen nicht nothwendig, und es wird den Meisten, wenn sie erst mehrere Segel berechnet haben, schon leicht sein, dem Segel die Rundung nach Schätzung zu geben.

Da dies Segel schon ziemlich viel Schootenschnitt besitzt, so würde es als zweitheiliges einen besseren Stand behalten.

Stagsegel, Klüver.

Die Berechnung des Stagsegels oder Klüvers (Fig. 9 und 10) stellt sich folgendermaßen:

Es sei die Vorderseite = 14 m., die hintere = 9 m., die untere 7 m. lang.

Um die Kleiderzahl zu finden, muß, wie vorhin erwähnt, die Hinterseite O S über S hinaus verlängert werden, bis ein aus H gefälltes Loth dieselbe schneidet. Es wird diese Linie S' H = 6 m sein; nimmt man das Tuch = 0,60 m., die Naht = 0,03 m. breit, so hat man 6 m. : 0,57 m. = 10,52; man gebraucht also annähernd $10^{1}/_{2}$ Kleider. Theilt man die Länge der Vorderseite durch $10^{1}/_{2}$, so bekommt man das Mittel der schrägen Seite eines jeden Kleides mit 1,33 m.

Der Verlauf der Vorderseite wird sich, wie folgt, gut gestalten:

	vorn Schräg		vorn Recht.	
das 1. Kleid	= 1,05 m.		= 0,86 m.	
" 2. "	= 1,05 "		= 0,86 "	
" 3. "	= 1,05 "		= 0,86 "	
" 4. "	= 1,06 "		= 0,87 "	
" 5. "	= 1,08 "		= 0,89 "	S = 7,46 m.
" 6. "	= 1,12 "		= 0,95 "	
" 7. "	= 1,17 "		= 1,00 "	
" 8. "	= 1,32 "		= 1,17 "	
	....	Mittel	....	
" 9. "	= 1,60 "		= 1,48 "	
" 10. "	= 2,00 "		= 1,90 "	S = 4,85 m.
" ½ "	= 1,50 "		= 1,47 "	
vorn Schräg	= 14,00 m.		= 12,31 m. vorn Recht.	
			9,00 m. hinten.	
		Unterschied	= 3,31 Schootenschnitt.	

Wie ersichtlich, erhält das Segel auf dem 10. und dem letzten halben Kleide einen großen Sprung. Das halbe Kleid hat 1,50 m., das ganze würde demnach 3,00 m. Länge haben; man muß daher das ganze Kleid ins „Rechte" übertragen und das Ergebniß durch 2 theilen. Unrichtig wäre es, wollte man das halbe Kleid = 1,50 m. ins „Rechte" umwandeln; man würde dann nach Tafel I. 1,37 m. erhalten, also ein Resultat, das um 0,10 m., von dem richtigen abweicht. Auf dem 9. Kleide liegt die größte Rundung, die bei diesem Segel = 0,81 m. beträgt.

Um zu finden, wie viel Rundung das Segel vorn haben muß, nimmt man, wie vornhin erwähnt, die Summe der oberen Kleider vorn „Recht" = S bis zum Mittel, in diesem Falle 7,46 m.

Das Mittel von vorn „Recht" = 12,31 m. : $10^{1}/_{2}$ = 1,17 m. annähernd. P = 8 × 1,17 m. = 9,36 m. Dann ist P−S = 1,90 m. = U. Oder man rechnet von unten

die Summe = S bis zum Mittel = 4,85 m.
Product = P = 2,5 × 1,17 m. = 2,93 m.

Dann ist S−P = 1,92 m. = U.

Addirt man beide Unterschiede und theilt die Summe durch 2, so findet man als Rundung 1,91 m. nach Verlauf der Naht.

Mit dem Winkel bei O, als Wechselwinkel von N, = 25° und der gefundenen Rundung 1,91 m. als Distanz in die Koppeltafel eingegangen, ergiebt sich aus der A=Spalte 0,81 m. als Loth auf die Vorderseite, gleich der gesuchten Rundung.

Die Unterseite würde, wie folgt, zu nehmen sein; vom Schoothorn aus:

```
       das 1. Kleid = 0,74 m.
        „  2.  „   = 0,49 „  ⎫
        „  3.  „   = 0,38 „  ⎬ 1,94 m.
        „  4.  „   = 0,33 „  ⎭
                              ───── Mittel.
        „  5.  „   = 0,29 „  ⎫
        „  6.  „   = 0,25 „  ⎪
        „  7.  „   = 0,22 „  ⎪
        „  8.  „   = 0,20 „  ⎬ 1,37 m.
        „  9.  „   = 0,18 „  ⎪
        „ 10.  „   = 0,16 „  ⎪
        „ ½   „   = 0,07 „  ⎭
      Schootenschnitt = 3,31 m.
```

Im Schoothorn nimmt man im Verhältniß den größten Sprung, der sich dann allmählich nach dem Hals hin verringert.

Um die Rundung zu finden, berechnet man die Summe der ersten 4 Kleider von der Schoote aus = 1,94 m. = S. Das Mittel beträgt = 3,31 m. : $10^{1}/_{2}$ = 0,315 m. P = 4 × 0,315 m. = 1,26 m. S−P = 0,68 m. = U.

Oder wenn die Summe der $6^{1}/_{2}$ Kleider vom Hals aus berechnet wird, ist S .... = 1,37 m.

P = 6,5 × 0,315 m. = 2,05 m.

P−S = 0,68 m.

Mit dem Winkel bei N' als Wechselwinkel von (S−90°) = 32° und dem Unterschiede 0,68 m. ergiebt sich aus der Koppeltafel in der B-Spalte 0,58 m. als Loth auf die Unterseite. (Fig. 10)

Großer Klüver. (Fig. 12.) Es sei ein Klüver anzufertigen, der vorn 19,50 m., hinten 13,50 m., unten 9 m. mißt. Tuchbreite 0,60 m., Nahtbreite 0,03 m.

Man wird zu diesem Segel annähernd 13½ Kleider gebrauchen; diese Zahl in vorn = 19,50 m. eingetheilt, ergiebt 1,44 m. oder 1,45 m. als Mittel „Schräg".

Nimmt man das Mittel 11 Kleider von oben, so hat man:

vorn Schräg oben 1. Kleid = 1,16 m   = 0,99 m. vorn Recht.
                  2. „ = 1,16 „   = 0,99 „
                  3. „ = 1,16 „   = 0,99 „
                  4. „ = 1,17 „   = 1,00 „
                  5. „ = 1,18 „   = 1,01 „
                  6. „ = 1,20 „   = 1,04 „
                  7. „ = 1,22 „   = 1,06 „
                  8. „ = 1,24 „   = 1,08 „
                  9. „ = 1,27 „   = 1,12 „
               10. „ = 1,32 „   = 1,17 „
               11. „ = 1,40 „   = 1,26 „
                  ————— Mittel —————
             12. „ = 1,50 „   = 1,37 „
             13. „ = 2,48 „   = 2,41 „
             ½ „ = 2,04 „   = 2,02 „

vorn Schräg = 19,50 m.   = 17,51 m vorn Recht.
                                  13,50 m. hinten.
                            U. = 4,01 m. Schootenschnitt.

Um die Rundung zu finden, hat man folgende Rechnung:
von oben bis zum Mittel = S .... = 11,71 m.
das Mittel (17,51 m. : 13,5) = 1,297 m. × 11 = 14,27 m. = P.
                          P−S = 2,56 m. = U.

Oder: von unten bis zum Mittel = S = 5,80 m.
     P = 2,5 × 1,297 m............ = 3,24 m.
                          S−P = 2,56 m. = U.

Mit dem Winkel bei O = 24° und U = 2,56 ergiebt sich aus der Koppeltafel 1,04 m. als Loth auf die Vorderseite gleich der gesuchten Rundung. Die Berechnung der Rundung an der Unterseite geschieht in derselben Weise, wie bei Fig. 10 erklärt ist.

Unten wird der Verlauf wie folgt sein. Vom Schoothorn aus:
    das 1. Kleid = 0,82 m.
     „   2. „   = 0,60 „
     „   3. „   = 0,48 „
     „   4. „   = 0,38 „
     „   5. „   = 0,30 „
                          .... 0,297 m. als Mittel.
     „   6. „   = 0,24 „
     „   7. „   = 0,20 „
     „   8. „   = 0,18 „
     „   9. „   = 0,17 „
     „ 10. „   = 0,16 „
     „ 11. „   = 0,15 „
     „ 12. „   = 0,14 „
     „ 13. „   = 0,13 „
     „   ½ „   = 0,06 „

Schootenschnitt = 4,01 m.

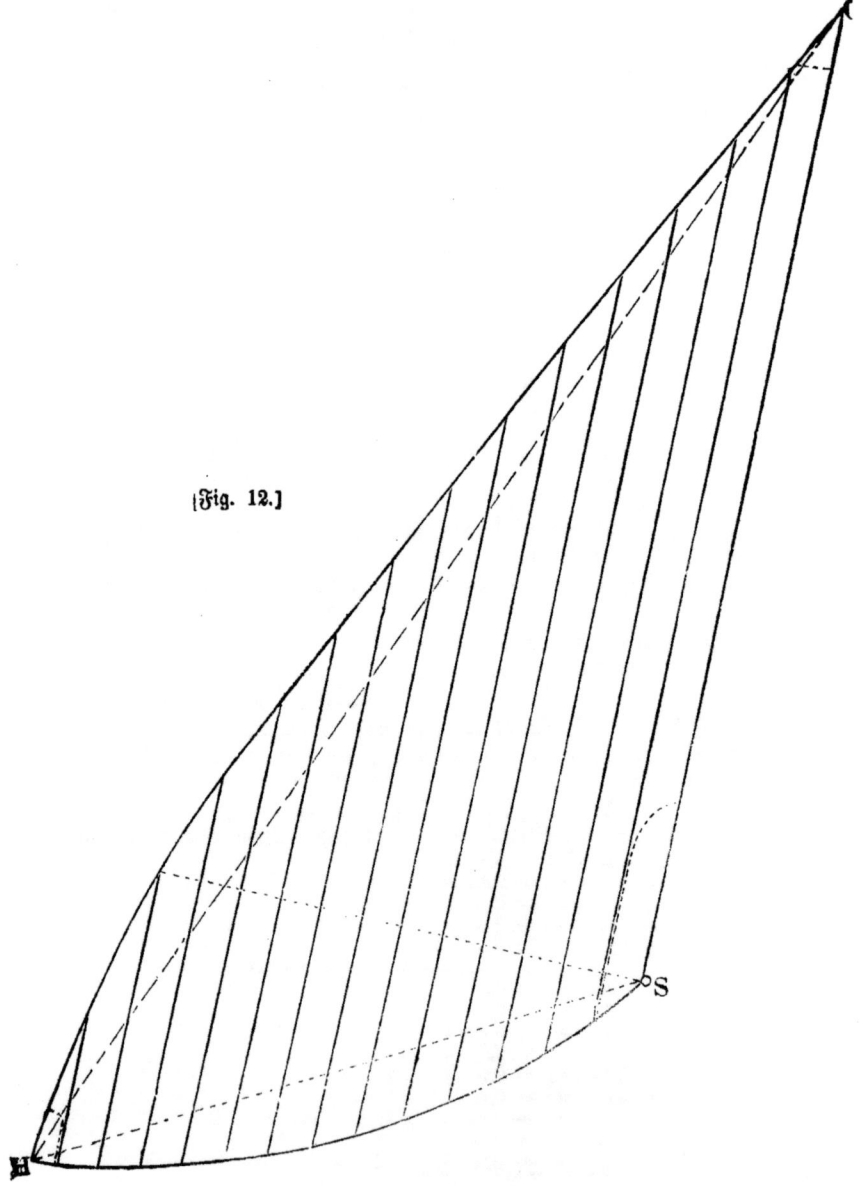

[Fig. 12.]

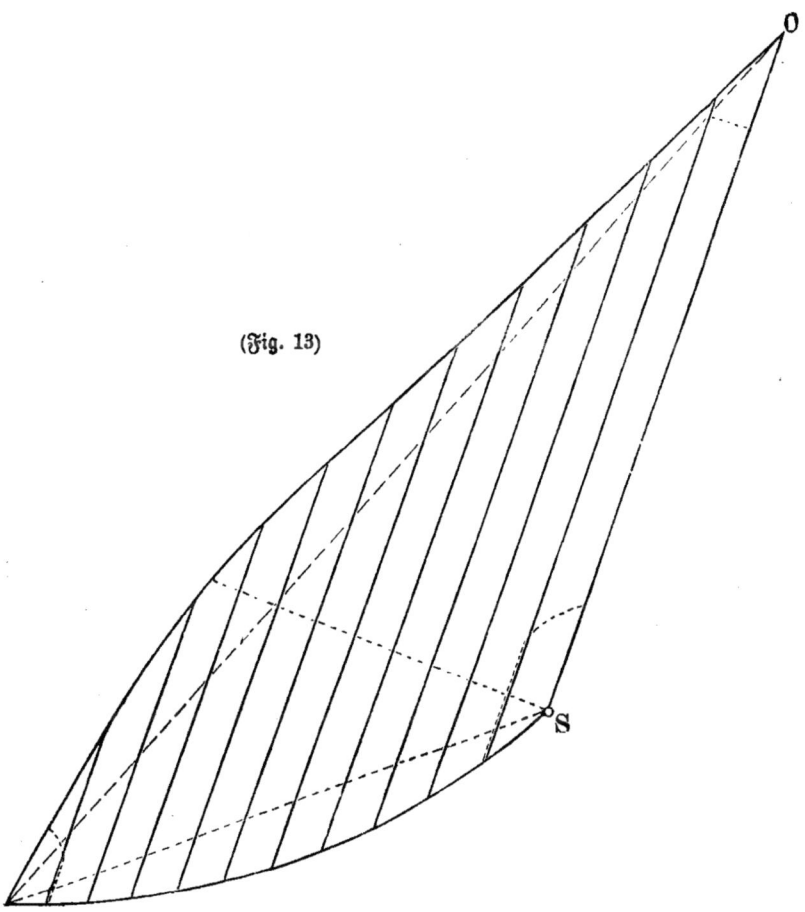

(Fig. 13)

Außenklüver (Fig. 13). Es sei ein Außenklüver vorn 16 m., hinten 9,75 m., unten 8 m lang zu machen. Dieses Segel wird annähernd 11 Kleider breit; diese Zahl in die Vorderseite = 16 m. eingetheilt, ergiebt als Mittel 1,45 m. "Schräg". Nimmt man die oberen 9 Kleider bis zum Mittel, so hat man:

vorn Schräg oben 1. Kleid = 1,14 m.   = 0,97 m. vorn Recht.
              2. » = 1,15 »   = 0,98 »
              3. » = 1,15 »   = 0,98 »
              4. » = 1,16 «   = 0,99 »
              5. » = 1,18 »   = 1,01 »
              6. » = 1,20 «   = 1,04 »
              7. « = 1,25 «   = 1,09 »
              8. « = 1,32 »   = 1,17 «
              9. » = 1,45 «   = 1,32 «
              .... Mittel ....
             10. » = 2,25 «   = 2,17 «
             11. » = 2,75 «   = 2,68 »
         vorn Schräg = 16,00 m.   = 14,40 m. vorn Recht.
                                         9,75 m. hinten.
                                    U. = 4,65 m. Schootenschnitt.

Unten hätte man vom Schoothorn aus:

das 1. Kleid = 0,80 m.
 »   2. «   = 0,60 »
 «   3. »   = 0,50 »
 »   4. »   = 0,44 »
              ....0,423 m. als Mittel.
 «   5. »   = 0,40 »
 «   6. »   = 0,38 »
 »   7. »   = 0,36 «
 «   8. «   = 0,32 «
 «   9. «   = 0,30 »
 » 10. «   = 0,28 «
 » 11. «   = 0,27 «
Schootenschnitt = 4,65 m.

Die Berechnung der Rundung vorn stellt sich in dieser Weise:
von oben bis zum Mittel = S = 9,55 m.
P = 9 × 1,31 m. . . . . = 11,79 m.
                  P−S = 2,24 m. = U.
Von unten bis zum Mittel = S = 4,85 m.
P = 2 × 1,31 m. . . . . . = 2,62 m.
                  S−P = 2,23 m. = U.

Mit dem Winkel bei O = 24° und U = 2,24 m. in die Koppel=
tafel eingegangen, ergiebt aus der A=Spalte 0,91 m.; als Loth auf die
Vorderseite oder die gesuchte Rundung. Da dies Segel sehr hoch im
Schoothorn ist, so wird es sich im Stand nicht gut bewähren, selbst
wenn auch im Verhältniß zur Größe ziemlich viel Rundung gegeben ist.

Die Vorstengenstagsegel (Fig. 14) soll vorn 11 m., hinten
9 m., unten 4,50 m., die Tuchbreite 0,60 m., die Nathbreite 0,03 m.
sein. Es wird das Loth aus H auf die verlängerte Hinterseite gleich
4,30 m. sein. Diese Länge durch 0,57 dividirt, ergiebt als Zahl der
Kleider 7½. Diese in die Länge der Vorderseite = 11 m. getheilt,
giebt als Mittel 1,46 m „Schräg". Der Schenkel des rechten Winkels
am Schoothorn schneidet die Vorderseite sehr tief, man nimmt daher
die größte Rundung 7 Kleider von oben. Dann hat man:

vorn Schräg das 1. Kleid = 1,34 m. = 1,19 m. vorn Recht.
„ 2 „ = 1,34 » = 1,19 «
„ 3. « = 1,35 » = 1,20 »
» 4. » = 1,36 « = 1,22 »
„ 5. » = 1,38 » = 1,24 «
« 6. « = 1,40 » = 1,26 «
» 7. « = 1.46 » = 1,33 »
.... Mittel ....
» ½ „ = 1,37 » = 1,33 »
vorn Schräg = 11,00 m.   = 9,96 m. vorn Recht.
                          9,00 » hinten.
                        U = 0,96 m. Schootenschnitt.

Auf der unteren Seite erhält vom Schoothorn aus:

das 1. Kleid = 0,23 m.
» 2. « = 0,17 „
„ 3. » = 0,14 »
» 4. » = 0,12 „
» 5. „ = 0,10 »
« 6. « = 0,09 «
» 7. » = 0,08 »
« ½ » = 0,03 »
Schootenschnitt 0,96 m.

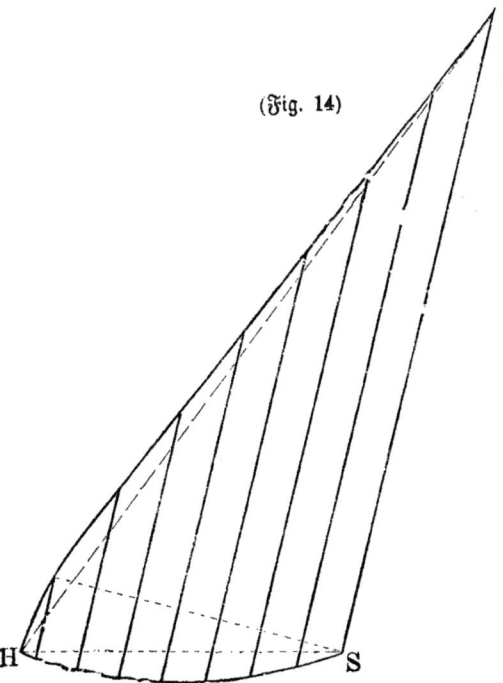

(Fig. 14)

H   S

Um die Rundung vorn zu finden, hat man
von oben bis Mittel = S = 8,63 m.
P = 7 × 1,328 m. .... = 9,30 m.
P—S = 0,67 m. = U.

Oder

von unten bis Mittel = S = 1,33 m.
P. = 0,5 × 1,328 m. .... = 0,66 m.
S—P = 0,67 m. = U.

Unter dem Winkel bei O = 24° und U = 0,67 als Hypothenuse, ergiebt sich aus der Koppeltafel die Rundung = 0,27 m.

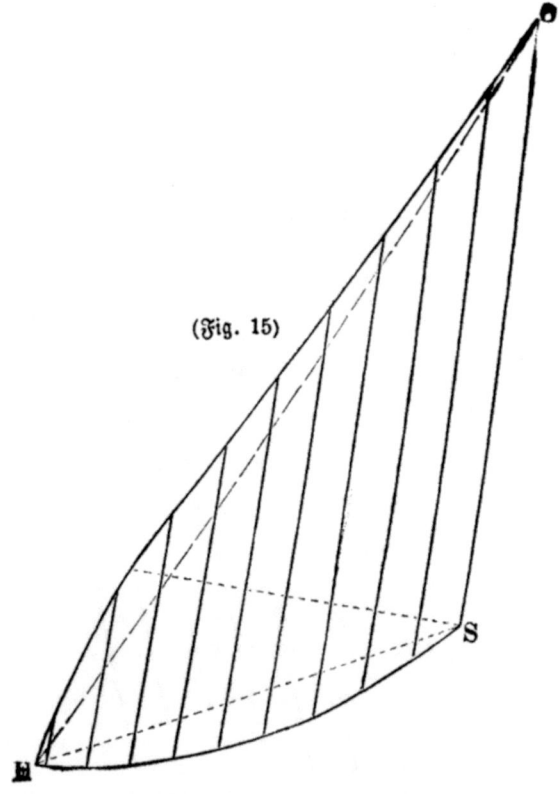

(Fig. 15)

Ein Vorstengenstagsegel (Fig 15) mißt vorn 12 m., hinten 8 m, unten 6 m. Die Tuchbreite beträgt 0,60 m., die Nahtbreite 0,04 m. Es würde das Loth aus H auf die verlängerte Hinterseite = 5,32 m. sein. Diese Länge durch 0,56 dividirt, giebt als Zahl der Kleider = 9½. Diese Zahl in die Länge der Vorderseite getheilt, ergiebt = 12 m., sodaß das Mittel annähernd 1,26 m. "Schräg" für jedes Kleid beträgt. Nimmt man die größte Rundung 8 Kleider von oben, so hat man:

vorn Schräg das 1. Kleid = 1,09 m.   = 0,91 m. vorn Recht.
„ 2. „ = 1,09 „   = 0,91 „
„ 3. „ = 1,10 „   = 0,92 „
„ 4. „ = 1,12 „   = 0,95 „
„ 5. „ = 1,14 „   = 0,97 „
„ 6. „ = 1,16 „   = 0,99 „
„ 7. „ = 1,20 „   = 1,04 „
„ 8. „ = 1,26 „   = 1,11 „

.... Mittel ....

„ 9. „ = 1,84 „   . = 1,74 „
„ ½ „ = 1,00 „   = 0,95 „

vorn Schräg = 12 m.   = 10,49 m. vorn Recht.
                       8,00 m. hinten.
                   U. = 2,49 m. Schootenschnitt.

Auf der Unterseite erhält vom Schoothorn aus
  das 1. Kleid = 0,44 m.
  „ 2. „ = 0,36 „
  „ 3. „ = 0,32 „
  „ 4. „ = 0,28 „
  „ 5. „ = 0,25 „
  „ 6. „ = 0,23 „
  „ 7. „ = 0,20 „
  „ 8. „ = 0,18 „
  „ 9. „ = 0,16 „
  „ ½ „ = 0,07 „

Schootenschnitt = 2,49 m.

Die Rundung an der Vorderseite wird bei diesem Segel = 0,46 m. betragen.

Ueber diese Art Segel wäre damit wohl genügend mitgetheilt; denn ob dieselbe Form auch unter verschiedenen Namen, wie: Stagsegel, Klüver, Klüfock, Stagfock, Gaffeltopsegel ꝛc auftritt, so bleibt die Berechnung doch bei allen dieselbe.

Das Gleiche ist bei der Bearbeitung der Fall, nur daß bei einem Klüver oder Stagsegel, welches hoch im Schoothorn ist, dessen untere Seite also bedeutend reckt, das Unterleik mehr Lose als das Hinterleik haben muß. Das Zuschneiden ist beim Großstengenstagsegel ebenfalls eingehend erklärt. Wenn sich auch bei Segeln, wie Klüver, der Schnitt der Vorderseite mit jedem Kleide ändert, so ist doch der Unterschied zwischen je zwei aufeinander folgenden Kleidern kein erheblicher und leicht umzuändern, so daß nur sehr wenig Tuch verschnitten wird. Es sei hier nochmals erwähnt, daß man immer nach der Eintheilung vorn „Recht" zuschneidet. Es ist immer zu empfehlen, wenn man im Schoothorn außer dem Stoßlappen noch eine Verdoppelung (Zunge) anbringt, weil die Schoote die ganze Kraft auszuhalten hat, so daß das Segel dort wohl dreifaches Tuch haben darf. Man näht die Zunge gewöhnlich über drei bis vier Kleider hin und läßt sie nach oben etwas schmäler auslaufen.

b) Zweitheilige Segel.

Im Vorhergehenden ist erwähnt, daß Segel, welche hoch im Schoothorn sind, schwerlich einen guten Stand behalten werden, und zwar aus dem Grunde, weil die Spannung vom Schoothorn aus quer über die Kleider fällt, wo das Tuch sich nicht recken kann. Darum mußte an der Vorderseite Rundung gegeben werden, die bei zweitheiligen Segeln nicht in dem Maße nöthig ist, wie bei eintheiligen. In den zweitheiligen Segeln laufen in dem oberen Theile die Nähte und die Kleider parallel mit der Hinterseite, in dem unteren Theile mit der Unterseite. Beide Theile werden durch die Halbirungsnaht verbunden, an der alle Kleider denselben Schnitt haben. Auf dieser Halbirungs=
naht wird dann auch immer die größte Spannung vom Schoothorn aus stattfinden, da sie jedoch schräg über das Tuch läuft, so kann dieses immer etwas recken. Nur in solchen Fällen, wo das Segel sehr

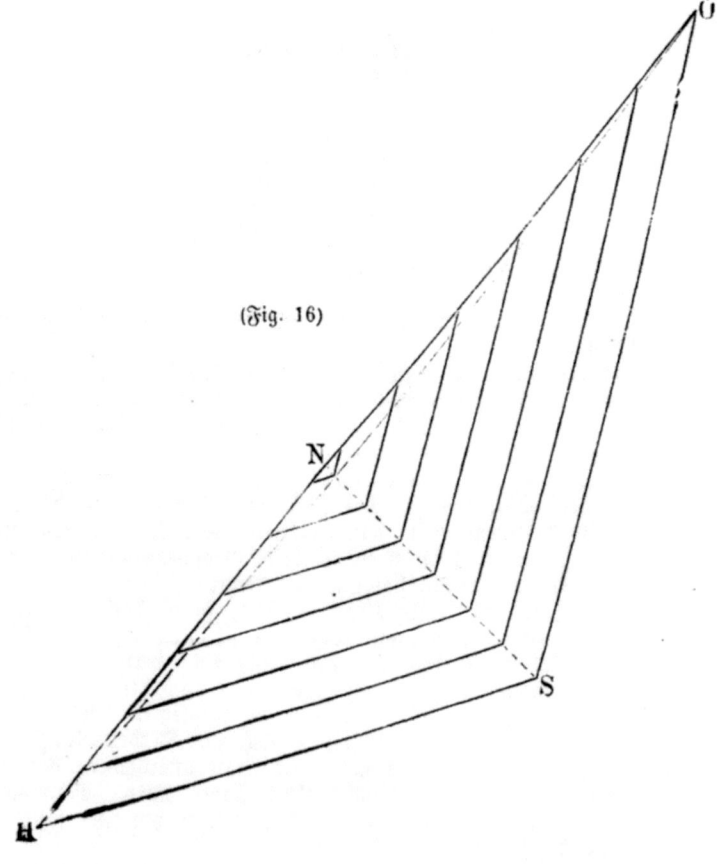

(Fig. 16)

hoch und schmal ist und im Schoothorn annähernd einen gestreckten Winkel bildet, würde die Halbirungsnaht fast quer über die Kleider laufen. Um dann die Spannung vom Schoothorn aus zu vermeiden, kann man an der Vorderseite etwas Rundung geben. Es läßt sich dies leichter thun, als bei eintheiligen Segeln, auch ist die ganze Berechnung nicht so schwierig. Erwägt man nun noch, daß diese Art Segel außerdem ihren Stand besser behalten, so wird man jedenfalls zu der Ueberzeugung kommen, daß sie den eintheiligen vorzuziehen sind. Ein zweitheiliges Segel wird immer flacher stehen und vortheilhafter sein, namentlich aus dem Grunde, weil die Segel, und besonders die Klüver, durch die große Rundung immer bauchig werden. Die Rundung an der Unterseite fällt bei zweitheiligen Segeln fort; sie werden unten und hinten gerade zugeschnitten.

Zur Erklärung möge folgendes Beispiel dienen:

Es sei ein Stagsegel (Fig. 16) vorn 14 m., hinten 9 m., unten 7 m. Tuchbreite 0,60 m., Nahtbreite 0,03 m.

Man construire die Figur und halbire den Winkel bei S. Es wird dadurch das Segel oder Dreieck O S H in zwei Dreiecke getheilt, von denen jedes einem Stagsegel ähnlich, welches viel Halsenschnitt hat.

Um die Kleiderzahl zu finden, fällt man aus dem Punkte, wo die Halbirungslinie die punktirte Vorderseite trifft, ein Loth auf die Hinterseite O S und auf die Unterseite H S. Auf diesen Lothen hat man die Kleiderzahl zu suchen. Jedes derselben ist 3,42 m. lang, diese durch 0,57 getheilt, ergiebt die Zahl der Kleider = 6.

Giebt man diesem Segel an der Vorderseite 0,15 m. oder $1/4$ Kleid Rundung, so hätte man für vorn oben, welches in Folge der Halbirung = 7,85 m. lang ist: 7,85 m. : $6^{1/4}$ = annähernd 1,26 m. für jedes Kleid „Schräg". Dann hat man:

vorn oben Schräg das 1. Kleid von oben = 1,25 m. = 1,09 m. vorn oben Recht.
» 2. » = 1,25 » = 1,09 »
» 3. » = 1,26 » = 1,10 »
» 4. » = 1,26 » = 1,10 »
» 5. » = 1,26 » = 1,11 »
» 6. » = 1,26 » = 1,11 »
» $1/4$ » = 0,31 » = 0,28 »
vorn oben Schräg = 7,85 m. = 6,88 m. vorn oben Recht.
9,00 m. hinten.

Halbirungsschnitt = 2,12 m.

Für vorn unten hat man 14 m. — 7,85 m. = 6,15 m. : $6^{1/4}$ = annähernd 0,98 m für jedes Kleid „Schräg". Dann hat man:

vorn unten Schräg das 1. Kleid vom Hals = 0,97 m = 0,76 m. vorn unten Recht.
» 2. » = 0,98 » = 0,77 »
» 3. » = 0,98 » = 0,77 »
» 4. » = 0,99 » = 0,79 »
» 5. » = 0,99 » = 0,79 »
» 6. » = 0,99 » = 0,79 »
» $1/4$ » = 0,25 » = 0,20 »
vorn unten Schräg = 6,15 m. = 4,87 m. vorn unten Recht.
7,00 m. unten.

Halbirungsschnitt = 2,13 m.

Theilt man diesen Halbirungsschnitt, welcher für unten und oben gleich sein muß, durch $6^1/_4$, die Zahl der Kleider, so hat man 2,12 m. : $6^1/_4$ = 0,34 m. für jedes Kleid.

Da die Construction nie so genau ist, wie die Rechnung, so kann es vorkommen, daß der Halbirungsschnitt des einen Theiles größer, als der des anderen wird; dieses beruht darauf, daß die Halbirungslinie an der Vorderseite etwas ungenau, entweder zu hoch oder zu niedrig fällt, wie es nachher bei der Rechnung ersichtlich ist. Zur Erklärung bemerke ich Folgendes:

Es sei im vorhergehenden Beispiel durch die Halbirung vorn oben = 8 m., vorn unten folglich 6 m. lang. Das Segel ist $6^1/_4$ Kleider breit; diese Zahl in vorn oben = 8 m. eingetheilt, ergiebt für jedes Kleid = 1,28 m. „Schräg"; für vorn unten = 6 m. : $6^1/_4$ = 0,96 m. für jedes Kleid „Schräg". Dann hat man:

vorn oben Schräg das	1.	Kleid	= 1,28 m.	=	1,13 m.	vorn oben Recht.
»	2.	»	= 1,28 »	=	1,13 »	
»	3.	»	= 1,28 »	=	1,13 »	
»	4.	»	= 1,28 »	=	1,13 »	
»	5.	»	= 1,28 »	=	1,13 »	
»	6.	»	= 1,28 »	=	1,13 »	
»	$^1/_4$	»	= 0,32 »	=	0,28 »	

vorn oben Schräg = 8,00 m. = 7,06 m. vorn oben Recht.
9,00 m. hinten.

Halbirungsschnitt = 1,94 m.

vorn unten Schräg das	1.	Kleid	= 0,96 m.	=	0,75 m.	vorn unten Recht.
»	2.	»	= 0,96 »	=	0,75 »	
»	3.	»	= 0,96 »	=	0,75 »	
»	4.	»	= 0,96 »	=	0,75 »	
»	5.	»	= 0,96 »	=	0,75 »	
»	6.	»	= 0,96 »	=	0,75 »	
»	$^1/_4$	»	= 0,24 »	=	0,19 »	

vorn unten Schräg = 6,00 m. = 4,69 m. vorn unten Recht.
7,00 m. unten.

Halbirungsschnitt = 2,31 m.

Es ist hieraus ersichtlich, daß die Halbirungslinie zu niedrig liegt, weil der Halbirungsschnitt in dem oberen Theile am kleinsten ist. Es ist die Vorderseite oben demnach etwas kleiner und vorn unten etwas größer zu nehmen, wie es in erster Berechnung angegeben ist.

Ueber das Zuschneiden sei erwähnt, daß man am besten jeden Theil für sich schneidet, weil hiermit am wenigsten, oder gar kein Tuch verloren geht, und kann man sich damit nach dem Großstengenstagsegel richten; auch hat man die Nähte vorn oben und vorn unten mit runder Naht anzufangen, dann aber die 0,03 m. breite Naht beizubehalten. Man näht zuerst beide Theile für sich, und verbindet sie dann durch die Halbirungsnaht.

In Betreff der Leike ist es ebenso, wie bei den vorher erwähnten Stagsegeln; hinten und unten wird das Leik lose angenäht, vorn ein wenig Tuch eingearbeitet.

Großer Klüver (Fig. 17). Vorn 19,50 m., hinten 13,50 m., unten 9 m. Tuchbreite = 0,60 m., Nahtbreite = 0,03 m.

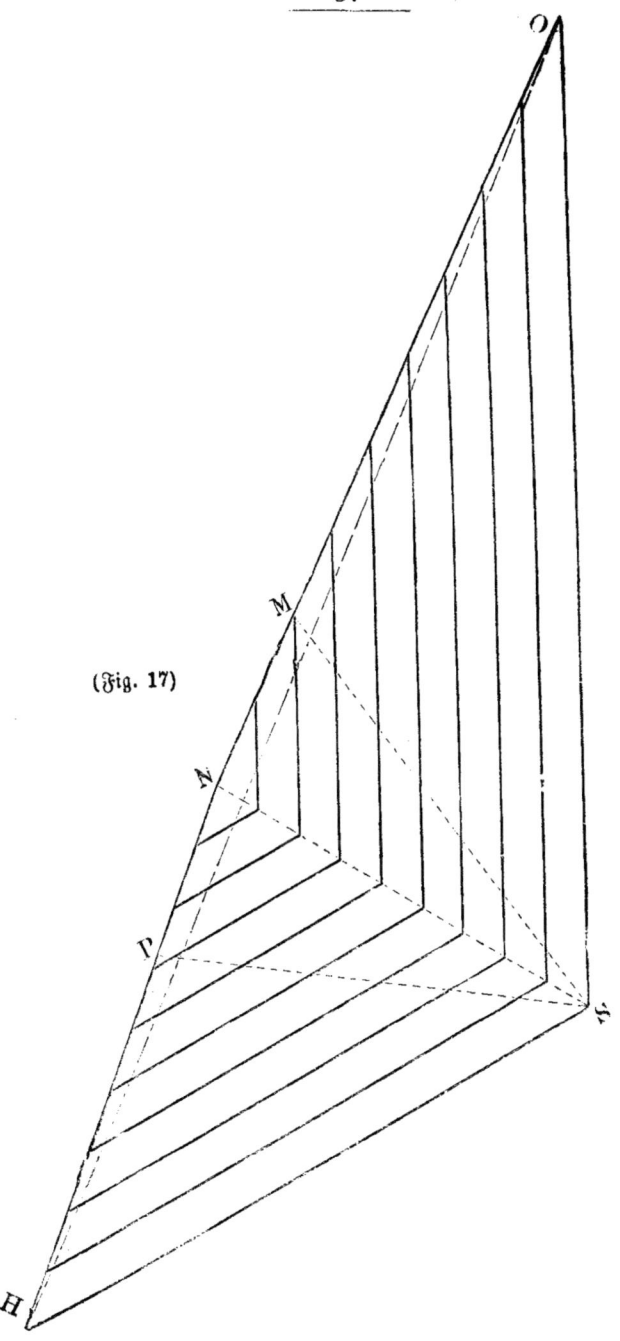

(Fig. 17)

Nachdem man den Winkel im Schoothorn halbirt hat, fällt man das Loth aus dem Durchschnittspunkte der Halbirungslinie mit der punktirten Vorderseite auf O S und H S. Das Loth mißt annähernd 4,75 m. Diese Zahl durch 0,57 dividirt, giebt die Anzahl der benöthigten Kleider = 8^1/$_3$. Etwas Rundung wäre hier ganz zweckmäßig, weil das Segel auf der Linie S N nicht so viel reckt, wie auf der Linie S M und S P. Giebt man nun 0,38 m. Rundung, im Verhältniß zur Größe dieses Segels allerdings nur wenig, so wird man gerade 9 Kleider gebrauchen.

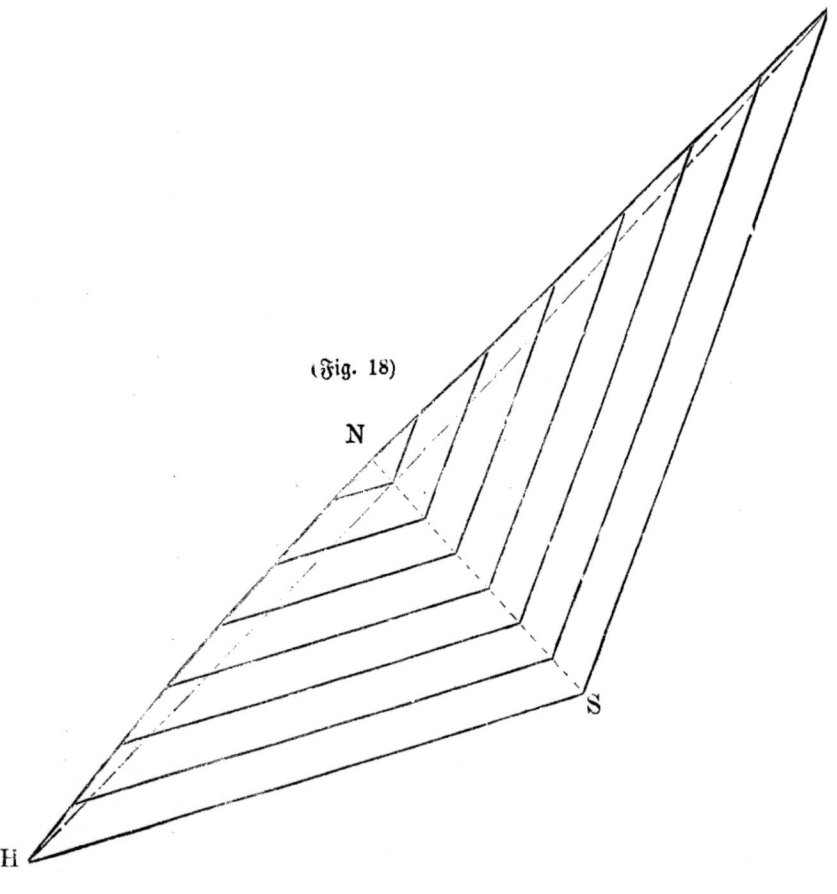

(Fig. 18)

Durch die Halbirung wird vorn oben = 11,60 m., unten = 7,90 m. lang. Theilt man die 11,60 m. durch 9, so hat man 1,29 m. Schrägung für jedes Kleid. Dann hat man:

vorn Schräg von oben das 1. Kleid = 1,28 m. = 1,13 m. vorn oben Recht.
» 2. » = 1,29 » = 1,14 »
» 3. » = 1,29 » = 1,14 »
» 4. » = 1,29 » = 1,14 »
» 5. » = 1,29 » = 1,14 »
» 6. » = 1,29 » = 1,14 »
» 7. » = 1,29 » = 1,14 »
» 8. » = 1,29 » = 1,14 »
» 9. » = 1,29 » = 1,14 »

vorn oben Schräg = 11,60 m. = 10,25 m. vorn oben Recht.
    13,50 m. hinten.

Halbirungsschnitt = 3,25 m.

Vorn unten = 7,90 m. : 9 = 0,88 m. Schrägung für jedes Kleid.
Vorn Schräg vom Hals das 1. Kleid = 0,87 m. = 0,63 m. vorn unten Recht.
» 2. » = 0,87 » = 0,63 »
» 3. » = 0,88 » = 0,64 »
» 4. » = 0,88 » = 0,64 »
» 5. » = 0,88 » = 0,64 »
» 6. » = 0,88 » = 0,64 »
» 7. » = 0,88 » = 0,64 »
» 8. » = 0,88 » = 0,64 »
» 9. » = 0,88 » = 0,64 »

vorn unten Schräg = 7,90 m. = 5,74 m. vorn unten Recht.
    9,00 m. unten.

Halbirungsschnitt = 3,26 m.

Halbirungsschnitt = 3,26 m. : 9 = 0,36 m. für jedes Kleid.

Außenklüver (Fig. 18). Ein Außenklüver soll vorn 16 m., hinten 9,75 m., unten 8 m. messen. Tuchbreite 0,60 m., Nahtbreite 0,03 m.

Nachdem der Winkel im Schoothorn halbirt und das Loth gefällt ist, wird dasselbe = 3,45 m. lang sein; demnach zu dem Segel ohne Rundung 3,45 : 0,57 = 6 Kleider gebraucht werden. Giebt man 0,28 m. oder ½ Kleid Rundung, so hat man, da vorn oben in Folge der Halbirung = 8,78 m. ist, 8,78 m. : 6½ = 1,35 m. für jedes Kleid Schrägung. Dann ist:

vorn oben Schräg das 1. Kleid = 1,35 m. = 1,20 m. vorn oben Recht.
» 2. » = 1,35 » = 1,20 »
» 3. » = 1,35 » = 1,20 »
» 4 » = 1,35 » = 1,20 »
» 5. » = 1,35 » = 1,20 »
» 6. » = 1,35 » = 1,20 »
» 1/2 » = 0,68 » = 0,60 »

vorn oben Schräg = 8,78 m. = 7,80 m. vorn oben Recht.
    9,75 m. hinten.

Halbirungsschnitt = 1,95 m.

Vorn unten = 16 m. — 8,78 m. = 7,22 m.

7,22 m. : 6½ = 1,11 m. für jedes Kleid Schrägung. Dann entspricht:

vorn unten vom Hals das 1. Kleid = 1,11 m. = 0,93 m. vorn unten Recht.
              » 2. » = 1,11 » = 0,93 »
              » 3. » = 1,11 » = 0,93 »
              » 4. » = 1,11 » = 0,93 »
              » 5. » = 1,11 » = 0,93 »
              » 6. » = 1,11 » = 0,93 »
              » $^1/_2$ » = 0,58 » = 0,47 »
vorn unten Schräg = 7,22 m. = 6,05 m. vorn unten Recht.
                               8,00 m. unten.
Halbirungsschnitt = 1,95 m.

Halbirungsschnitt = 1,95 m. : $6^1/_2$ = 0,30 m. für jedes Kleid.

Es hat dies Segel dieselbe Größe wie in Figur 13, wo es eintheilig berechnet ist. Weil es aber so hoch im Schoothorn steht, ist es nicht als eintheilig zu empfehlen, nur zweitheilig wird es sich im Stand bewähren.

Außenklüver (Fig. 19) vorn 18,75 m., hinten 10,50 m., unten auch 10,50 m. Tuchbreite = 0,60 m., Nahtbreite = 0,03 m.

Die Halbirungslinie vom Schoothorn aus wird, da die hintere und die untere Seite gleich sind, die Vorderseite halbiren. Fällt man von dem Durchschnittspunkte ein Loth auf eine der Seiten, die hintere oder die untere, so wird dieses Loth = 4,25 m. lang sein und die Zahl der Kleider ohne Rundung sich als $7^1/_2$ ergeben. Hier ist es jedoch zu empfehlen, auch etwas Rundung an der Vorderseite zu geben, weil der Winkel im Schoothorn so groß ist. Rechnet man also ein halbes Kleid oder 0,28 m. Rundung, so wird das Segel 8 Kleider breit werden. Beide Hälften sind 18,75 m. lang, diese durch 2 giebt 9,38 m., woraus sich durch Division mit 8, der Zahl der Kleider, für jedes derselben annähernd 1,17 m. "Schräg" berechnet. Dann ist:

vorn oben oder unten Schräg das 1. Kleid = 1,17 m. = 1,00 m. vorn Recht.
              » 2. » = 1,17 » = 1,00 »
              » 3. » = 1,17 » = 1,00 »
              » 4. » = 1,17 » = 1,00 »
              » 5. » = 1,17 » = 1,00 »
              » 6. » = 1,17 » = 1,00 »
              » 7. » = 1,18 » = 1,01 »
              » 8. » = 1,18 » = 1,01 »
vorn Schräg = 9,38 m. = 8,02 m. vorn Recht.
                             10,50 m. hinten oder
                                       unten.
Halbirungsschnitt = 2,48 m.

Diesen durch 8 getheilt, ergiebt für jedes Kleid = 0,31 m.

Diese Art Segel sind einfach zu berechnen, stehen sehr gut, behalten auch ihren Stand, und können endlich nach Belieben das obere unten angeschlagen werden. Bei einem mehr horizontal als vertikal liegenden Leiter sind diese Art Segel am besten, weil sie immer hoch im Schoothorn sein müssen. Die Rundung an der Vorderseite wird gar nicht auffallen, weil 0,30 m. im Verhältniß zur Größe des Segels kaum bemerkbar sind.

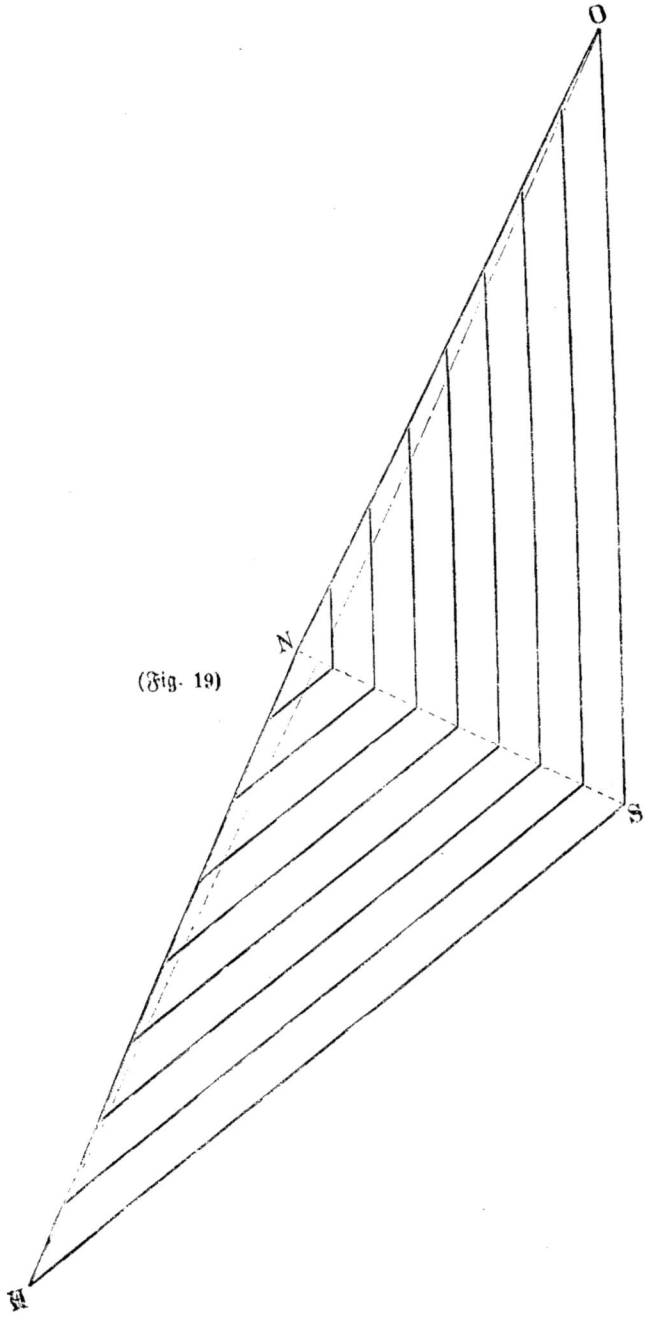

(Fig. 19)

Ein ähnliches Segel, wie das vorhergehende, ist ein Vorbramstagsegel (Fig. 20), das vorn 16 m., hinten und unten 8,70 m. lang ist. Tuchbreite = 0,60 m., Nahtbreite = 0,03 m.

Nach Halbirung des Winkels im Schoothorn und Fällung des Lothes von der Vorderseite beträgt letzteres 3,05 m, für 5⅓ Kleider ohne Rundung passend. Giebt man ⅔ Kleid oder 0,40 m. Rundung zu, so würde man 6 Kleider zu diesem Segel gebrauchen.

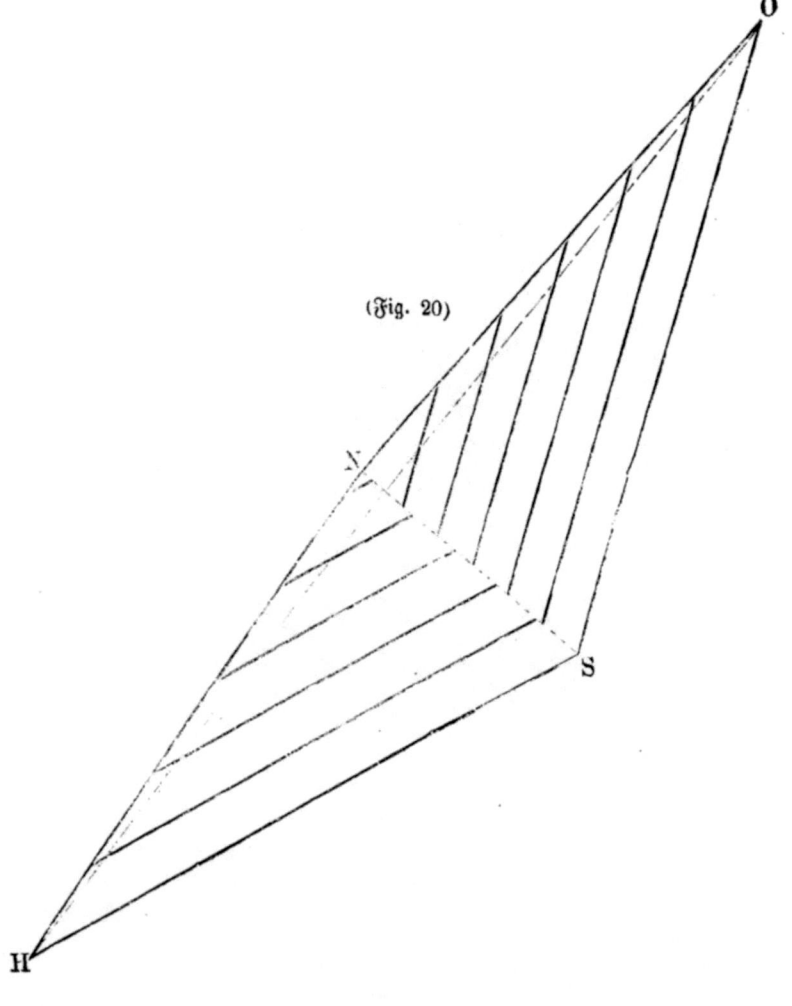

(Fig. 20)

Es ist vorn oben „Schräg" = 8 m.: 6 = 1,33 m. für jedes Kleid „Schräg". Dann ist:

vorn oben oder unten das 1. Kleid = 1,33 m. vorn Schräg = 1,18 m. vorn Recht.
     » 2. » = 1,33 »   = 1,18 »
     » 3. » = 1,33 »   = 1,18 »
     » 4. » = 1,33 »   = 1,18 »
     » 5. » = 1,34 »   = 1,19 »
     » 6. » = 1,34 »   = 1,19 »
vorn oben oder unten Schräg = 8,00 m. = 7,10 m. vorn Recht.
                8,70 m. hinten ob. unten.

Halbirungsschnitt = 1,60 m.

Dieser durch 6 getheilt, ergiebt für jedes Kleid = 0,23 m. annähernd.

Dasselbe Segel nach Leinenbreite berechnet (Leinenbreite = 0,70 m.). Es ist das Loth 3,05 m. lang. Man giebt 0,40 m. Rundung, demnach bedarf man 3,45 m. : 0,67 = annähernd $5^1/_7$ Kleider. Vorn oben oder unten = 8 m. : $5^1/_7$ = 1,56 m. annähernd für jedes Kleid „Schräg". Dann ist von oben oder dem Hals aus:

(Nach Tafel XI)
vorn Schräg das 1. Kleid = 1,55 m. = 1,38 m. vorn Recht.
    » 2. » = 1,55 » = 1,38 »
    » 3. » = 1,56 » = 1,39 »
    » 4. » = 1,56 » = 1,39 »
    » 5. » = 1,56 » = 1,39 »
    « $^1/_7$ » = 0,22 » = 0,19 »
vorn oben oder unten Schräg = 8,00 m. = 7,12 m. vorn Recht.
              8,70 m hinten oder unten

Halbirungsschnitt = 1,58 m.

Dieser durch $5^1/_7$ getheilt, ergiebt für jedes Kleid = 0,30 m. und 0,31 m.

Der kleine Unterschied im Halbirungsschnitt der beiden Segel ist nicht von Bedeutung, in der Praxis nicht einmal nennenswerth. Weil bei diesem Segel der Winkel im Schoothorn so groß ist, muß Rundung gegeben werden, da sonst mit der Zeit auf der Halbirungsnaht Spannung eintreten könnte.

In der Figur ist die obere Hälfte nach Segeltuch von 0,60 m., untere Hälfte nach Leinen von 0,70 m. Breite construirt.

Ein Vorstengenstagsegel (Fig. 21), welches vorn 12 m., hinten 8 m., unten 6 m. mißt. Tuchbreite = 0,60 m., Nahtbreite = 0,03 m. Es wird das Loth von dem Halbirungspunkte an der Vorderseite auf die Hinter- oder Unterseite = 3,10 m. lang sein und es wird ferner durch die Halbirungslinie die Vorderseite in die obere Hälfte von 6,82 m. und die untere von 5,18 m. getheilt. Das Loth 3,10 m. durch 0,57 getheilt, ergiebt die Zahl der Kleider = ungefähr $5^1/_2$ ohne Rundung; nimmt man noch 0,18 m. mehr, so wird das Segel $5^3/_4$ Kleider breit werden.

Vorn oben 6,82 m. : $5^3/_4$ giebt 1,18 m. und 1,19 m. für jedes Kleid „Schräg". Dann ist:

vorn oben Schräg das 1. Kleid = 1,18 m. = 1,02 m. vorn oben Recht.
„ 2. „ = 1,18 „ = 1,02 „
„ 3. „ = 1,18 „ = 1,02 „
„ 4. „ = 1,19 „ = 1,03 „
„ 5. „ = 1,19 „ = 1,03 „
„ 3/4 „ = 0,90 „ = 0,77 „

vorn oben Schräg = 6,82 m. = 5,89 m. vorn oben Recht.
8,00 m. hinten.

Halbirungsschnitt = 2,11 m.

Vorn unten 5,18 m. : 5 3/4 giebt 0,90 m. für jedes Kleid „Schräg".
Dann ist:
vorn unten Schräg das 1. Kleid = 0,90 m = 0,67 m. vorn unten Recht.
„ 2. „ = 0,90 „ = 0,67 „
„ 3. „ = 0,90 „ = 0,67 „
„ 4. „ = 0,90 „ = 0,67 „
„ 5. „ = 0,91 „ = 0,69 „
„ 3/4 „ = 0,67 „ = 0,52 „

vorn unten Schräg = 5,18 m. = 3,89 m. vorn unten Recht.
6,00 m. unten.

Halbirungsschnitt = 2,11 m.

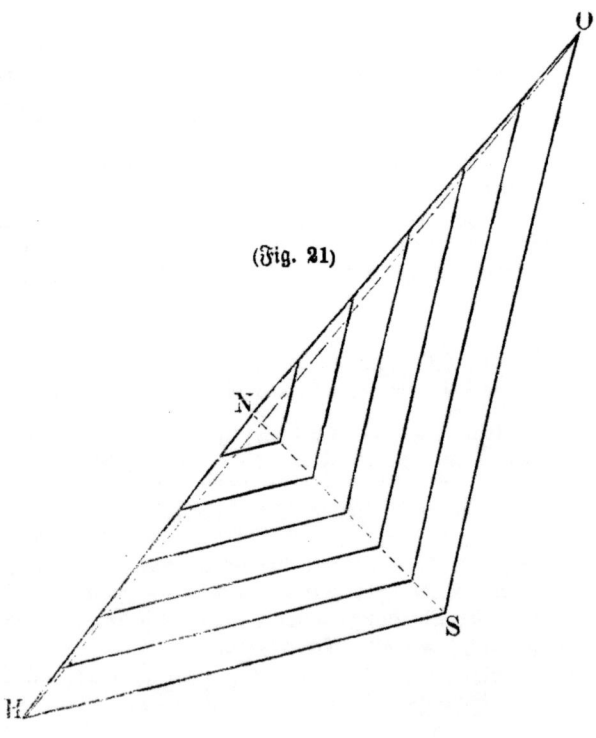

(Fig. 21)

Es hat dies Segel dieselbe Größe, wie dasjenige in Figur 15 bei den eintheiligen. Als zweitheiliges wird es sich viel besser im Stand bewähren, da es als Stengenstagsegel ziemlich viel Schooten=schnitt hat. Sobald ein Segel Schootenschnitt hat, oder der Winkel im Schoothorn über 90o wird, ist es besser, dasselbe zweitheilig an=zufertigen. Segel, welche Halsenschnitt haben, oder deren Winkel im Schoothorn kleiner als 90o sind, können eintheilig gemacht werden.

Besahnstagsegel (Fig. 22) vorn 13,50 m., hinten 8 m., unten 9,25 m. Tuchbreite = 0,60 m., Nahtbreite = 0,03 m.

Das Loth, welches man zum Auffinden der Kleiderzahl gebraucht, mißt 4,28 m. Giebt man 0,15 m. Rundung, so hat man 4,28 m. + 0,15 m. : 0,57 = 7³/₄, die Zahl der Kleider.

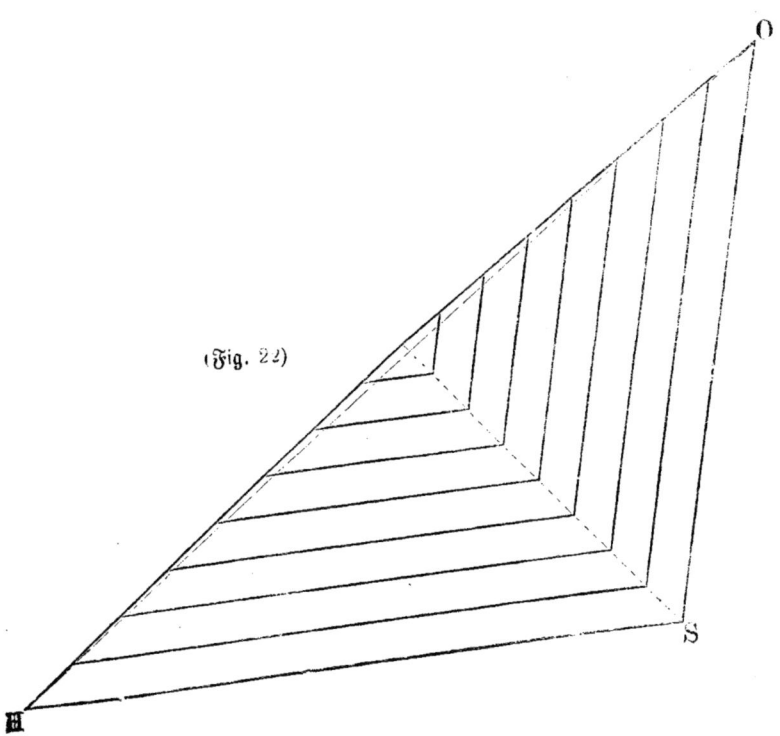

(Fig. 22)

Es ist in Folge der Halbirung vorn oben = 6,30 m, vorn unten = 7,20 m. lang, demnach also

vorn oben Schräg das 1. Kleid = 0,81 m. = 0,54 m. vorn oben Recht.
» 2. » = 0,81 » = 0,54 »
» 3. » = 0,81 » = 0,54 »
» 4. » = 0,81 » = 0,54 »
» 5. » = 0,82 » = 0,55 »
» 6. » = 0,82 » = 0,55 »
» 7. » = 0,82 » = 0,55 »
» ³/₄ » = 0,60 » = 0,45 »

vorn oben Schräg = 6,30 m. = 4,26 m. vorn oben Recht.
8,00 m. hinten.

Halbirungsschnitt = 3,74 m.

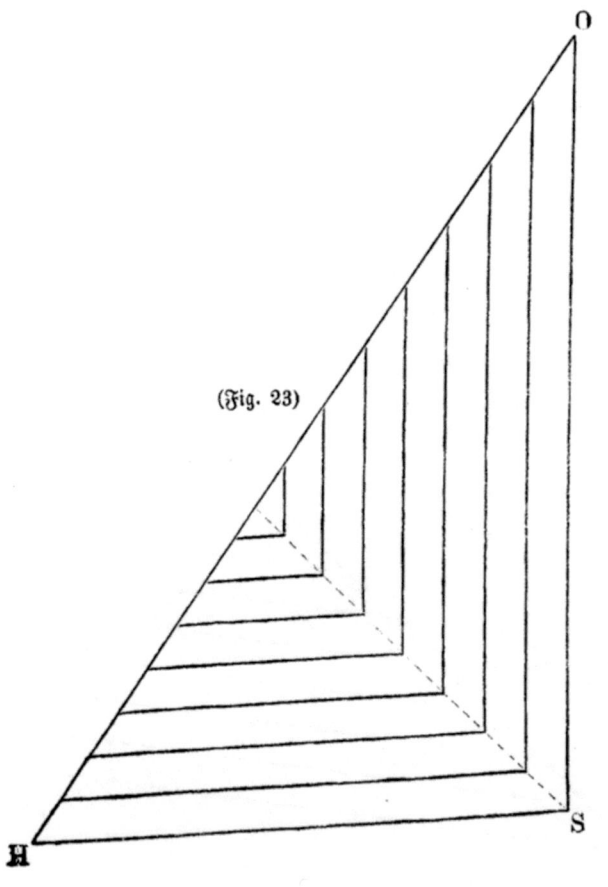

(Fig. 23)

vorn unten Schräg das 1. Kleid = 0,93 m. = 0,71 m. vorn unten Recht.
» 2. » = 0,93 » = 0,71 »
» 3. » = 0,93 » = 0,71 »
» 4. » = 0,93 » = 0,71 »
» 5. » = 0,93 » = 0,71 »
» 6. » = 0,93 » = 0,71 »
» 7. » = 0,93 » = 0,71 »
» $^3/_4$ » = 0,69 » = 0,54 »

vorn unten Schräg = 7,20 m. = 5,51 m. vorn unten Recht.
9,25 m. unten.

Halbirungsschnitt = 3,74 m.

Es ist dies dasselbe Segel, wie in Figur 11, in welcher es eintheilig berechnet wurde; als zweitheiliges wird es sich im Stande besser bewähren. Theilt man den Halbirungsschnitt = 3,74 m. durch $7^3/_4$, so erhält man für jedes Kleid annähernd 0,48 m.

Ein Besahnstengenstagsegel (Fig. 23) mißt vorn 13,25 m., hinten 10,50 m., unten 7,40 m. Tuchbreite = 0,60 m., Nahtbreite = 0,03 m.

Das Loth ist in diesem Segel = 4,42 m., und es wird durch die Halbirung vorn oben = 7,70 m., unten = 5,55 m. lang.

Rundung braucht diesem Segel nicht gegeben zu werden; man hat also 4,42 : 0,57 = $7^3/_4$ Kleider zu nehmen.

Vorn oben = 7,70 m. : $7^3/_4$ = 0,99 für jedes Kleid „Schräg".

vorn oben Schräg das 1. Kleid = 0,99 m. = 0,79 m. vorn oben Recht.
» 2. » = 0,99 » = 0,79 »
» 3. » = 0,99 » = 0,79 »
» 4. » = 0,99 » = 0,79 »
» 5. » = 0,99 » = 0,79 »
» 6. » = 1,00 » = 0,80 »
» 7. » = 1,00 » = 0,80 »
» $^3/_4$ » = 0,75 » = 0,60 »

vorn oben Schräg = 7,70 m. = 6,15 m. vorn oben Recht.
10,50 m. hinten.

Halbirungsschnitt = 4,35 m.

Vorn unten = 5,55 m. : $7^3/_4$ = 0,72 m. für jedes Kleid „Schräg".

	Vorn unten Schräg	Vorn unten Recht
vom Hals aus das 1. Kleid	= 0,71 m.	= 0,38 m.
2. »	= 0,71 »	= 0,38 »
3. »	= 0,71 »	= 0,38 »
4. »	= 0,72 »	= 0,40 »
5. »	= 0,72 »	= 0,40 »
6. »	= 0,72 »	= 0,40 »
7. »	= 0,72 »	= 0,40 »
$^3/_4$ »	= 0,54 »	= 0,30 »

vorn unten Schräg = 5,55 m. = 3,04 m. vorn unten Recht.
7,40 m. unten.

Halbirungsschnitt = 4,36 m.

Halbirungsschnitt = 4,35 m. : $7^3/_4$ ergiebt für jedes Kleid 0,56 m. annähernd.

Es hat dies Segel dieselbe Größe, wie in Figur 7 unter den eintheiligen.

Ein Kreuzoberbramstagsegel (Fig. 24) vorn 12 m., unten 7,20 m., hinten 7,20 m. Tuchbreite = 0,60 m., Nahtbreite = 0,03 m. Es wird das Loth 3,30 m. lang sein, so daß man $5^{3}/_{4}$ Kleider gebraucht; giebt man $^{1}/_{4}$ Kleid oder 0,15 m. Rundung zu, so wird man zu dem Segel 6 Kleider bedürfen.

Vorn oben oder vorn unten wird durch die Halbirung = 6 m.; diese durch 6 getheilt, ergiebt für jedes Kleid 1 m. „Schräg". Nach Tafel I. ist 1 m. „Schräg" = 0,80 m. „Recht"; demnach hat man 6 × 0,80 m. = 4,80 m. „Recht".

Vorn oben oder unten „Recht" = 4,80 m.
hinten oder unten............ = 7,20 m.
Halbirungsschnitt = 2,40 m.

Halbirungsschnitt = 2,40 m. : 6, ergiebt für jedes Kleid 0,40 m.
An der Vorderseite muß jedes Kleid mit 0,80 m. „Recht" angeschnitten werden.

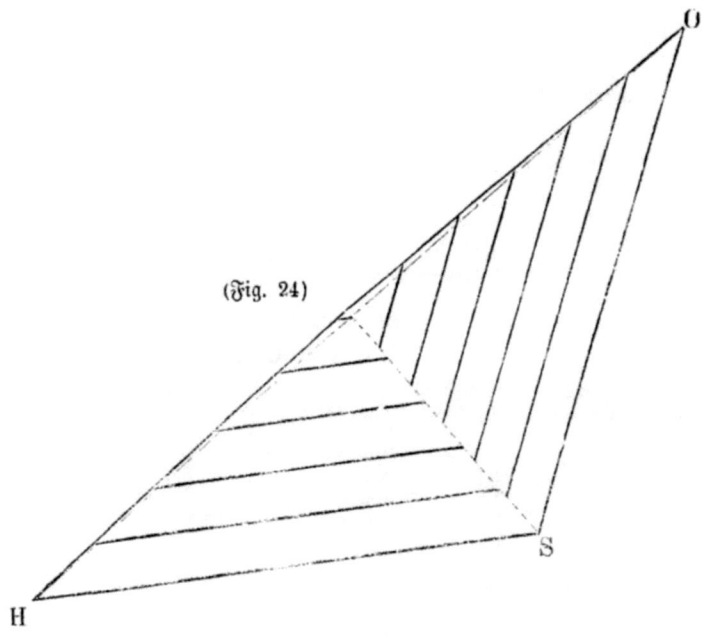

(Fig. 24)

Dasselbe Segel nach Leinenbreite = 0,70 m., Nahtbreite = 0,03 m. Das Loth = 3,30 m. + 0,15 m. (für $^{1}/_{4}$ Kleid) = 3,45 m.; diese durch 0,67 dividirt, ergiebt die Anzahl der Kleider = $5^{1}/_{7}$.

(Nach Tafel X)

	Vorn oben oder unten Schräg	Vorn oben oder unten Recht.
von oben oder dem Hals das 1. Kleid	= 1,16 m.	= 0,92 m.
„ 2. „	= 1,16 „	= 0,92 „
„ 3. „	= 1,17 „	= 0,93 „
„ 4. „	= 1,17 „	= 0,93 „
„ 5. „	= 1,17 „	= 0,93 „
„ ¹/₇ „	= 0,17 „	= 0 13 „

vorn oben oder unten Schräg = 6,00 m. = 4,76 m. v. o. od. u. Recht.
7,20 m. hinten oder unten.

Halbirungsschnitt = 2,44 m.

Halbirungsschnitt = 2,44 m. : 5¹/₇, ergiebt für jedes Kleid 0,47 m. annähernd.

Es findet sich ein kleiner Unterschied im Halbirungsschnitt der beiden Segel, derselbe hat seinen Grund bei dem zweiten Segel darin, daß 1,16 m. „Schräg" etwas mehr als 0,92 m. und 1,17 m. „Schräg" etwas mehr als 0,93 m. „Recht" entspricht.

In der Figur ist die obere Hälfte nach 0,60 m. Tuchbreite, in der unteren nach 0,70 m. Leinenbreite construirt.

Ein Großoberbramstagsegel (Fig. 25) vorn 13 m., hinten 8,50 m., unten 8 m. Tuchbreite = 0,60 m, Nahtbreite = 0,03 m. Es wird das Loth = 4 m. lang sein, woraus sich die Zahl der Kleider

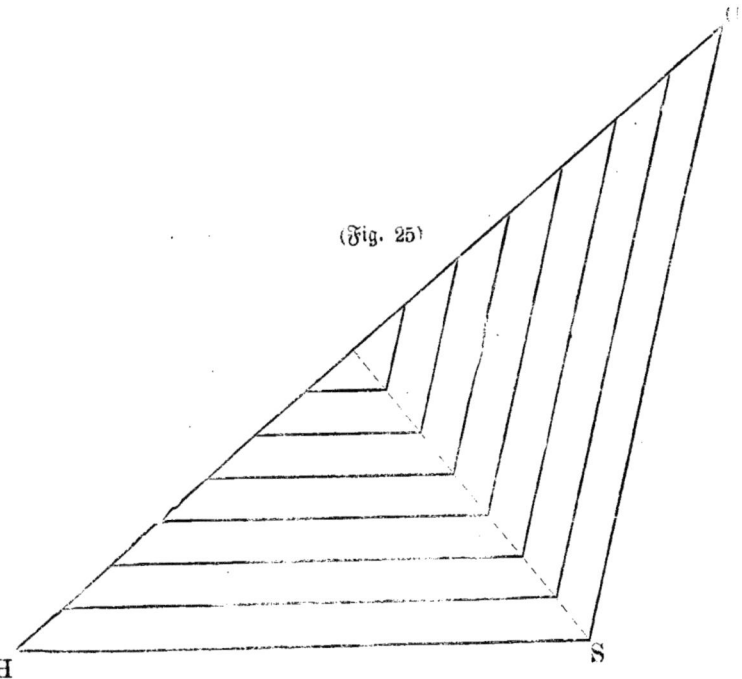

(Fig. 25)

H   S

= 7 ergiebt. Man braucht dem Segel keine Rundung zu geben, hat demnach, da durch die Halbirung vorn oben = 6,69 m. ist, 6,69 m. : 7 = 0,95 m. oder 0,96 m für jedes Kleid „Schräg".

(Nach Tafel I)

Vorn oben Schräg von oben das 1. Kleid = 0,95 m. = 0,74 m. vorn oben Recht.
„ 2. „ = 0,95 „ = 0,74 „
„ 3. „ = 0,95 „ = 0,74 „
„ 4. „ = 0,96 „ = 0,75 „
„ 5. „ = 0,96 „ = 0,75 „
„ 6. „ = 0,96 „ = 0,75 „
„ 7. „ = 0,96 „ = 0,75 „

vorn oben Schräg = 6,69 m. = 5,22 m. vorn oben Recht.
8,50 m. hinten.

Halbirungsschnitt = 3,28 m.

Vorn unten = 6,31 m : 7 = 0,90 m für jedes Kleid „Schräg".

(Nach Tafel I)

Vorn unten Schräg vom Hals das 1. Kleid = 0,90 m. = 0,67 m. vorn unten Recht.
„ 2. „ = 0,90 „ = 0,67 „
„ 3. „ = 0,90 „ = 0,67 „
„ 4. „ = 0,90 „ = 0,67 „
„ 5. „ = 0,90 „ = 0,67 „
„ 6. „ = 0,90 „ = 0,67 „
„ 7. „ = 0,91 „ = 0,69 „

Vorn unten Schräg = 6,31 m. = 4,71 m. vorn unten Recht.
8,00 m. unten.

Halbirungsschnitt = 3,29 m.

Halbirungsschnitt 3,29 m. : 7 = 0,47 m. für jedes Kleid.

Dasselbe Segel nach Leinenbreite von 0,70 m., Nahtbreite = 0,03 m. Das Loth 4 m. : 0,67 ergiebt die Zahl der Kleider = 6. Vorn oben 6,69 m : 6 = 1,115 m. für jedes Kleid „Schräg".

(Nach Tafel XI)

Vorn oben Schräg von oben das 1. Kleid = 1,11 m. = 0,86 m. vorn oben Recht.
„ 2. „ = 1,11 „ = 0,86 „
„ 3. „ = 1,11 „ = 0,86 „
„ 4. „ = 1,12 „ = 0,87 „
„ 5. „ = 1,12 „ = 0,87 „
„ 6. „ = 1,12 „ = 0,87 „

vorn oben Schräg = 6,69 m. = 5,19 m. vorn oben Recht.
8,50 m. hinten.

Halbirungsschnitt = 3,31 m.

Vorn unten = 6,31 m. : 6 = 1,05 m. für jedes Kleid „Schräg".

(Nach Tafel XI)

Vorn unten Schräg vom Hals das 1. Kleid = 1,05 m. = 0,78 m. vorn unten Recht.
„ 2. „ = 1,05 „ = 0,78 „
„ 3. „ = 1,05 „ = 0,78 „
„ 4. „ = 1,05 „ = 0,78 „
„ 5. „ = 1,05 „ = 0,78 „
„ 6. „ = 1,06 „ = 0,79 „

vorn unten Schräg = 6,31 m. = 4,69 m. vorn unten Recht.
8,00 m. unten.

Halbirungsschnitt = 3,31 m.

Halbirungsschnitt = 3,31 m. : 6 = 0,55 m. für jedes Kleid.

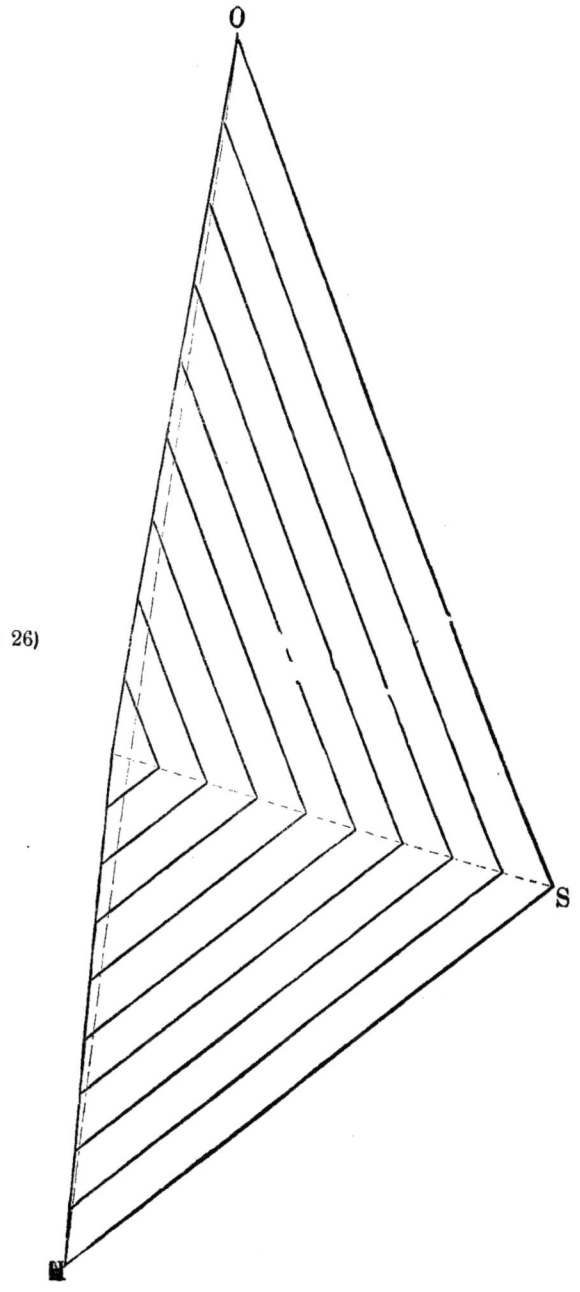

(Fig 26)

Ein **Gaffeltopsegel** (Fig. 26) vorn 16,80 m., hinten 12,50 m., unten 8,50 m. Tuchbreite $= 0{,}60$ m, Nahtbreite $= 0{,}03$ m.

Es wird das Loth $= 4{,}90$ m. lang sein; theilt man diese durch 0,57, so ergiebt sich, daß man 8 Kleider und einen Rest von 0,34 m. gebraucht. Rechnet man nun 0,23 m. Rundung hinzu, so erhält man 0,34 m. $+ 0{,}23$ m. $= 0{,}57$ m.; das Segel würde also 9 Kleider breit werden.

Oder in anderer Weise berechnet: die Länge des Lothes $= 4{,}90$ m. $+ 0{,}23$ m. Rundung $= 5{,}13$ m.; diese durch 0,57 m. getheilt, ergiebt ebenfalls die Zahl der Kleider $= 9$.

Es ist durch die Halbirung vorn oben $= 9{,}90$ m., folglich vorn unten $= 6{,}90$ m.

Vorn oben 9,90 m. $: 9 = 1{,}10$ m. jedes Kleid „Schräg".

Nach Tafel I. ist 1,10 m. „Schräg" $= 0{,}92$ m. „Recht", wonach jedes Kleid anzuschneiden ist;

demnach 0,90 m. $\times 9 = 8{,}28$ m. vorn oben „Recht", hinten $= 12{,}50$ m.

Halbirungsschnitt $= 4{,}22$ m.

Vorn unten 6,90 m. $: 9 = 0{,}77$ m. jedes Kleid „Schräg".

Vorn unten Schräg vom Hals das 1. Kleid $= 0{,}76$ m. $= 0{,}47$ m. vorn unten Recht.
» 2. » $= 0{,}76$ » $= 0{,}47$ »
» 3. » $= 0{,}76$ » $= 0{,}47$ »
» 4. » $= 0{,}77$ » $= 0{,}48$ »
» 5. » $= 0{,}77$ » $= 0{,}48$ »
» 6. » $= 0{,}77$ » $= 0{,}48$ »
» 7. » $= 0{,}77$ » $= 0{,}48$ »
» 8. » $= 0{,}77$ » $= 0{,}48$ »
» 9. » $= 0{,}77$ » $= 0{,}48$ »

vorn unten Schräg $= 6{,}90$ m. $= 4{,}29$ m. vorn unten Recht.
 8,50 m. unten

Halbirungsschnitt $= 4{,}21$ m.

Dieser durch 9 getheilt, ergiebt für jedes Kleid 0,47 m.

c) Mehrtheilige Segel.

Diese Art Segel, auch Strahlensegel genannt, weil alle Nähte im Schoothorn zusammenlaufen, sind, was guten Stand und Stärke anbetrifft, allen andern Segeln vorzuziehen; weil man jedoch mehr Tuch zu denselben verbraucht und sie sich später schwieriger ausbessern lassen, so werden sie selten angefertigt. Als Sturmsegel wie Besahnstagsegel, Vorstengenstagsegel, Fockstagsegel 2c. sind dieselben sehr gut anwendbar und kann man sie immerhin zu diesem Zwecke empfehlen.

Nimmt man bei diesen Segeln die Nähte $= 0{,}03$ m. breit, so wird, da das Kleid der Länge nach schräg durchschnitten wird, zu dieser Naht das Tuch eingelegt werden müssen. Es werden deshalb 0,05 m. verloren gehen, weil die Nahtbreite an und für sich 0,03 m und die beiden Einschläge je 1 Centimeter sind. Man kann also rechnen, daß hier jedes Kleid im Ganzen 0,08 m. verschmälert wird. Es kömmt dies bei der Berechnung nicht in Betracht, weil vorn oben alle Kleider die volle Breite behalten; es ist hier nur erwähnt, um anzudeuten, wie viel mehr Tuch verbraucht wird. Es ist dasselbe, als wenn man ein Segel von halben Kleidern macht, nur, daß man in diesem Falle die Kleider in der Mitte gerade durchschneidet.

Bei diesen Segeln kommt es, weil der Winkel sich bei jedem Kleide ändert, überhaupt mehr auf die Eintheilung und Construction, als auf die Rechnung an, und ist es deshalb am besten und bequemsten, nach der Construction zu arbeiten, weil die Rechnung sehr weitläufig und ungenau sein würde.

Es sei ein **Besahnstagsegel** (Fig. 27) vorn 12 m., hinten 7,75 m., unten 7,75 m. lang. Die Tuchbreite = 0,60 m., die Nahtbreite = 0,03 m.

Man construire die Figur (wenn möglich in großem Maßstabe) und fälle dann aus der Schoote S das Loth S M auf die Vorderseite OH.

Dieses Loth, die Mittelnaht, wird = 4,90 m. lang sein. Rundung braucht man nicht zu geben, weil alle Kleider im Verhältniß gleichmäßig recken.

Die Hinter- oder Unterseite ist = 7,75 m. lang, hiervon das Loth oder die Mittelnaht subtrahirt, ergiebt für vorn oben oder vorn unten "Recht" = 2,85 m.

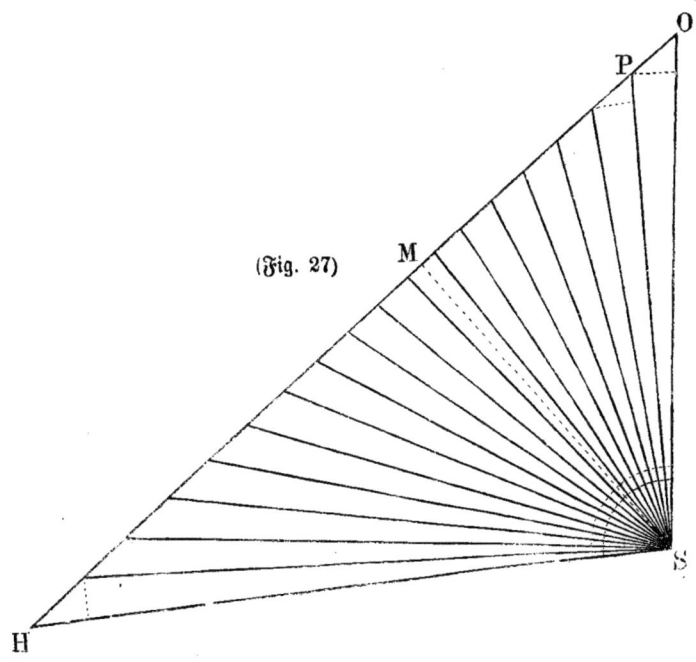

(Fig. 27)

Alsdann hat man die Kleiderzahl zu suchen, was am besten durch Construction geschieht.

Zu diesem Zwecke errichtet man auf der Hinterseite ein Loth, welches, weil hier oben das Tuch seine Breite behält, eine Länge von 0,57 m., der Breite des Tuches, hat und gleichzeitig die Vorderseite in dem Punkte P schneidet. Zieht man die Linie von P nach S, so erhält man die Zeichnung des ersten Kleides.

Beim zweiten Kleide errichtet man das Loth = 0,57 m. auf der ersten Naht oder dem ersten Kleide, bis es wieder die Vorderseite trifft; wird dieser Durchschnittspunkt mit S verbunden, so ergiebt sich die Zeichnung des zweiten Kleides. Auf diese Weise theilt man die Vorderseite ein, bis die Mittelnaht erreicht ist. Da dieses Segel hinten und unten gleich ist, so wird die obere Hälfte gleich der unteren sein. Man wird nicht ganz 9 Kleider, d. h. zu einer Hälfte benöthigen; doch kann man immerhin 9 volle Kleider rechnen, weil das Segel eher zu klein als zu groß wird. Man kann nämlich wohl etwas mehr, jedoch nie weniger nehmen, weil dann das Segel an der Vorderseite Höhlung erhalten würde.

Nachdem man auf diese Weise die Kleiderzahl gefunden, hat man vorn oben „Recht" verhältnißmäßig einzutheilen. Durch Messung mit dem Zirkel läßt sich annähernd bestimmen, wie viel das erste Kleid „Recht" messen wird. In diesem Falle würde es = 0,68 m. haben, am meisten von allen Kleidern. Das Kleid an der Mittelnaht wird dagegen am wenigsten im „Rechten" messen, vielleicht 0,03 m. bis 0,04 m. Hat man das erste und letzte Kleid, so läßt sich für die dazwischenliegenden Kleider der Schnitt vorn oben „Recht" leicht finden.

Es mißt demnach:

vorn oben Recht das 1. Kleid = 0,68 m.
„ 2. „ = 0,57 „
„ 3. „ = 0,46 „
„ 4. „ = 0,37 „
„ 5. „ = 0,29 „
„ 6. „ = 0,21 „
„ 7. „ = 0,14 „
„ 8. „ = 0,09 „
„ 9. „ = 0,04 „

vorn oben Recht = 2,85 m.
Mittelnaht = 4,90 m.

Hinten oder unten = 7,75 m.

Da ich nicht allein dieses, sondern noch andere Segel dieser Art am Bord selbst verfertigt habe, so weiß ich aus der Praxis, daß die Segel nach den angeführten Verhältnissen einen guten Verlauf bekommen und sehr gut stehen.

Ueber das Zuschneiden sei hier das Folgende bemerkt.

Man schneidet das erste Kleid von oben mit 0,68 m. an, mißt an der längeren Seite des Tuches die hintere Seite des Segels = 7,75 m. ab, und macht hier ein Märk. Von diesem Märk bis zur kürzeren Seite, 0,10 m. von oben, muß das Tuch durchgeschnitten werden. Um gleichmäßig und gerade zu schneiden empfiehlt es sich einen frisch getheerten Faden aufzulegen, denselben stramm anzuziehen und auf das Tuch zu drücken. Auf dieser Linie kann man dann das Tuch genau durchschneiden.

Beim zweiten Kleide kehrt man das Tuch um; es wird dann die Egge an die durchschnittene Seite des ersten Kleides fallen, so daß bei jeder Naht nur ein Einschlag kommt. Man mißt das Tuch der kürzeren Seite des ersten Kleides entlang, macht oben ein Märk, und geht dann um $0{,}57$ m. rückwärts. Sollte das Kleid, als Gegenstück des ersten Kleides, dort nicht die volle Breite haben, so muß man vorher unten von der Spitze genügend abschneiden und dann das Kleid von Neuem messen:

Hat alsdann das Kleid oben seine volle Breite, dann mißt man nochmals den Schnitt $= 0{,}57$ m. rückwärts, geht nach dem Faden quer über das Tuch, macht ein Märk und schneidet zwischen beiden Märken durch, womit das zweite Kleid fertig ist.

Der Rest des Tuches wird, weil die durch das Schrägschneiden entstehenden Winkel am zweiten Kleide die Complemente der betreffenden Winkel am dritten sind, dieselbe Schrägung haben, welche sich leicht in $0{,}46$ m., zum dritten Kleide passend, umändern läßt; alsdann kann man, wie vorher angegeben, fortfahren. Hat man die Mittelnaht erreicht, dann ist darauf zu achten, daß man den Schnitt vorn nicht rückwärts, sondern vorwärts mißt.

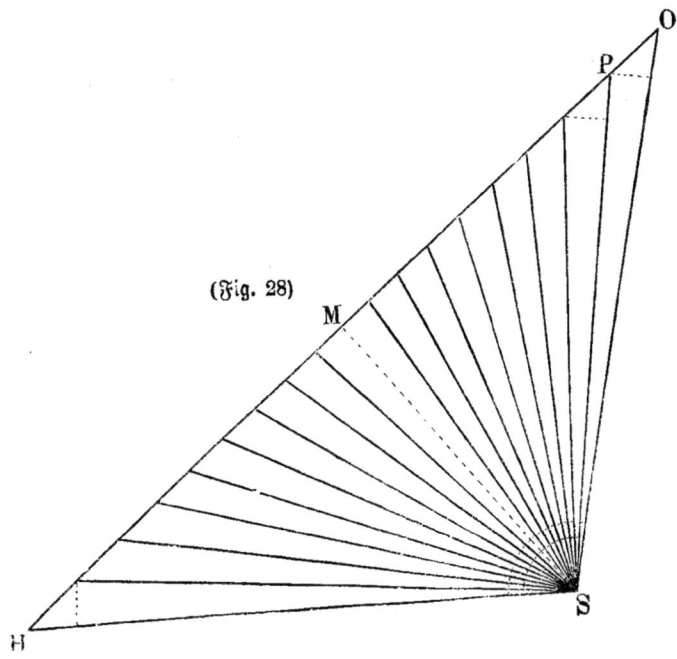

(Fig. 28)

Beim Leiken verfährt man in derselben Weise, wie bei anderen Stagsegeln, hinten und unten muß das Leik lose, vorn das Tuch ein wenig eingearbeitet werden. Den Stoßlappen im Schoothorn nimmt man gewöhnlich rund, wie aus der Figur ersichtlich.
Die Nähte läßt man oben gleichmäßig auslaufen, nicht mit runder Naht. Die Löcher (Gaten) setzt man der Stärke wegen am besten auf die Nähte, es sei denn, daß sie ungleiche Abstände haben.

Ein ähnliches Segel ist ein Besahnstagsegel (Fig. 28), vorn 12 m, hinten 7 m., unten 9 m. Tuchbreite = 0,60 m., Nahtbreite = 0,03 m.

Es wird nach der Construction das Loth oder die Mittelnaht = 5,20 m. werden.

Die Hinterseite ist = 7 m. lang; subtrahirt man hiervon das Loth oder die Mittelnaht, so ergiebt sich für vorn oben „Recht" = 1,80 m. Die Unterseite ist = 9 m. lang, davon die Mittelnaht subtrahirt, ergiebt vorn unten „Recht" = 3,80 m.

Nach der Construction gebraucht man für das Segel vorn oben $7^1/_4$ Kleider, vorn unten $10^1/_4$ Kleider; man kann jedoch, um das Mittelkleid zu ergänzen, $7^1/_2$ und $10^1/_2$ Kleider nehmen, alsdann wird das Loth in die Mitte des mittleren Kleides fallen.

Durch Messung nach der Construction ist:

vorn oben Recht das 1. Kleid	= 0,52 m.	und es wird dann
nach der Eintheilung „ 2. „	= 0,42 „	
„ 3. „	= 0,32 „	
„ 4. „	= 0,23 „	
„ 5. „	= 0,16 „	
„ 6. „	= 0,10 „	
„ 7. „	= 0,05 „	
Mittelkleid	= 0,00 „	
vorn oben Recht	= 1,80 m.	
Mittelnaht	= 5,20 m.	
Hintere Seite	= 7,00 m.	

Ferner ist nach der Construction:

vorn unten Recht das 1. Kleid	= 0,77 m.
„ 2. „	= 0,68 „
„ 3. „	= 0,59 „
„ 4. „	= 0,50 „
„ 5. „	= 0,42 „
„ 6. „	= 0,30 „
„ 7. „	= 0,23 „
„ 8. „	= 0,16 „
„ 9. „	= 0,10 „
„ 10. „	= 0,05 „
Mittelkleid	= 0,00 „
vorn unten Recht	= 3,80 m.
Mittelnaht	= 5,20 m.
Untere Seite	= 9,00 m.

Ein Vorstengenstagsegel (Fig. 29), vorn 11 m., hinten 7,50 m., unten 5 m. Tuchbreite = 0,60 m., Nahtbreite = 0,03 m.

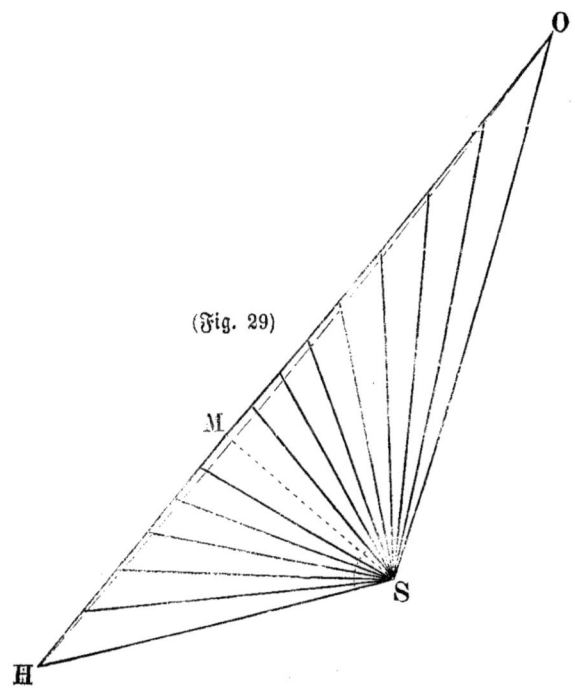

(Fig. 29)

Es wird nach der Construction das Loth auf die Vorderseite 2,90 m. lang sein. Giebt man 0,10 m. Rundung,*) so wird die Mittelnaht = 3 m. werden.

Es ist die Hinterseite = 7,50 m.   die Unterseite = 5 m.
— Mittelnaht = 3,00 m.   = 3 m.
vorn oben „Recht" = 4,50 m.   vorn unten „Recht" = 2 m.

Man wird zu diesem Segel vorn oben mehr als $7^3/_4$ Kleider gebrauchen, so daß man 8 Kleider rechnen kann. Vorn unten wird man $5^3/_4$ Kleider benöthigen, wofür man 6 Kleider nehmen kann.

Es ist:

vorn oben Recht	vorn unten Recht
von oben das 1. Kleid = 1,23 m	vom Hals das 1. Kleid = 0,69 m.
» 2. » = 0,99 »	» 2. » = 0,53 »
» 3. » = 0,78 »	» 3. » = 0,38 »
» 4. » = 0,59 »	» 4. » = 0,24 »
» 5. » = 0,43 »	» 5. » = 0,12 »
» 6. » = 0,28 »	» 6. » = 0,04 »
» 7. » = 0,16 »	Mittelnaht ....
» 8. » = 0,04 »	vorn unten Recht = 2,00 m.
Mittelnaht	Mittelnaht = 3,00 m.
vorn oben Recht = 4,50 m.	Untere Seite = 5,00 m.
Mittelnaht = 3,00 m.	
Hintere Seite = 7,50 m.	

*) Hier ist etwas Rundung zu empfehlen.

Es kommt in der Praxis nie so genau darauf an, so daß man das Mittelkleid immerhin um einiges breiter nehmen kann.

Ein Fockstagsegel (Fig. 30), vorn 10,50 m., hinten 6,50 m., unten 8 m. Tuchbreite = 0,60 m., Nahtbreite = 0,03 m.

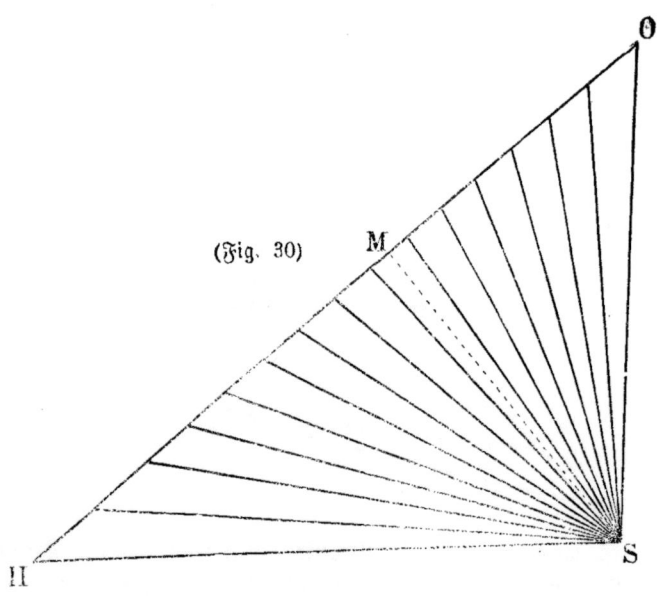

(Fig. 30)

Es wird das Loth auf die Vorderseite = 4,94 m. messen.
Die Hinterseite ist = 6,50 m.   die Unterseite = 8 m.
— Mittelnaht = 4,94 m.   = 4,94 m.
vorn oben „Recht" = 1,66 m. vorn unten „Recht" = 3,06 m.
Dieses Segel wird vorn oben = $6^1/_2$ Kleider, vorn unten = $8^1/_2$ Kleider breit werden, demnach das Loth in die Mitte des 7. Kleides von oben gerechnet, fallen.

Vorn oben Recht		Vorn unten Recht	
von oben das 1. Kleid =	0,51 m.	von unten das 1. Kleid =	0,76 m.
„ 2. „ =	0,41 „	„ 2. „ =	0,63 „
„ 3. „ =	0,31 „	„ 3. „ =	0,52 „
„ 4. „ =	0,22 „	„ 4. „ =	0,41 „
„ 5. „ =	0,14 „	„ 5. „ =	0,31 „
„ 6. „ =	0,07 „	„ 6. „ =	0,22 „
Mittelkleid =	0,00 „	„ 7. „ =	0,14 „
vorn oben Recht =	1,66 m.	„ 8. „ =	0,07 „
Mittelnaht =	4,94 m.	Mittelkleid =	0,00 „
hintere Seite =	6,50 m.	vorn unten Recht =	3,06 m.
		Mittelnaht =	4,94 m.
		untere Seite =	8,00 m.

II.

Viereckform.

a) Rahsegel.

Von allen Segeln sind die Rahsegel am bequemsten zu berechnen und zuzuschneiden; es bedarf deshalb wohl nicht vieler Erklärungen, da gewiß schon Jeder derartige Segel an Bord selbst verfertigt hat.

Alle Rahsegel sind oben gerade, und sämmtliche Kleider sind nach dem Faden geschnitten; dagegen haben die Segel am Fuße etwas Schootenschnitt, dessen Größe von der Entfernung zwischen dem Stage und der Rahe, durch welche die Schooten fahren, abhängig ist. Die Seiten werden durch die Schräge der Kleider gebildet, um welche das Segel auf jeder Seite unten breiter ist als oben.

Da in neuerer Zeit die doppelten Marsrahen fast überall eingeführt sind, so brauchen die Marssegel nicht mehr wie früher an den Seiten die Gillung*) zu haben, damit man das dritte Reff innerhalb der Bramschootenscheiben hält.

Sollte ein Obermarssegel dennoch zwei Reffe haben, so kann man immerhin Gillung geben, so daß die Kauschen des zweiten Reffs ungefähr 0,20 m. außerhalb derjenigen des ersten Reffs sich befinden.

Obermarssegel und Untersegel, welche nur ein Reff haben, sind oben selten so breit, daß das Reff bis an die Scheibenlöcher (Gaten) hinausreicht; daher können bei diesen, wie bei Bram und Oberbramsegeln die Seiten gleichmäßig schräge genommen werden.

Bei Rahsegeln kommt es wohl hauptsächlich darauf an, dieselben passend zu machen und muß man hierbei besonders berücksichtigen, daß die Tiefe des Segels durch Recken zunimmt, dagegen die Breite und namentlich oben an der Rahe gar nicht reckt. Der Fuß des Segels mag wohl etwas nachgeben, weil letztere gewöhnlich etwas Schotenschnitt besitzt, das Tuch also dort schräge geschnitten ist; viel wird das Segel sich aber auch am Fuße nicht recken.

Es wird gewiß schon Manchem aufgefallen sein, daß es, wenn ein altes Segel ausgebessert wird, immer heißt, das neue Tuch ist zu breit, obgleich es von derselben Nummer ist. Dies ist ein Beweis, daß das Tuch quer über nie reckt.

Man kann das Segel oben also nach Berechnung so passend machen, wie man es zu haben wünscht; fällt dann der Saum fort und das Tuch wird etwas lose genommen und eingeleikt, so wird es nachher die Größe, welche man erst angenommen, erhalten. Am Fuße ist dasselbe der Fall, weil das schwerere Leik nie so viel reckt wie das Rahleik.

---

*) Die schräge einwärts gebogene Seite eines Rahsegels nennt man Gillung.

60

(Fig. 31)

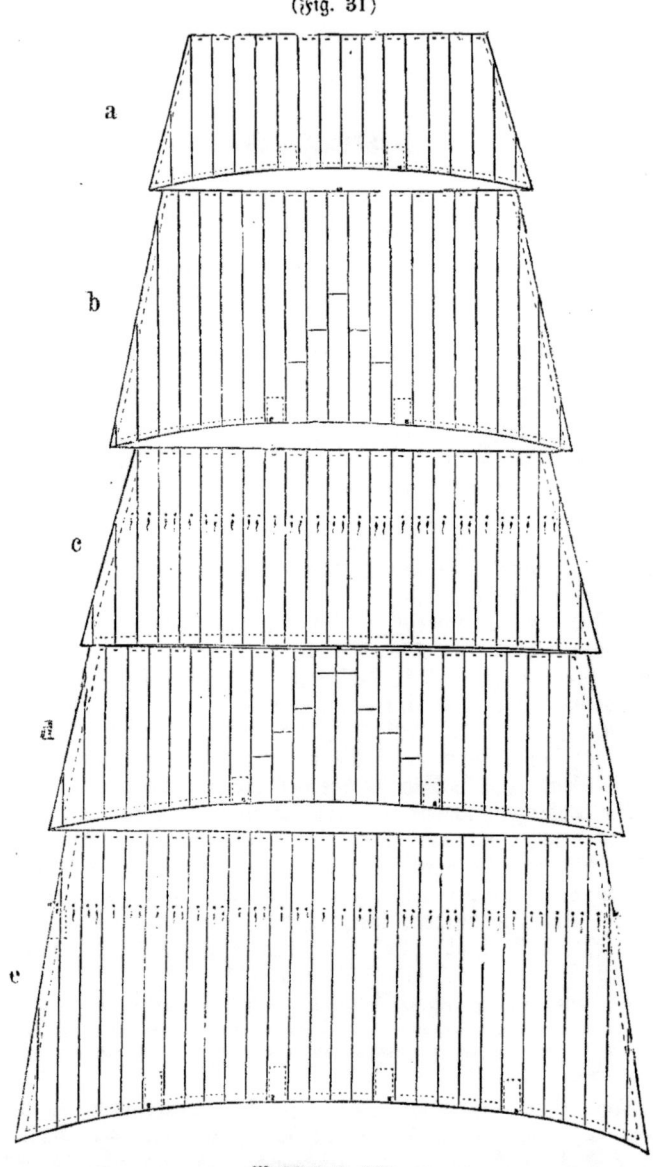

Maßstab 1:200.

Die Tiefe des Segels wird jeder nach seinem eigenen Ermessen zu finden wissen, damit es passend werde.

Ein Oberbramsegel (Fig. 31a) soll oben 8 m., unten 10,25 m. breit und an der Seite 4,20 m. lang sein.

Es sei die Tiefe in der Mitte dieses Segels 3,40 m., die Tuch=
breite = 0,60 m., die Nahtbreite = 0,03 m.

Da die Breite eines jeden Kleides = 0,57 m. beibehalten wird, so bedarf
man oben = 8 : 0,57 = 14, unten = 10,25 : 0,57 = 18 Kleider.

Berechnet man nun die Seiten, so hat man 4,20 m. : 2 (den
Unterschied der einen Seite) = 2,10 m. für jedes Kleid Schrägung;
2,10 m. "Schräg" ist nach Tafel I. = 2,01 m. "Recht", diese mit
2 multiplicirt ergiebt für die ganze Seite "Recht" = 4,02 m.

Es ist die mittlere Tiefe = 3,40 m.

Schootenschnitt = 0,62 m.

Vertheilt man diesen Schootenschnitt auf den Fuß des Segels, wobei
jedoch die 4 mittleren Kleider gerade geschnitten werden können, so wird
der Fuß, wie folgt, einen guten Verlauf nehmen. Auf jeder Seite erhält

```
das 1. Kleid von der Mitte      = 0,00 m
 „  2.   „                      = 0,00 „
 „  3.   „                      = 0,02 „
 „  4.   „                      = 0,04 „
 „  5.   „                      = 0,06 „
 „  6.   „                      = 0,08 „
 „  7.   „    oder Rockkleid    = 0,11 „
 „  8.   „                      = 0,14 „
 „  9.   „                      = 0,17 „
          Schootenschnitt       = 0,62 m.
```

Ueber das Zuschneiden ist Folgendes zu bemerken: Man schneidet
das Segel immer von der Mitte aus zu, nimmt beide Hälften zugleich
oder jede für sich; ersteres ist jedoch vorzuziehen, weil man dann sicher
geht, daß beide Seiten gleich werden. Man märkt die Kleider der
einen Hälfte mit Buchstaben, die der anderen mit Nummern; mißt
Kleid 1 und 2, A und B = 3,40 m ohne Schootenschnitt Kleid 3
und C erhalten je 0,02 m. Schootenschnitt. Der Rest des Tuches von
Kleid 3 mit 0,02 m. Schootenschnitt wird für Kleid C passen; so auch die
darauf folgenden Kleider mit den entsprechenden von der anderen Seite.

Oben bei der Nocke angelangt, ist es vortheilhafter, das erste
oder oberste Seitenkleid von unten anzuschneiden; man mißt von unten
nach oben und macht hier ein Märk, mißt nun um 2,01 m. zurück,
geht nach dem Faden quer über das Tuch, macht hier ein Märk und
schneidet das Tuch zwischen beiden Märken schräg durch.

Der Rest des Tuches paßt als Gegenkleid an der anderen Seite, welches,
wenn abgeschnitten, am Reste wieder den Schootenschnitt für das folgende
Kleid annähernd zurückläßt. Auf diese Weise werden die beiden letzten
Kleider ebenfalls abgeschnitten, so daß fast gar kein Tuch verloren geht.

In Betreff des Leikens sei erwähnt, daß man das Tuch etwas
lose, aber nicht zu viel einarbeitet, sonst möchte das Segel bauchig
werden; indessen muß man sich sehr hüten, daß man das Leik nicht
lose nimmt, weil sonst das Segeltuch die ganze Kraft auszuhalten hat.
Das Wieviel läßt sich theoretisch nicht angeben, darüber muß das
practische Urtheil entscheiden, weil darin nie ein genaues Maß gegeben
werden kann, und zwar mit dem Grunde nicht, weil das eine Leik mehr

reckt als das andere und namentlich zwischen dünnen und dicken Leiken ein großer Unterschied in der Streckbarkeit besteht.

Daß die Leiken vorher gereckt werden müssen ist schon vorhin erwähnt, auch dürfte dies wohl jedem Seemann bekannt sein; der Anfänger wird dann gut thun, das Tuch mit etwas Lose daran zu befestigen, wenngleich die Praxis erwiesen, daß das Leik sich besser bearbeiten läßt, wenn es lose liegt und nicht angeheftet ist, weil denn die etwaigen „Turns" (Schläge) sich herausbrehen lassen.

Wer einigermaßen gleichmäßig beim Leiken arbeitet, wird die Seiten eines Rahsegels auch gleich tief erhalten und ist dann kaum zu befürchten, daß die eine Seite platt und die andere bauchig wird. Dem Ungeübten wird man auch nicht sofort mit dem Ableiken eines neuen Segels betrauen können, da dies gewöhnlich Geübteren überlassen wird. Die Stoßlappen für Bauchgording, die Seite und den Fuß werden auf die vordere Fläche des Segels gesetzt, die Löcher (Gaten) für Bauchgording $1/3$ der Länge des Fußes vom Schoothorn entfernt genommen. Die Löcher am Rahleik setzt man $0{,}36$ m. von einander auf.

Ein Bramsegel (Fig. 31 b), oben $9{,}70$ m., unten $12{,}54$ m. breit, die Mitte 6 m., die Seite $6{,}85$ m. lang. Tuchbreite $= 0{,}60$ m., Nahtbreite $= 0{,}03$ m.

Theilt man die obere Breite des Segels $= 9{,}70$ m. : $0{,}57$ m. (als behaltene Breite des Kleides), so ergiebt sich, daß man 17 Kleider nöthig hat. Am Fuß bedarf man $12{,}54 : 0{,}57 = 22$ Kleider.

Da man oben eine ungerade Kleiderzahl hat, so ist es am besten, ein Kleid als Mittelkleid zu nehmen, um bei der Nocke mit einem vollen aufzuhören; und da man unten eine gerade Kleiderzahl hat, so wird in Folge des Mittelkleides in jede Schoote ein halbes Kleid fallen. Der Unterschied zwischen oben und unten ist an jeder Seite demnach $2^{1}/_{2}$ Kleider; diese Zahl in $6{,}85$ m. eingetheilt, ergiebt für jedes Kleid $2{,}74$ m. Schrägung, die nach Tafel I. $= 2{,}67$ m. „Recht" ist.

Man hat dann:

das oberste Seitenkleid $= 2{,}67$ m. Recht
" 2. " $= 2{,}67$ " "
" halbe " $= 1{,}33$ " "
Seite Recht $= 6{,}67$ m.
Mitte $= 6{,}00$ m
Schootenschnitt $= 0{,}67$ m.

Diesen Schootenschnitt auf den Fuß vertheilt ergiebt:

für das Mittelkleid $= 0{,}00$ m.
" " 1. Kleid $= 0{,}00$ "
" " 2. " $= 0{,}00$ "
" " 3. " $= 0{,}01$ "
" " 4. " $= 0{,}02$ "
" " 5. " $= 0{,}04$ "
" " 6. " $= 0{,}06$ "
" " 7. " $= 0{,}08$ "
" " 8. " $= 0{,}10$ "
" " 9. " $= 0{,}12$ "
" " 10. " $= 0{,}15$ "
" " halbe " $= 0{,}09$ "
Schootenschnitt $= 0{,}67$ m.

Ein Obermarssegel (Fig. 31c), oben 12,20 m., unten 14,20 m., Mitte 5,20 m. Tuchbreite = 0,61 m, Nahtbreite = 0,03 m.

Theilt man die obere Breite von 12,20 m. : 0,58 m. (als behaltene Breite jedes Kleides), so erhält man 21 als die Zahl der oben, die untere Breite von 14,20 m : 0,58 m., so bekommt man = 24 1/2 als die Zahl der unten benöthigten Kleider.

Da man auch hier oben eine ungerade Kleiderzahl hat, so nimmt man wieder ein Mittelkleid. Es bleibt dann für jede Seite eine Schrägung von 1 3/4 Kleidern. Man nimmt beim Obermarssegel den Fuß gerade, somit ist die Tiefe in der Mitte = der Seite "Recht" = 5,20 m.

Diese durch 1 3/4 getheilt, ergiebt
    für das oberste Seitenkleid = 2,97 m.
    für 3/4 Kleid .... = 2,23 m.
             Seite "Recht" = 5,20 m.

Es braucht dies Segel keine Gillung zu haben, weil das Reff innerhalb der Bramschootenscheiben bleibt; will man letzteres aber ziemlich groß, vielleicht in die Hälfte des Segels nehmen, so möchte dieses doch im Reff zu breit werden und wäre dann etwas Gillung ganz gut angebracht. Man kann das oberste Seitenkleid etwas mehr, das unterste etwas weniger ins "Rechte" nehmen und vielleicht für
    das oberste = 3,35 m.
    das unterste = 1,85 m.
rechnen. Dadurch wird die Seite nach innen gebogen und das Segel im Reff verschmälert.

Soll das Segel unten etwas Schootenschnitt haben, so kann man die Tiefe in der Mitte etwas kürzen und diesen Betrag auf die Kleider, wie vorhin angegeben, vertheilen.

Ein Untermarssegel (Fig. 31d), oben 13,80 m, unten 15,80 m., Mitte 4,10 m., Seite 5 m. Tuchbreite = 0,61 m., Nahtbreite = 0,03 m.

13,80 m. : 0,58 m. ergiebt die Zahl der oben benöthigten Kleider = 23 3/4; 15,80 m : 0,58 m = 27 1/4 die Zahl der Kleider am Fuße des Segels. Nimmt man in der Mitte eine Naht, so beträgt die Hälfte oben 11 volle Kleider, ein halbes und 3/8 = 11 + 1/2 + 3/8 = 11 7/8 Kleider; unten = 13 volle Kleider, ein halbes und 1/8 = 13 + 1/2 + 1/8 = 13 5/8 Kleider.

Der Unterschied zwischen der Breite oben und unten wird im Ganzen für jede Seite = 1 3/4 Kleider betragen; diese Zahl in 5 m. getheilt, giebt für jedes volle Kleid 2,86 m. Schrägung.

Es bleibt dann bei dem obersten Seitenkleide, welches oben noch mit 0,53 m. der Breite von 7/8 Kleid, quer angeschnitten wird:
                (Nach Tafel II)
für den Rest oder 1/8 Kleid
        die schräge Seite = 0,36 m. = 0,35 m. Recht
    das 2. oder volle Seitenkleid = 2,86 " = 2,80 " "
    " 3. " 5/8 " = 1,78 " = 1,74 " "
                Seite Schräg = 5,00 m. = 4,89 m. Seite Recht.
                                   4,10 m. Mitte.
                                   0,79 m. Schootenschnitt.

Diesen Schootenschnitt auf den Fuß des Segels vertheilt, giebt
für das 1. Kleid von der Mitte = 0,00 m.
„   „   2.   „   = 0,00 „
„   „   3.   „   = 0,00 „
„   „   4.   „   = 0,01 „
„   „   5.   „   = 0,02 „
„   „   6.   „   = 0,03 „
„   „   7.   „   = 0,04 „
„   „   8.   „   = 0,05 „
„   „   9.   „   = 0,07 „
„   „ 10.   „   = 0,09 „
„   „ 11.   „   = 0,11 „
„   „ 12.   „   = 0,13 „
„   „ 13   „   = 0,15 „
„   „ letzte oder ⁵/₈ Kleid = 0,09 „
Schootenschnitt = 0,79 m.

Ein Großsegel (Fig. 31e), oben 14,80 m., unten 17,40 m.,
Seite 8,25 m., Mitte 7 m. Tuchbreite = 0,61 m., Nahtbreite = 0,03 m.

14,80 m. : 0,58 m. = 25½ = der Zahl der Kleider am Rahleik.
17,40 m. : 0,58 m. = 30   = der Zahl der Kleider am Fuß.
Nimmt man die Naht in der Mitte, so wird man auf jeder Seite
oben 12¾, unten 15 Kleider benöthigen. Der Unterschied ist für jede
Seite 2¼ Kleider, diese auf die 8,25 m. lange Seite vertheilt, ergiebt
3,67 m. für jedes Kleid Schrägung. Es werden bei dem obersten
Seitenkleide noch ¾ Kleid quer angeschnitten, dann ist

(Nach Tafel II)

Der Rest = ¼ Kleid
  die schräge Seite = 0,92 m. = 0,91 m. Recht
  das 2. Seitenkleid = 3,67 „ = 3,62 „   „
   „ 3.   „   = 3,66 „ = 3,61 „   „
Seite Schräg = 8,25 m. = 8,14 m. Seite Schräg.
                        7,00 m. Mitte.
                        1,14 m. Schootenschnitt.

Den Schootenschnitt 1,14 m. auf den Fuß des Segels ver=
theilt, giebt

für das 1. Kleid von der Mitte = 0,00 m.
„   „   2.   „   = 0,00 „
„   „   3.   „   = 0,00 „
„   „   4.   „   = 0,01 „
„   „   5.   „   = 0,01 „
„   „   6.   „   = 0,02 „
„   „   7.   „   = 0,03 „
„   „   8.   „   = 0,05 „
„   „   9.   „   = 0,07 „
„   „ 10.   „   = 0,09 „
„   „ 11.   „   = 0,11 „
„   „ 12.   „   = 0,14 „
„   „ 13.   „   = 0,17 „
„   „ 14.   „   = 0,20 „
„   „ 15.   „   = 0,24 „
Schootenschnitt = 1,14 m.

Es sei hier noch Folgendes über die Rahsegel erwähnt.

Bei Bram- und Marssegeln setzt man die Stoßlappen oder Verdoppelungen für die Salingen an die Hinterfläche; die Reffbänder bei Mars- und Untersegeln an die Vorderfläche; die Reffgaten werden 0,36 m. von einander entfernt und gewöhnlich an der Hinterfläche aufgesetzt.

Die Stoßlappen an den Seiten der Untersegel nimmt man gewöhnlich $1/2$ Kleid, diejenigen am Fuße $1/3$ Kleid breit. Bei Marssegeln dagegen $1/3$ Kleid an den Seiten und unten, bei Bramsegeln $1/3$ Kleid an den Seiten und $1/4$ Kleid unten.

Für die Bauchgordingen werden die Gaten in gleichen Abständen am Unterleik vertheilt. Die Länge der Reffzeisinge sind von der Dicke der Rahe abhängig und werden so eingenäht, daß das hintere Ende ca. 0,30 m. länger ist als das vordere.

Das Zuschneiden und Leiken ist beim Oberbramsegel genügend erklärt, da sämmtliche Rahsegel, abgesehen von den Dimensionen, verhältnißmäßig in derselben Weise gemacht werden.

Die Construction ist bei ihnen zur Berechnung nicht nothwendig und hier nur des Verständnisses wegen beigefügt.

Eine Fock mißt oben 15,10 m., unten 16,25 m., in der Mitte 6,50 m., an der Seite 7,25 m. Die Tuchbreite ist 0,61 m., die Nahtbreite 0,03 m.

15,10 m: 0,58 m. = 26, die Zahl der Kleider oben. 16,25 m. : 0,58 m. = 28, die Zahl der Kleider unten.

Der Unterschied zwischen der Breite oben und unten beträgt demnach an jeder Seite nur 1 Kleid; zieht man die Tiefe des Segels in Betracht, so wird der Unterschied zwischen „Schräg" und „Recht" nur sehr wenig betragen, so daß man die Seite = 7,25 m. „Schräg" annähernd als „Recht" annehmen kann.

Es ist die Seite = 7,25 m.
die Mitte ..... = 6,50 m.
Schootenschnitt. = 0,75 m.

Vertheilt man den letzteren auf den Fuß, so nimmt man:

für die	5 ersten Kleider von der Mitte	=	0,00	m.
" das	6. Kleid	=	0,01	"
" "	7. "	=	0,02	"
" "	8. "	=	0,03	"
" "	9. "	=	0,05	"
" "	10. "	=	0,07	"
" "	11. "	=	0,09	"
" "	12. "	=	0,12	"
" "	13. "	=	0,16	"
" "	14. "	=	0,20	•
	Schootenschnitt	=	0,75	m.

Ein Obermarssegel, oben 13,65 m., unten 15,80 m., Mitte 6,10 m., Seite 6,45 m. Tuchbreite 0,61 m., Nahtbreite 0,03 m.

Das Segel soll zwei Reffe haben, jedes 1,90 m. tief. 13,65 m. : 0,58 m. = $23 1/2$, die Zahl der Kleider oben; 15,80 m. : 0,58 m. =

$27^1/_4$, die Zahl der Kleider unten. Nimmt man in der Mitte eine Naht, so wird man zum halben Segel oben $= 11^3/_4$ Kleider, unten $13^5/_8$ Kleider benöthigen.

Der Unterschied ist für jede Seite $= 1^7/_8$ Kleider, diese auf die Seite $= 6,45$ m. vertheilt, ergiebt für das volle Kleid 3,44 m. Schrägung.

Es ist dann bei dem obersten Seitenkleide, welches oben $^3/_4$ Kleid quer angeschnitten wird

(Nach Tafel II)

für den Rest der Breite =
$^1/_4$ Kleid die schräge Seite $= 0,86$ m. $= 0,85$ m. Recht
1 " $= 3,44$ " $= 3,39$ " "
$^5/_8$ " $= 2,15$ " $= ?,12$ " "
Seite Schräg $= 6,45$ m. $= 6,36$ m. Seite Recht.

Die Seite würde so werden, wenn das Segel gleichmäßig geschnitten wird; wollte man die Gillung durch Rechnung finden, so würde es sehr weitläufig sein; es genügt auch, wenn man sie nach Schätzung nimmt. Setzt man

(Nach Tafel II)

für das oberste Seitenkleid =
$^1/_4$ Kleid die schräge Seite $= 1,50$ m. $= 1,49$ m. Recht.
1 " $= 3,70$ " $= 3,65$ " "
$^5/_8$ " $= 1,25$ " $= 1,22$ " "
Seite Schräg $= 6,45$ m. $= 6,36$ m. Seite Recht,

so wird dieser Verlauf annähernd gut sein; es läßt sich beim Saumeinlegen genau abmessen und ist dann ein etwaiger Unterschied leicht zu berichtigen.

Es ist Seite „Recht" $= 6,36$ m.
Mitte .... $= 6,10$ m.
Schootenschnitt $= 0,26$ m.

Vertheilt man denselben auf den Fuß des Segels, so nimmt man
für die 6 ersten Kleider von der Mitte $= 0,00$ m.
" das 7. Kleid $= 0,01$ "
" " 8. " $= 0,01$ "
" " 9. " $= 0,02$ "
" " 10. " $= 0,03$ "
" " 11. " $= 0,04$ "
" " 12. " $= 0,05$ "
" " 13. " $= 0,06$ "
" " $^5/_8$ " $= 0,04$ "
Schootenschnitt $= 0,26$ m.

Ein Kreuzmarssegel (einfach), oben 9,86 m., unten 13,92 m., Entfernung der Rahen von einander 9 m. Tuchbreite 0,61 m., Nahtbreite 0,03 m. Das Stag liegt 1 Meter über der Rahe. Es soll drei Reffe haben, jedes zu 1,40 m. Die Bramschootenscheibenlöcher in der Marsrahe liegen 0,80 m. außerhalb der Nocke des Segels. Die Anzahl der Kleider beträgt, wie sich durch Rechnung leicht finden läßt, oben 17, unten 24. Man kann die Mitte des Segels $= 7,80$ m. rechnen und giebt man dann unten 0,80 m. Schootenschnitt, so werden die Schooten 0,40 m. in der Höhe von den Scheibenlöchern entfernt bleiben. Die Mitte $= 7,80$ m. $+$ Schootenschnitt $= 0,80$ m. ergiebt für die Seite „Recht" = 8,60 m. Nimmt man ein Mittelkleid, so wird das Segel an jeder Nocke ein volles Kleid, im Schoothorn jedoch ein halbes Kleid erhalten.

Der Unterschied der Breiten oben und unten beträgt auf jeder Hälfte $3^1/_2$ Kleider, diese auf die Seite „Recht" vertheilt ergiebt 8,60 m. : $3^1/_2$ = 2,46 m. für jedes Kleid „Recht", wenn das Segel gleichmäßig schräg geschnitten würde.

Berücksichtigt man die Gillung, damit jedes Reff 0,20 m. außerhalb des vorhergehenden Falles, so darf das Segel bis zum dritten Reff nur ca. 0,60 m. in der Breite zunehmen, alsdann bleibt es ca. 0,20 m. vom Schootengat entfernt.

Die Tiefe des Segels bis zum dritten Reff beträgt 4,20 m.; demnach muß also das oberste Seitenkleid annähernd diesen Seitenschnitt haben.

Um nun auch der Gillung resp. der Seite einen guten Verlauf zu geben, kann man für das oberste Seitenkleid 3,60 m. rechnen, weil noch 0,20 m. Raum bis zum Schootengat sind. Durch diese Aenderung wird das Segel ca. 0,10 m. breiter im Reff werden.

Es wird dann

das oberste Seitenkleid	ins Rechte	=	3,60 m. messen
» 2.	»	=	2,50 »
» 3.	»	=	1,75 »
» $1/_2$	»	=	0,75 »
	Seite Recht	=	8,60 m.

Den Schootenschnitt 0,80 m. auf den Fuß vertheilt, ergiebt

für die 3 ersten Kleider von der Mitte	=	0,00 m.
» das 4. Kleid	=	0,01 »
» » 5. »	=	0,02 »
» » 6. »	=	0,04 »
» » 7. »	=	0,06 »
» » 8. »	=	0,09 »
» » 9. »	=	0,12 »
» » 10. »	=	0,15 »
» » 11. »	=	0,19 »
» » 12 oder $1/_2$ Kleid	=	0,12 »
Schootenschnitt	=	0,80 m.

Es ist nicht thunlich, die Gillung beim dritten Reff auf einmal zu ändern, weil dann dadurch die Seite einen schlechten Verlauf nehmen und gewissermaßen eingeknickt würde, deshalb ist es zu empfehlen, die Seite, wie oben angegeben, einzutheilen. Wollte man bei diesem Segel die Seiten gleichmäßig schräg nehmen, so müßte man die Breite oben verringern, sonst werden die Reffe, jedenfalls das dritte, außerhalb der Bramschooten fallen.

Eine Baumfock mißt oben 11,30 m., unten 8,70 m. Die Tiefe beträgt 5 m. Die Tuchbreite 0,61 m., die Nahtbreite 0,03 m.

11,30 m. : 0,58 m. = $19^1/_2$, die Zahl der oben benöthigten Kleider.
8,70 m. : 0,58 m. = 15, die Zahl der unten benöthigten Kleider.

Bei diesem Segel findet dieselbe Eintheilung wie beim Obermarssegel statt, nur mit dem Unterschiede, daß hier der Seitenschnitt von oben nach unten abnimmt. Da man keine Rücksicht auf das Reff zu nehmen braucht, so können die Seiten gleichmäßig schräge geschnitten werden. Nimmt man in der Mitte die Naht, so gebraucht man oben für jede Hälfte $9^3/_4$ Kleider, unten $7^1/_2$ Kleider; demnach beträgt der Unterschied zwischen den Breiten oben und unten $= 2^1/_4$ Kleider. Die Tiefe des Segels ist $= 5$ m. und, da es unten gerade bleibt, gleich Seite „Recht". Vertheilt man den Unterschied jeder Seite, $2^1/_4$ Kleider, auf die Seite (5 m.), so ergiebt sich für jedes volle Kleid 2,22 m. „Recht". Dann ist

    das oberste ($^3/_4$) Seitenkleid $= 1{,}67$ m.
    „ 2. oder volle „ $= 2{,}22$ „
    „ 3. „ ($^1/_2$) „ $= 1{,}11$ „
        Seite Recht $= 5{,}00$ m.

 Ein Topsegel, oben 7,70 m., unten 11,40 m., Mitte 4 m. Tuchbreite 0,60 m., Nahtbreite 0,03 m.

 Das Stag liegt 1,50 m. über der Rahe. Aus den beiden angegebenen Breiten ergiebt sich die Zahl der benöthigten Kleider für oben $= 13^1/_2$, für unten $= 20$. Rechnet man 1 m. Schootenschnitt, so werden die Schooten in der Höhe 0,50 m. von den Scheibenlöchern bleiben. Die Mitte ist $= 4$ m., dazu der Schootenschnitt, mit 1 m., ergiebt 5 m. für Seite „Recht". Nimmt man in der Mitte eine Naht, so gebraucht man für jede Hälfte oben $6^3/_4$ Kleider, unten 10 Kleider. Seite „Recht" $= 5$ m. auf $3^1/_4$ Kleider vertheilt, ergiebt für jedes Kleid 1,54 m. Alsdann hat man

    für das obere $^1/_4$ Seitenkleid $= 0{,}38$ m.
    „ „ 2. „ $= 1{,}54$ „
    „ „ 3. „ $= 1{,}54$ „
    „ „ 4. „ $= 1{,}54$ „
       Schootenschnitt $= 5{,}00$ m.

 Soll das Segel ein Reff von 1 m. Tiefe haben, so kann etwas Gillung gegeben werden, und man nimmt dann an den Seiten:

    das oberste oder $^1/_4$ Seitenkleid $= 0{,}75$ m.
    „ 2. oder volle „ $= 1{,}65$ „
    „ 3. „ „ $= 1{,}40$ „
    „ 4. „ „ $= 1{,}20$ „
       Seite Recht $= 5{,}00$ m.

 Den Schootenschnitt $= 1$ m. auf den Fuß des Segels vertheilt, giebt

    für das 1. Kleid von der Mitte $= 0{,}00$ m.
    „ „ 2. „ $= 0{,}02$ „
    „ „ 3. „ $= 0{,}04$ „
    „ „ 4. „ $= 0{,}06$ „
    „ „ 5. „ $= 0{,}08$ „
    „ „ 6. „ $= 0{,}10$ „
    „ „ 7. „ $= 0{,}12$ „
    „ „ 8. „ $= 0{,}15$ „
    „ „ 9. „ $= 0{,}19$ „
    „ „ 10. „ $= 0{,}24$ „
      Schootenschnitt $= 1{,}00$ m.

 Ein Topsegel, oben 8 m., unten 10,85 m., Mitte 3,50 m. Das Stag liegt 2,30 m. über der Rahe. Tuchbreite 0,60 m., Nahtbreite 0,03 m.

8 m. : 0,57 m. = 14, die Zahl der Kleider oben, 10,85 m. : 0,57 m. = 19, die Zahl der unten benöthigten Kleider. Die Schooten sollen 0,50 m. in der Höhe von den Scheibenlöchern bleiben. Höhe des Stags = 2,30 m., Höhe der Schooten über der Rahe = 0,50 m., Unterschied = 1,80 m. = Schootenschnitt. Die Mitte = 3,50 m., dazu der Schootenschnitt = 1,80 m., giebt für die Seite „Recht" 5,30 m. Nimmt man in der Mitte die Naht, so wird jede Hälfte oben = 7 Kleider, unten = 9½ Kleider breit sein. Demnach beträgt der Unterschied auf jeder Seite = 2½ Kleider. Die Seite „Recht" = 5,30 m. auf die 2½ Kleider vertheilt, ergiebt für jedes Kleid 2,12 m. Es ist also

    das oberste Seitenkleid = 2,12 m.
      »   2   »   = 2,12 »
      »   ½   »   = 1,06 »
         Seite Recht = 5,30 m.

Den Schootenschnitt = 1,80 m. auf den Fuß des Segels vertheilt, giebt

    für das 1. Kleid von der Mitte = 0,02 m.
    » » 2. »   = 0,05 »
    » » 3. »   = 0,07 »
    » » 4. »   = 0,10 »
    » » 5. »   = 0,14 »
    » » 6. »   = 0,19 »
    » » 7. »   = 0,25 »
    » » 8. »   = 0,32 »
    » » 9. »   = 0,41 »
    » » ½ »   = 0,25 »
         Schootenschnitt = 1,80 m.

Leesegel.

Da diese Art der Viereckform etwas schwieriger zu berechnen ist, als die Rahsegel, so dürften einige Erklärungen hinsichtlich der Größe und des Schnittes derselben am Platze sein.

Die Größe der Leesegel steht in einem bestimmten Verhältniß zu den Rahen resp. den Segeln, neben denen sie gesetzt werden sollen. Die Tiefe der Rahsegel giebt annähernd auch die der Leesegel; die Breite steht im Verhältniß zu der der betreffenden Segel. Für ein Oberleesegel nimmt man die Breite gewöhnlich oben = $1/3$, unten = $2/5$ der oberen resp. unteren Breite des Marssegels.

Ist ein Marssegel oben 21 Kleider breit, so würde das Leesegel oben 7 Kleider haben, ist ersteres unten 27 Kleider breit, so muß letzteres unten 11 Kleider besitzen. Hätte ein Bramsegel eine Breite von oben 15, unten 21 Kleidern, so würde man für das Bramleesegel oben 5, unten 8,4 Kleider gebrauchen.

Da die Seiten eines Rahsegels nicht lothrecht, sondern schräge sind, so muß auch die Innenseite der Leesegel schräge hängen; diese Lage erhält man durch den schrägen Schnitt oben, welcher sich nach dem Unterschiede der oberen und unteren Breite des Rahsegels richtet.

Zur Erklärung möge folgende Figur dienen.

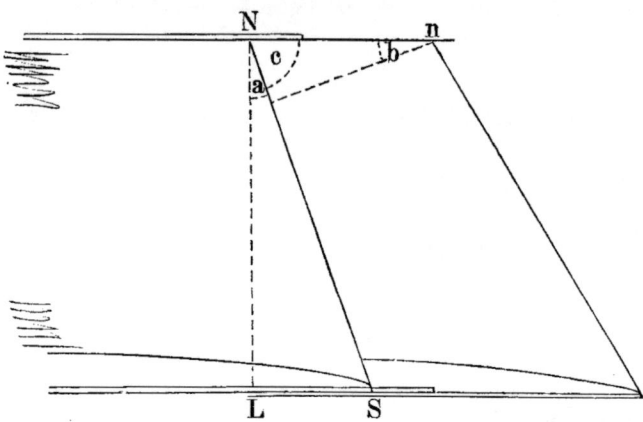

Es sei N S die Seite eines Rahsegels, zugleich die Innenseite eines Leesegels. N L der lothrechte Abstand, L S der Unterschied der oberen und unteren Breite des Rahsegels auf einer Seite. Fällt man aus n das Loth auf N S, so entsteht ein rechtwinkliges Dreieck, dessen Winkel b = Winkel a im Dreieck N L S sein soll.

Es ist a + c = 90° als rechter Winkel.
b + c = 90° als Complementswinkel.
Demnach a + c = b + c.
Folglich a = b.

Es ist also die Schrägung oben abhängig von dem Unterschiede der oberen und unteren Breite des Rahsegels. Da derselbe aber auf allen Schiffen nicht immer gleich ist, so läßt sich keine bestimmte Regel geben, auch kommt es nicht so genau darauf an, so daß man nach Schätzung den richtigen Schnitt anwenden kann.

Die Praxis hat erwiesen, daß für Leesegel auf jedes Kleid von 0,60 m. Breite, 0,12 m. bis 0,15 m. schräger Schnitt an dem Rahleik geeignet ist.

Ist ein gewöhnlicher Unterschied zwischen oberer und unterer Breite, dann nimmt man 0,12 m.; ist ein größerer Unterschied vorhanden, so kann man 0,14 m. oder 0,15 m. rechnen.

Die Schrägung richtet sich dann auch mit nach der Tiefe; denn bei einem flachen Segel wird der Unterschied der Breiten die Seite mehr horizontal legen, somit den Winkel a vergrößern, und es muß dann auch oben mehr „Schräge" genommen werden. Es wird aber ein Jeder selbst den passenden Schnitt zu beurtheilen wissen.

Ein Oberleesegel (Fig. 32a), oben 7 Kleider, unten 11 Kleider breit. Innenseite 9,80 m., Außenseite 10,70 m. lang. Tuchbreite = 0,60 m., Nahtbreite 0,03 m. Das Segel soll oben mit 0,12 m. für jedes Kleid angeschnitten werden. 7 (die Zahl der Kleider oben) ×

(Fig. 32)

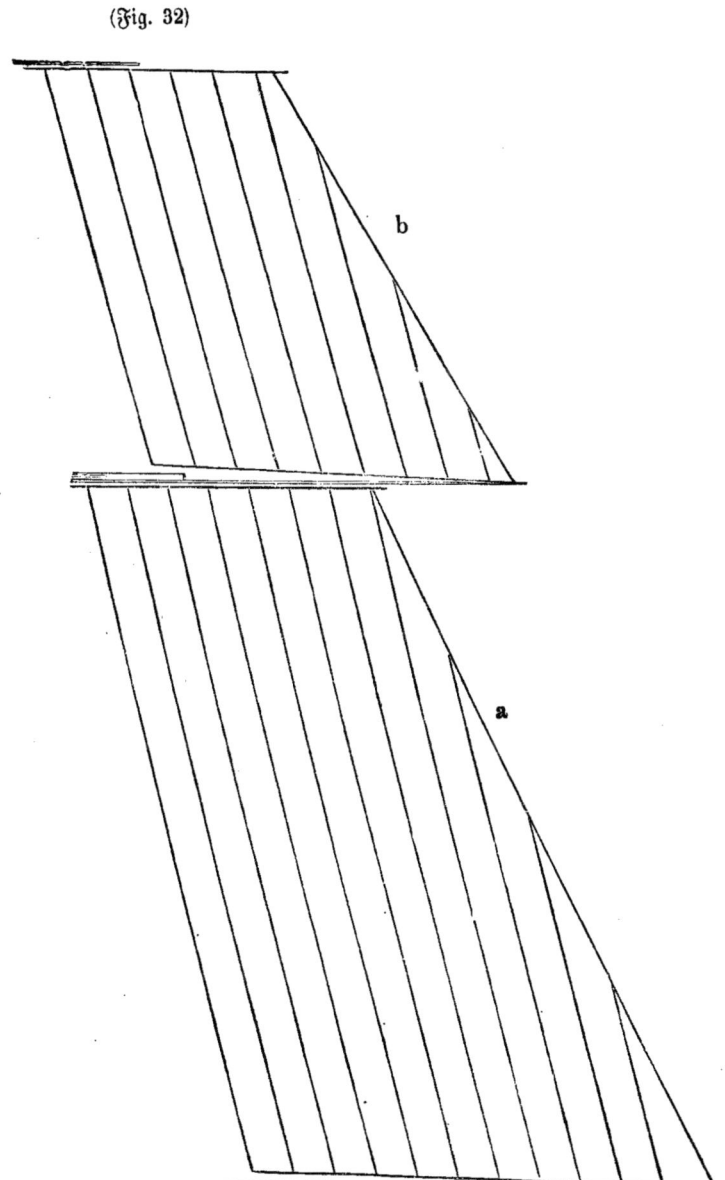

$0{,}12$ m. $= 0{,}84$ m. der „Schräge" oben. Es ist der Unterschied der Kleider oben und unten $= 4$. Die Länge der Außenseite $10{,}70$ m.: $4 = 2{,}67$ resp. $2{,}68$ m. „Schräge" für jedes Kleid. Dann erhält

(Nach Tafel I)

das oberste oder 1. Seitenkleid $= 2{,}68$ m. $= 2{,}61$ m Recht.
   »   2.   » $= 2{,}68$ » $= 2{,}61$ »   »
   »   3.   » $= 2{,}67$ » $= 2{,}60$ »   »
   »   4.   » $= 2{,}67$ » $= 2{,}60$ »   »

Außenseite Schräg $= 10{,}70$ m.   Außenseite Recht $= 10{,}42$ m.
                               Schräge oben $= 0{,}84$ m.
                                        Summe $= 11{,}26$ m.
                               — der Innenseite $= 9{,}80$ m.
                                 Schootenschnitt $= 1{,}46$ m.

Man kann diesen Schootenschnitt gleichmäßig auf den Fuß des Segels vertheilen und hat demnach

     für das 1. Kleid von Innen $= 0{,}13$ m.
     »   » 2. » $= 0{,}13$ »
     »   » 3. » $= 0{,}13$ »
     »   » 4. » $= 0{,}13$ »
     »   » 5. » $= 0{,}13$ »
     »   » 6. » $= 0{,}13$ »
     »   » 7. » $= 0{,}13$ »
     »   » 8. » $= 0{,}13$ »
     »   » 9. » $= 0{,}14$ »
     »   » 10. » $= 0{,}14$ »
     »   » 11. » $= 0{,}14$ »
            Schootenschnitt $= 1{,}46$ m.

Ein Bramsegel mißt oben $16\tfrac{1}{2}$, unten $21\tfrac{3}{4}$ Kleider und ist in der Mitte $5{,}75$ m., an der Seite $6{,}75$ m. lang.

Es soll danach ein Leesegel (Fig. 32b) verfertigt werden. Tuchbreite $= 0{,}60$ m., Nathbreite $0{,}03$ m. Man kann die Innenseite $= 5{,}60$ m, die Außenseite $= 6{,}60$ m. lang nehmen.

Es ist das Bramsegel oben $= 16\tfrac{1}{2}$ Kleider, davon $\tfrac{1}{3} = 5{,}\tfrac{1}{2}$ Kleider; unten $= 21\tfrac{3}{4}$ Kleider, davon $\tfrac{2}{5} = 8\tfrac{3}{4}$ Kleider annähernd. Es wird also das Leesegel oben $5\tfrac{1}{2}$, unten $8\tfrac{3}{4}$ Kleider breit sein.

Es ist zu empfehlen, dieses Segel mit $0{,}15$ m. oben anzuschneiden, dann hat man $5\tfrac{1}{2} \times 0{,}15$ m. $= 0{,}82$ m. „Schräge" oben. Es ist der Unterschied oben und unten $= 3\tfrac{1}{4}$ Kleider; $6{,}60$ m. (Außenseite) : $3\tfrac{1}{4} = 2{,}03$ m. „Schräge" für jedes Kleid. Davon erhält

(Nach Tafel I)

das oberste oder 1. Seitenkleid $= 2{,}03$ m. $= 1{,}94$ m. Recht
   »   2.   » $= 2{,}03$ » $= 1{,}94$ »   »
   »   3.   » $= 2{,}03$ » $= 1{,}94$ »   »
   » $\tfrac{1}{4}$ » $= 0{,}51$ » $= 0{,}48$ »   »

Außenseite Schräg $= 6{,}60$ m.   Recht $= 6{,}30$ m.
                                     Schräge oben $= 0{,}82$ m.
                                        Summe $= 7{,}12$ m.
                                   — Innenseite $= 5{,}60$ m.
                                 Schootenschnitt $= 1{,}52$ m.

Diesen auf den Fuß des Segels vertheilt, ergiebt:

für das 1. Kleid von Innen = 0,17 m.
» » 2. » = 0,17 »
» » 3. » = 0,17 »
» » 4. » = 0,17 »
» » 5. » = 0,17 »
» » 6. » = 0,17 »
» » 7. » = 0,18 »
» » 8. » = 0,18 »
» » 3/4 » = 0,14 »

Schootenschnitt = 1,52 m.

Dasselbe Segel nach Leinenbreite (0,70 m.) berechnet. Nathbreite 0,03 m. Es entsprechen $5^1/_2$ Kleider 0,60 m. breites Tuch = $4^2/_3$ Kleider Leinen, $8^3/_4$ Kleider 0,60 m. breites Tuch = $7^1/_2$ Kleider Leinen. Um die „Schräge" oben zu finden, hat man also die Gleichung: 0,60 m. : 0,15 m. = 0,70 m. : x, aus der sich für die Leinenbreite die „Schräge" oben = 0,175 m. für jedes Kleid ergiebt. $4^2/_3 \times 0,175$ m. = 0,82 m. „Schräge" oben. Der Unterschied zwischen oben und unten = $2^5/_6$ Kleider, daher 6,60 m. (Außenseite) : $2^5/_6$ = 2,33 m. „Schräge" für jedes Kleid. Dann ist

(Nach Tafel XI.)

das oberste oder 1. Seitenkleid = 2,33 m.   = 2,22 m. Recht
»   2.   »   = 2,33 »   = 2,22 »   »
»   5/6   »   = 1,94 »   = 1,85 »   »
Außenseite Schräg = 6,60 m.   Recht = 6,29 m.
                                Schräge Oben = 0,82 m.
                                Summe = 7,11 m.
                                — Innenseite = 5,60 m.
                                Schootenschnitt = 1,51 m.

Der Schootenschnitt ist nur um 1 Centimeter gegen denjenigen der vorigen Rechnung verschieden; es ist also kein wesentlicher Unterschied. Vertheilt man denselben auf die $7^1/_2$ Kleider des Fußes, so hat man

für das 1. Kleid von Innen = 0,20 m.
» » 2. » = 0,20 »
» » 3. » = 0,20 »
» » 4. » = 0,20 »
» » 5. » = 0,20 »
» » 6. » = 0,20 »
» » 7. » = 0,20 »
» » 1/2 » = 0,11 »

Schootenschnitt = 1,51 m.

Unterleesegel.

Es ist wohl nicht nöthig, über die Berechnung und den Schnitt derjenigen Unterleesegel etwas zu bemerken, welche ein Rechteck bilden, weil bei diesen alle Kleider gleich sind. Früher war diese Art mehr im Gebrauche, in neuerer Zeit werden jedoch meistens Unterleesegel mit Dreieck- und Trapezform angefertigt.

Ueber Größe und Dimensionen der Unterleesegel ist keine bestimmte Regel zu geben. Das Segel kann oben immer etwas breiter als die Hälfte der Fock sein; doch wird ein Jeder nach seinem eigenen Gutdünken darüber zu bestimmen wissen. Die Tiefe richtet sich nach dem lothrechten Abstande der Fockrahe vom Deck.

Es sei ein Unterleesegel, Trapezform (Fig. 33a), oben 16, unten 7 Kleider breit. Die Innenseite = 8,28 m. Tuchbreite = 0,60 m., Nathbreite = 0,03 m.

Es werden die ersten 7 Kleider von der Innenseite ein Rechteck bilden und bleiben demnach noch 9 Kleider auf 8,28 m. = der Innenseite = der Außenseite „Recht" zu vertheilen. 8,28 m. : 9 = 0,92 m. für jedes Kleid „Recht". Da die Außenseite gleichmäßig geschnitten wird, weil keine Rundung nöthig, so ist die Rechnung eine sehr einfache.

Ein Unterleesegel, Dreieckform (Fig. 33b), oben 14 Kleider Innenseite = 7,50 m. Tuchbreite = 0,60 m., Nathbreite = 0,03 m. 14 Kleider auf 7,50 m. vertheilt, ergeben für jedes Kleid 0,535 m. „Recht", weil die Innenseite = der Außenseite „Recht" ist. Da nun bei einem dreieckigen Unterleesegel die Außenseite nicht gleichmäßig schräg genommen, sondern etwas gerundet wird, so muß man die Seite demgemäß eintheilen. Nimmt man 8 Kleider von der Schoote oder unten als Mittel = 0,535 m. an, nimmt dann nach oben zu und nach unten ab, so wird die Seite folgenden Verlauf erhalten:

das 1. Kleid vom Schoothorn an	=	0,31 m.
„ 2. „	=	0,33 „
„ 3. „	=	0,35 „
„ 4. „	=	0,38 „
„ 5. „	=	0,41 „
„ 6. „	=	0,45 „
„ 7. „	=	0,49 „
„ 8. „	=	0,53 „ Mittel.
„ 9. „	=	0,57 „
„ 10. „	=	0,62 „
„ 11. „	=	0,67 „
„ 12. „	=	0,73 „
„ 13. „	=	0,79 „
„ 14. „	=	0,87 „
Außenseite Recht	=	7,50 m. = der Innenseite.

Es wird dies Segel an der Außenseite 0,69 m. Rundung erhalten, welche nach derselben Methode, wie bei eintheiligen Klüvern angegeben, zu berechnen ist.

Die hier berechnete Eintheilung wird dem Segel einen passenden Schnitt geben; sollte man jedoch mehr Rundung wünschen, so nimmt man an der Schoote etwas weniger, oben etwas mehr, wodurch die Außenseite gekrümmt oder gerundet wird.

Es sei hier noch erwähnt, daß an der Außenseite das Tuch beim Anleiken eine Kleinigkeit lose genommen werden muß.

Stagsegel (Trapezform).

Ein Großbramstagsegel (Fig. 34) mißt vorn oben 14,25 m., vorn am Mast 2 m., hinten 11,60 m, unten 8,25 m. Tuchbreite =

(Fig. 33)

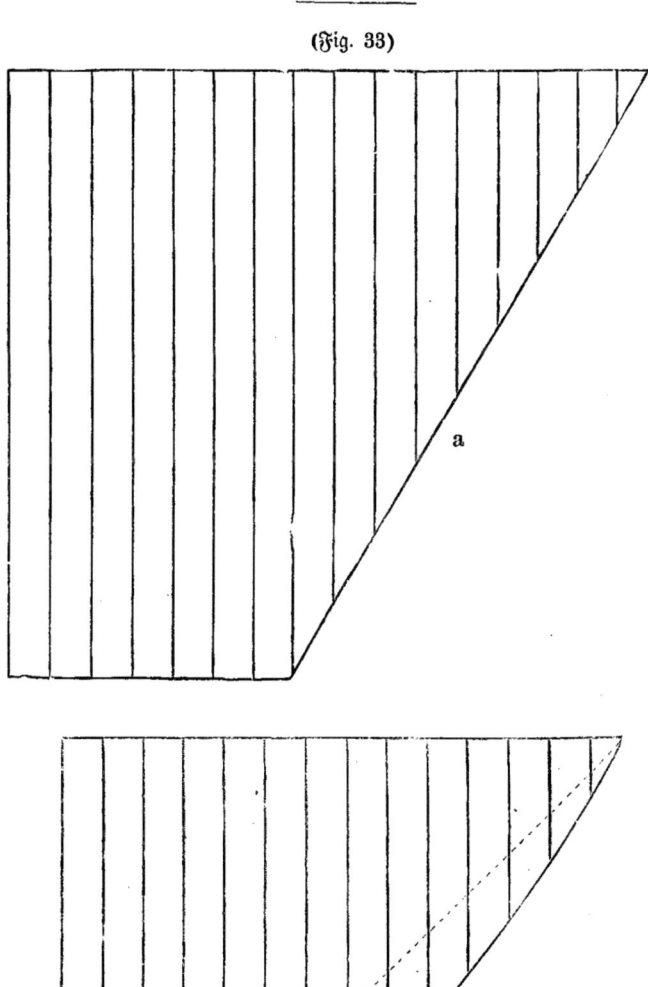

0,60 m., Nahtbreite = 0,03 m. Der Winkel des Stages am Mast ist = 147°.

Man construire die Figur, um die Kleiberzahl zu finden. Zu diesem Zwecke zieht man zuerst die Vorderseite am Mast = 2 m. und mißt dann beim oberen Hals H' den Winkel zwischen Stag und Vorderseite am Mast. Jetzt trägt man auf dem Schenkel dieses Winkels vorn oben = 14,25 m. ab, nimmt die Hinterseite = 11,60 m. in den Zirkel und schlägt von oben einen Kreis; desgleichen mit der Unterseite = 8,25 m. vom unteren Hals; wo beide Linien sich schneiden ist die Schoote S.

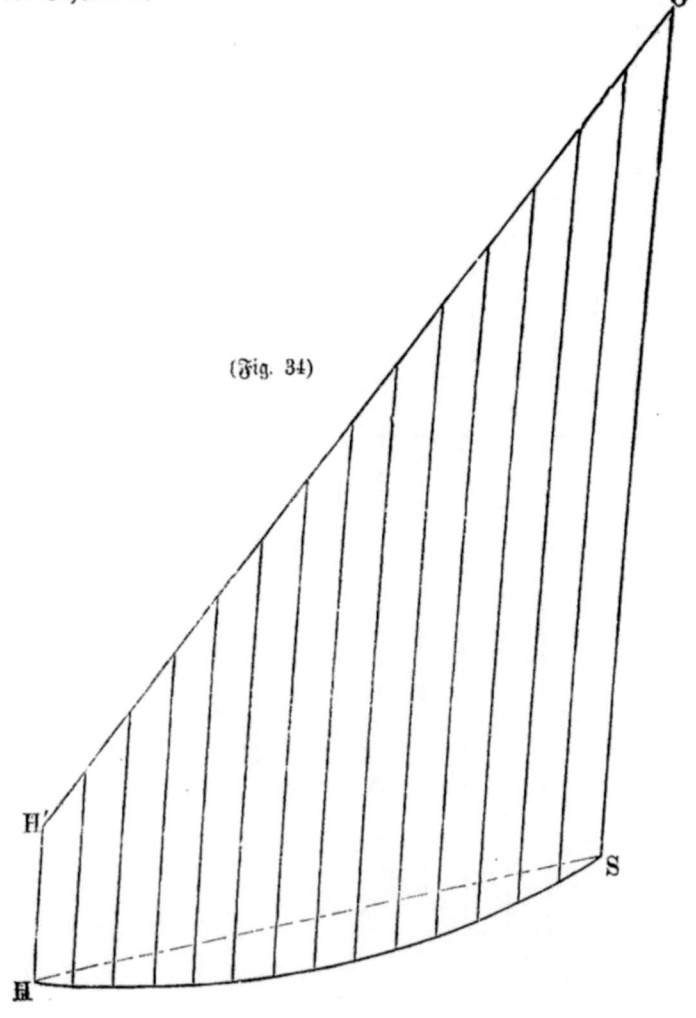

(Fig. 34)

Die Hinterseite wird parallel mit der Vorderseite am Mast fallen, in Folge dessen kann man auf dem Schenkel des rechten Winkels in der Schoote für das Segel die Kleiderzahl suchen. Es wird die Linie bis nach vorn um 0,25 m. verkürzt, demnach 8,00 m. : 0,57 m. = 14, die Zahl der Kleider. Vorn oben 14,25 m. : 14 = 1,02 m. annähernd für jedes Kleid „Schräge". Das Segel braucht vorn oben keine Rundung zu haben, es sind sich demnach alle Kleider gleich. Dann ist:

(Nach Tafel I)

vorn oben Schräg von oben das	1.	Kleid	= 1,01 m.	= 0,81 m.	vorn oben Recht.
	2.	»	= 1,01 »	= 0,81 »	
	3.	»	= 1,01 »	= 0,81 »	
	4.	»	= 1,02 »	= 0,82 »	
	5.	»	= 1,02 »	= 0,82 »	
	6.	»	= 1,02 »	= 0,82 »	
	7.	»	= 1,02 »	= 0,82 »	
	8.	»	= 1,02 »	= 0,82 »	
	9.	»	= 1,02 »	= 0,82 »	
	10.	»	= 1,02 »	= 0,82 »	
	11.	»	= 1,02 »	= 0,82 »	
	12.	»	= 1,02 »	= 0,82 »	
	13.	»	= 1,02 »	= 0,82 »	
	14.	»	= 1,02 »	= 0,82 »	

Vorn oben Schräg = 14,25 m. = 11,45 m. vorn Recht.
Vorn am Mast Recht = 2,00 m.
Summe = 13,45 m.
Hinten = 11,60 m.
Unterschied = 1,85 m. Schootenschnitt.

Man giebt dem Segel unten etwas Rundung und vertheilt demnach den Schootenschnitt auf die untere Seite in folgender Weise:

für das	1.	Kleid von der Schoote aus	= 0,38 m.
» »	2.	»	= 0,29 »
» »	3.	»	= 0,23 »
» »	4.	»	= 0,19 »
» »	5.	»	= 0,16 »
» »	6.	»	= 0,13 »
» »	7.	»	= 0,11 »
» »	8.	»	= 0,09 »
» »	9.	»	= 0,07 »
» »	10.	»	= 0,06 »
» »	11.	»	= 0,05 »
» »	12.	»	= 0,04 »
» »	13.	»	= 0,03 »
» »	15.	»	= 0,02 »

Schootenschnitt = 1,85 m.

Beim Einstreichen der Nähte muß man darauf achten, daß dieselben unten ziemlich breit auslaufen, weil das Segel auf der Linie S H recken wird. Auch ist es zu empfehlen, beim Saumeinlegen unten beim Hals doppelt so viel einzuschlagen wie beim oberen Hals H', um der Spannung auf der Linie H' S vorzubeugen. Wenn dann auch der untere Hals anfänglich nicht ganz an den Mast hinanreicht, so wird die Unterseite bald genügend recken.

In Betreff der Leike verfährt man in derselben Weise, wie bei anderen Stagsegeln, worüber schon genügend gesagt worden ist.

Ein Besahnstengenstagsegel (Fig. 35), vorn oben 13 m., vorn am Mast 1,75 m., hinten 12,50 m., unten 7,40 m. Der Winkel des Stages am Mast = 145°. Tuchbreite = 0,60 m., Nahtbreite = 0,03 m.

Es wird die Hinterseite parallel mit der Vorderseite am Mast laufen. Das Segel wird im Schoothorn annähernd einen rechten Winkel bilden, so daß man auf der Unterseite die Kleiderzahl suchen kann. Man hat also: 7,40 m.: 0,57 m. = 13, die Zahl der Kleider.

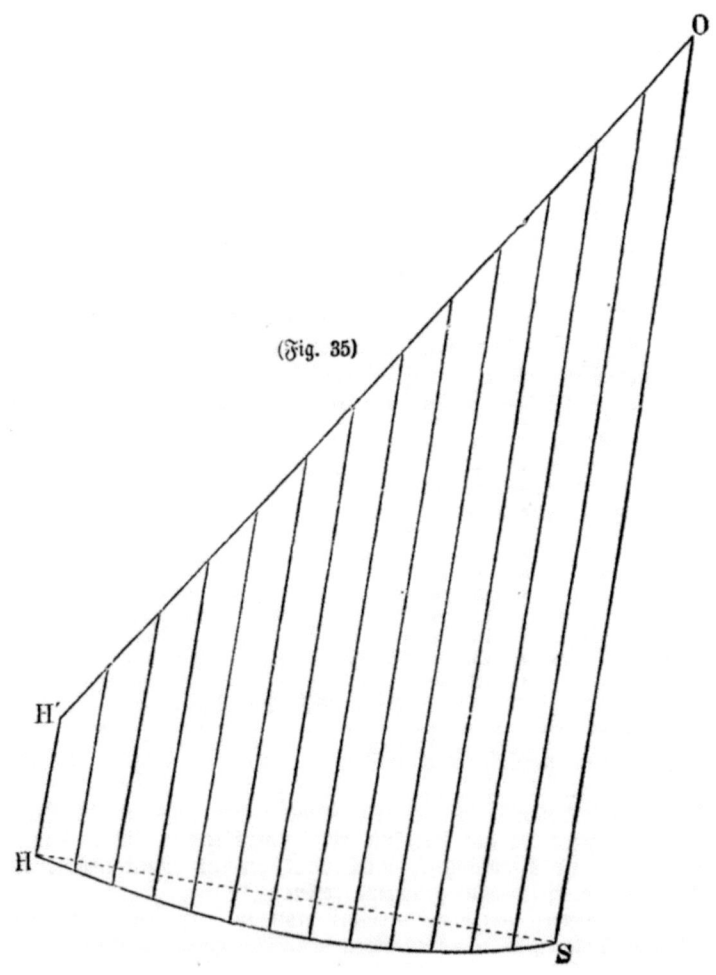

(Fig. 35)

Ferner ist vorn oben = 13 m. : 13 = 1 m. für jedes Kleid „Schräge". Nach Tafel I. ist 1 m. „Schräg" = 0,80 m. „Recht". Demnach, da das Segel vorn oben keine Rundung zu haben braucht, 0,80 m. × 13 = 10,40 m vorn oben „Recht"

$$\begin{aligned}\text{Vorn oben Recht} &= 10{,}40 \text{ m.}\\ \text{Vorn am Mast Recht} &= 1{,}75 \text{ m.}\\ \hline \text{Summe} &= 12{,}15 \text{ m.}\\ \text{Hinten} &= 12{,}50 \text{ m.}\\ \hline \text{Unterschied} &= 0{,}35 \text{ m. Halsenschnitt.}\end{aligned}$$

Theilt man die Unterseite ein und giebt etwas Rundung, so hat man:

$$\left.\begin{aligned}\text{das 1. Kleid vom Schoothorn} &= 0{,}15 \text{ m.}\\ \text{„ 2. „} &= 0{,}09 \text{ „}\\ \text{„ 3. „} &= 0{,}05 \text{ „}\\ \text{„ 4. „} &= 0{,}03 \text{ „}\\ \text{„ 5. „} &= 0{,}01 \text{ „}\end{aligned}\right\} \text{Schootenschnitt} = 0{,}33 \text{ m.}$$

$$\left.\begin{aligned}\text{„ 6. „} &= 0{,}01 \text{ „}\\ \text{„ 7. „} &= 0{,}02 \text{ „}\\ \text{„ 8. „} &= 0{,}04 \text{ „}\\ \text{„ 9. „} &= 0{,}06 \text{ „}\\ \text{„ 10. „} &= 0{,}09 \text{ „}\\ \text{„ 11. „} &= 0{,}12 \text{ „}\\ \text{„ 12. „} &= 0{,}15 \text{ „}\\ \text{„ 13. „} &= 0{,}19 \text{ „}\end{aligned}\right\} \text{Halsenschnitt} = 0{,}68 \text{ m.}$$

ergiebt Halsenschnitt = 0,35 m.

Man kann hier unten die Nähte etwas breiter auslaufen lassen, d. h. nur der Rundung wegen; bei der Vorderseite am Mast wird der Saum gleichmäßig eingelegt, weil der Schenkel des Winkels im Schoothorn annähernd durch den unteren Hals fällt, so daß das Segel auf der Linie SH nicht reckt.

Ein Besahnstagsegel (Fig. 36), vorn oben 10,20 m., vorn am Mast 2 m., unten 8 m., hinten 7,80 m. Tuchbreite = 0,61 m., Nahtbreite 0,03 m. Der Winkel des Stages am Mast beträgt 127°.

Die Hinterseite wird parallel mit der Vorderseite am Mast laufen. Da das Segel annähernd einen rechten Winkel im Schoothorn bildet, so kann man auf der Unterseite die Kleiderzahl suchen; man hat also unten = 8 m. : 0,58 m. = $13^3/_4$, der Kleiderzahl, vorn oben = 10,20 m. : $13^3/_4$ = 0,74 m. annähernd „Schräg" für jedes Kleid.

Da das Segel vorn oben keine Rundung erhält, so werden alle Kleider gleich geschnitten und man hat demnach laut Tafel II. 0,74 m. Schräg = 0,41 m. „Recht".

$$\begin{aligned}0{,}41 \text{ m.} \times 13^3/_4 &= 5{,}64 \text{ m.} = \text{vorn oben Recht,}\\ \text{Vorn am Mast} &= 2{,}00 \text{ m.}\\ \hline \text{Summe} &= 7{,}64 \text{ m.}\\ \text{Hinten} &= 7{,}60 \text{ m.}\\ \hline \text{Unterschied} &= 0{,}04 \text{ m. Schootenschnitt.}\end{aligned}$$

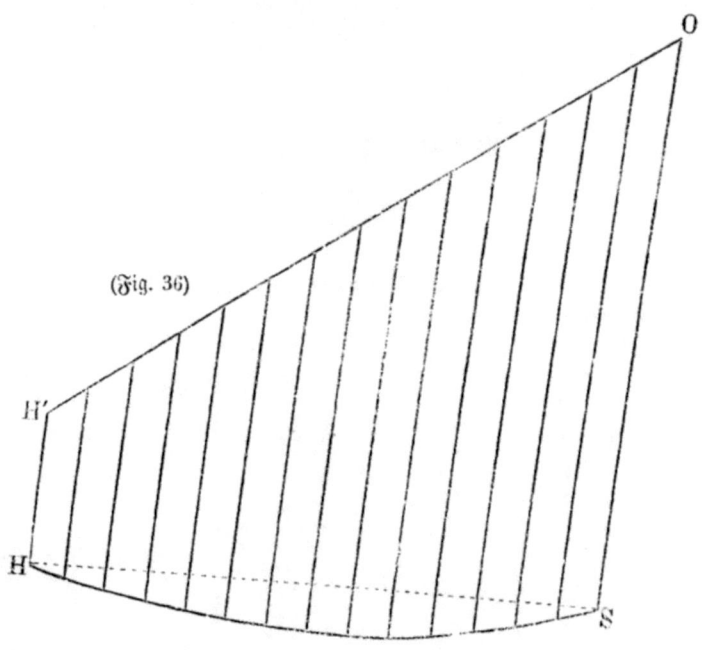

(Fig. 36)

Giebt man unten etwas Rundung, so nimmt man

für das 1. Kleid vom Schoothorn = 0,16 m.
» » 2. » = 0,10 »
» » 3. » = 0,07 »
» » 4. » = 0,05 » } = 0,44 m. Schootenschnitt.
» » 5. » = 0,03 »
» » 6. » = 0,02 »
» » 7. » = 0,01 »

» » 8. » = 0,01 »
» » 9. » = 0,02 »
» » 10. » = 0,03 »
» » 11. » = 0,05 » } = 0,40 m. Halsenschnitt.
» » 12. » = 0,08 »
» » 13. » = 0,11 »
» » 3/4 » = 0,10 »

= 0,04 m. Schootenschnitt.

Ein Großoberbramstagsegel, Viereckform (Fig. 37), vorn oben 10,50 m., vorn am Mast oder vorn unten 1,60 m., unten 7 m., hinten 8,20 m. Tuchbreite = 0,60 m.. Nahtbreite = 0,03 m. Der Winkel am oberen Hals = 112°.

Es muß zuerst die Kleiderzahl gesucht werden und zwar fällt man für die Vorderseite oben das Loth aus H', dem oberen Hals, auf die Hinterseite, welches hier 7,60 m. lang ist; für die Unterseite müßte man die Hinterseite über S verlängern, bis das Loth aus H dieselbe trifft.

Da jedoch das Schoothorn annähernd einen rechten Winkel bildet, so kann man ohne erheblichen Fehler die Kleiderzahl auf der Unterseite = 7 m. suchen.

Es ist das Loth = 7,60 m. : 0,57 m. = 13$^1/_3$, der Zahl der Kleider vorn oben. Es ist die Unterseite = 7 m.; diese durch 0,57 m. getheilt = 12$^1/_4$, der Zahl der Kleider unten.

Der Unterschied der Kleiderzahl oben und unten giebt die Zahl der Kleider an der Vorderseite am Mast = 1$^1/_{12}$ Kleid.

Es ist vorn am Mast 1,60 m. : 1$^1/_{12}$ = 1,48 m. „Schräge" für jedes volle Kleid. Dann ist:

(Nach Tafel I)
für $^1/_3$ Kleid oben = 0,49 m.   = 0,45 m. Recht.
 „ $^3/_4$ „   unten = 1,11 „   = 1,02 „   „
für 1$^1/_{12}$ Kleid am Mast Schräg = 1,60 m. = vorn am Mast = 1,47 m. Recht.

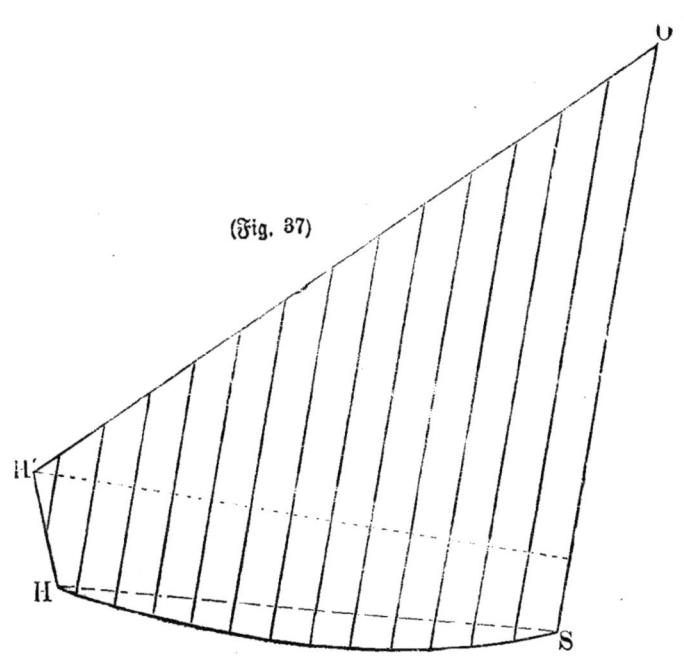

(Fig. 37)

Ferner ist vorn oben $= 10{,}50$ m. : $13^1/_3 = 0{,}79$ m. für jedes Kleid „Schräge". Das Segel erhält vorn oben keine Rundung, somit erhält

(Nach Tafel I)

das	1. Kleid von oben	$= 0{,}78$ m.		$= 0{,}50$ m.	Recht.
„	2. „	$= 0{,}78$ „		$= 0{,}50$ „	
„	3. „	$= 0{,}78$ „		$= 0{,}50$ „	
„	4. „	$= 0{,}78$ „		$= 0{,}50$ „	
„	5. „	$= 0{,}78$ „		$= 0{,}50$ „	
„	6. „	$= 0{,}79$ „		$= 0{,}52$ „	
„	7. „	$= 0{,}79$ „		$= 0{,}52$ „	
„	8. „	$= 0{,}79$ „		$= 0{,}52$ „	
„	9. „	$= 0{,}79$ „		$= 0{,}52$ „	
„	10. „	$= 0{,}79$ „		$= 0{,}52$ „	
„	11. „	$= 0{,}79$ „		$= 0{,}52$ „	
„	12. „	$= 0{,}79$ „		$= 0{,}52$ „	
„	13. „	$= 0{,}79$ „		$= 0{,}52$ „	
„	$^1/_3$ „	$= 0{,}26$ „		$= 0{,}17$ „	

Vorn oben Schrag $= 10{,}50$ m. Vorn oben Recht $= 6{,}83$ m.
Vorn am Mast Recht $= 1{,}47$ m.
Summe $= 8{,}30$ m.
Hinten $= 8{,}20$ m.
Unterschied $= 0{,}10$ m. Schootenschnitt.

Auf der Unterseite bekommt

das 1. Kleid vom Schoothorn $= 0{,}18$ m.
„ 2. „ $= 0{,}11$ „
„ 3. „ $= 0{,}08$ „
„ 4. „ $= 0{,}05$ „ $\Big\} = 0{,}48$ m. Schootenschnitt.
„ 5. „ $= 0{,}03$ „
„ 6. „ $= 0{,}02$ „
„ 7. „ $= 0{,}01$ „

„ 8. „ $= 0{,}01$ „
„ 9. „ $= 0{,}03$ „
„ 10. „ $= 0{,}06$ „ $\Big\} = 0{,}36$ m Halsenschnitt.
„ 11. „ $= 0{,}09$ „
„ 12. „ $= 0{,}14$ „
„ $^1/_4$ „ $= 0{,}03$ „

$= 0{,}10$ m. Schootenschnitt.

Dasselbe Segel aus Leinen mit der Breite von $0{,}70$ m., Nahtbreite $0{,}03$ m. Das Loth $= 7{,}60$ m. $0{,}67$ m. $= 11\ ^1/_3$, die Unterseite $= 7$ m. : $0{,}67$ m. $= 10^1/_2$. Man gebraucht also vorn oben $11^1/_3$, unten $10^1/_2$ Kleider. Der Unterschied $= ^5/_6$ Kleid vorn am Mast. $1{,}60$ m. (vorn am Mast) : $^5/_6 = 1{,}92$ für ein volles Kleid „Schräge". Dann ist

(Nach Tafel XI)

für $^1/_3$ Kleid als Oberes $= 0{,}64$ m. $= 0{,}59$ m. Recht.
„ $^1/_2$ „ „ Unteres $= 0{,}96$ m. $= 0{,}89$ m. „

für $^5/_6$ Kleid am Mast Schräg $= 1{,}60$ m. $= 1{,}48$ m. Recht.

Ferner vorn oben „Schräge" $= 10{,}50$ m. $: 11^1/_3 = 0{,}93$ m. für jedes Kleid „Schräge".

(Nach Tafel XI.)

Vorn oben Schräg das 1. Kleid von oben $= 0{,}92$ m. $= 0{,}59$ m. vorn oben Recht.
» 2. » $= 0{,}92$ » $= 0{,}59$ »
« 3. » $= 0{,}92$ » $= 0{,}59$ »
» 4. » $= 0{,}92$ » $= 0{,}59$ »
» 5. » $= 0{,}93$ » $= 0{,}61$ »
» 6. » $= 0{,}93$ » $= 0{,}61$ »
» 7. » $= 0{,}93$ » $= 0{,}61$ »
» 8. » $= 0{,}93$ » $= 0{,}61$ »
» 9. » $= 0{,}93$ » $= 0{,}61$ »
» 10. » $= 0{,}93$ » $= 0{,}61$ »
» 11. » $= 0{,}93$ » $= 0{,}61$ »
» $^1/_3$ » $= 0{,}31$ » $= 0{,}20$ »

Vorn oben Schräg $= 10{,}50$ m. $= 6{,}83$ m. vorn oben Recht.
Vorn am Mast Recht $= 1{,}48$ m.

Summe $= 8{,}31$ m.
Hinten $= 8{,}20$ m.

Unterschied $= 0{,}11$ m Schootenschnitt.

Vertheilt man den Schootenschnitt unten und giebt etwas Rundung, so bekommt

das 1. Kleid vom Schoothorn $= 0{,}15$ m. ⎫
» 2. » » » $= 0{,}10$ » ⎪
» 3. » » » $= 0{,}06$ » ⎬ $= 0{,}38$ m. Schootenschnitt.
» 4. » » » $= 0{,}04$ » ⎪
« 5. » » » $= 0{,}02$ » ⎪
» 6. » » » $= 0{,}01$ » ⎭

» 7. » » » $= 0{,}01$ » ⎫
» 8. » » » $= 0{,}03$ » ⎬ $= 0{,}27$ m. Halsenschnitt.
» 9. » » » $= 0{,}06$ » ⎪
» 10. « » » $= 0{,}10$ » ⎪
» $^1/_2$ » » » $= 0{,}07$ » ⎭

$= 0{,}11$ m. Schootenschnitt.

Ein Kreuzbramstagsegel (Fig. 38), vorn oben 11 m., vorn am Mast $1{,}60$ m., hinten $9{,}40$ m., unten 7 m. Winkel des Segels am oberen Hals 124^0. Tuchbreite $= 0{,}60$ m., Nahtbreite $= 0{,}03$ m.

Man fällt das Loth aus H' auf die Hinterseite, welches $7{,}42$ m. lang sein wird. Auf der der Unterseite kann man die Kleiderzahl für unten suchen, da der Winkel im Schoothorn annähernd ein rechter ist.

Das Loth $= 7{,}42$ m. : $0{,}57$ m. ergiebt die Zahl der Kleider für vorn oben $= 13$, die Unterseite $= 7$ m. : $0{,}57$ m. ergiebt für unten $12^1/_4$, die Zahl der Kleider. Der Unterschied beträgt demnach $= ^3/_4$ Kleider.

Die Länge des Segels vorn am Mast $= 1{,}60$ m. : $^3/_4 = 2{,}13$ m. als „Schräge" des vollen Kleides, nach Tafel I. $= 2{,}05$ m. „Recht". Demnach $^3/_4$ Kleid $= 1{,}53$ m. vorn am Mast „Recht".

Die Länge vorn oben $= 11$ m. : $13 =$ annähernd $0{,}85$ m. „Schräge" für jedes Kleid.

Man hat also:

vorn oben Schräg das
1. Kleid von oben = 0,84 m. = 0,59 m. vorn oben Recht.
2. » = 0,84 » = 0,59 »
3. » = 0,84 » = 0,59 »
4. » = 0,84 » = 0,59 »
5. » = 0,84 » = 0,59 »
6. » = 0,85 » = 0,60 »
7. » = 0,85 » = 0,60 »
8. » = 0,85 » = 0,60 »
9. » = 0,85 » = 0,60 »
10. » = 0,85 » = 0,60 »
11. » = 0,85 » = 0,60 »
12. » = 0,85 » = 0,60 »
13. » = 0,85 » = 0,60 »

Vorn oben Schräg = 11,00 m. = 7,75 m. vorn oben Recht.
Vorn am Mast Recht = 1,53 m.
Summe = 9,28 m.
Hinten = 9,40 m.
Unterschied = 0,12 m. Halsenschnitt.

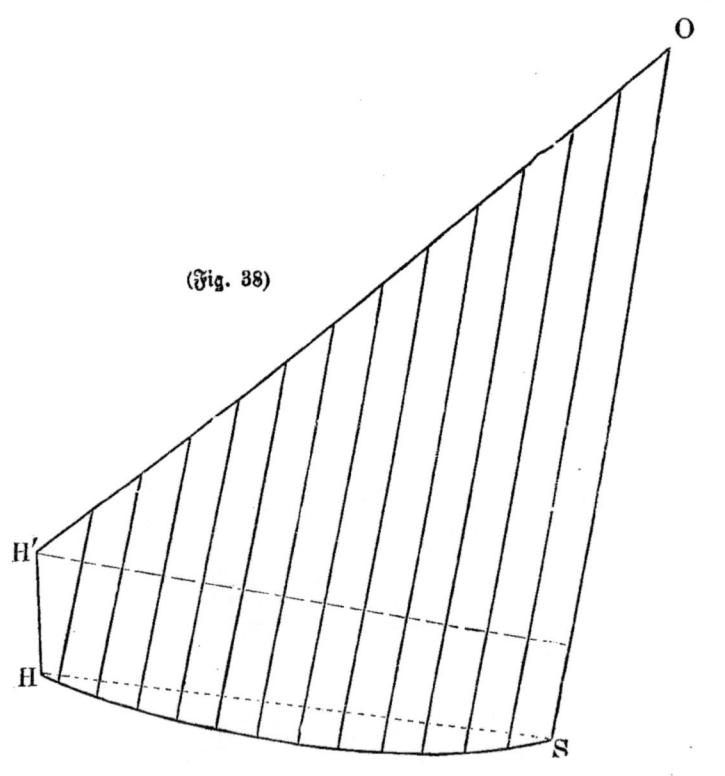

(Fig. 38)

Diesen Halsenschnitt mit etwas Rundung auf die Unterseite vertheilt, ergiebt:

für das 1. Kleid vom Schoothorn = 0,14 m.
 „ „ 2. „ „ = 0,09 „
 „ „ 3. „ „ = 0,06 „ } = 0,36 m. Schootenschnitt.
 „ „ 4. „ „ = 0,04 „
 „ „ 5. „ „ = 0,02 „
 „ „ 6. „ „ = 0,01 „

 „ „ 7. „ „ = 0,01 „
 „ „ 8. „ „ = 0,03 „
 „ „ 9. „ „ = 0,05 „
 „ „ 10. „ „ = 0,08 „ } = 0,58 m. Halsenschnitt.
 „ „ 11. „ „ = 0,11 „
 „ „ 12. „ „ = 0,15 „
 „ „ ¼ „ „ = 0,05 „

= 0,12 m. Halsenschnitt.

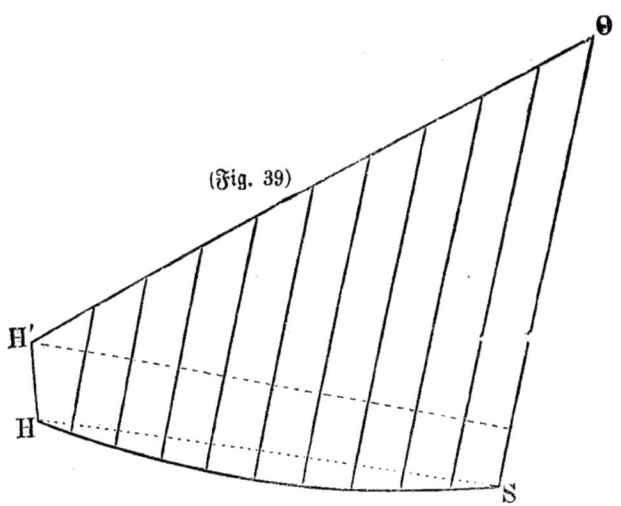

(Fig. 39)

Ein Kreuzoberbramstagsegel (Fig. 39), vorn oben 8,70 m., vorn am Mast 1,06 m., hinten 6,20 m., unten 6,40 m. Breite des Leinens = 0,70 m., Nahtbreite = 0,03 m. Der Winkel des Segels am oberen Hals = 114°.

Es wird das Loth aus H' auf die Hinterseite = 6,70 m. sein Loth = 6,70 m. : 0,67 m. ergiebt die Zahl der Kleider vorn oben = 10. Untere Länge = 6,40 m. : 0,67 m = 9½, die Zahl der Kleider für unten. Der Unterschied ist demnach = ½ Kleid.

Ferner ist die Länge vorn am Mast $= 1{,}06$ m., diese durch $1/2$ getheilt, ergiebt die „Schräge" für ein volles Kleid $= 2{,}12$ m. $2{,}12$ m. „Schräg" ist nach Tafel XI. $= 2$ m. „Recht". Demnach $1/2$ Kleid $= 1$ m. $=$ vorn am Mast „Recht".

Die Länge vorn oben $= 8{,}70$ m.$: 10 = 0{,}87$ m. „Schräge" für jedes Kleid.

Nach Tafel XI. $= 0{,}52$ m. „Recht"; folglich 10 Kleider $= 5{,}20$ m. „Recht".

$$\begin{aligned}\text{Vorn oben Recht} &= 5{,}20 \text{ m.} \\ \text{Vorn am Mast Recht} &= 1{,}00 \text{ m.} \\ \hline \text{Summe} &= 6{,}20 \text{ m.} \\ \text{Hinten} &= 6{,}20 \text{ m.} \\ \hline \text{Unterschied} &= 0{,}00 \text{ m. demnach rechtwinklig.}\end{aligned}$$

Soll das Segel unten keine Rundung haben, dann bleiben alle Kleider gerade; will man jedoch vielleicht $0{,}36$ m. Rundung geben, so theilt man die Unterseite, wie folgt, ein:

das 1. Kleid vom Schoothorn erhält $= 0{,}15$ m.
„ 2. „ $= 0{,}10$ „
„ 3. „ $= 0{,}07$ „ $\Big\} = 0{,}36$ m. Schootenschnitt.
„ 4. „ $= 0{,}03$ „
„ 5. „ $= 0{,}01$ „

„ 6. „ $= 0{,}02$ „
„ 7. „ $= 0{,}04$ „
„ 8. „ $= 0{,}08$ „ $\Big\} = 0{,}36$ m. Halsenschnitt.
„ 9. „ $= 0{,}13$ „
„ $1/2$ „ $= 0{,}09$ „

Wünscht man bei Stagsegeln die Rundung an der Unterseite nicht, so kann man den betreffenden Schooten- oder Halsenschnitt auf alle Kleider gleichmäßig vertheilen, so daß die Unterseite in Folge dessen gerade wird.

Ist das Segel im Schoothorn rechtwinkelig, so braucht man das Leik an der Unterseite nicht so lose zu nehmen, wie es sonst, vorzüglich bei bedeutendem Schootenschnitt, nöthig sein würde.

Ein Großbramstagsegel (Fig. 40), vorn oben $14{,}80$ m., vorn am Mast $2{,}20$ m., hinten 12 m., unten $8{,}20$ m. Tuchbreite $= 0{,}60$ m., Nahtbreite $= 0{,}03$ m. Der Winkel des Segels am oberen Hals mißt $126°$.

Das Loth aus H' auf die Hinterseite gefällt, trifft diese im Schoothorn S und wird $8{,}60$ m. lang sein. Um für die Unterseite die Kleiderzahl zu finden, fälle man das Loth aus H auf die verlängerte Hinterseite, das 8 m. lang sein wird.

Das Loth aus H' $= 8{,}60$ m. $: 0{,}57$ m. $=$ der Zahl der Kleider vorn oben $= 15$. Das Loth aus H $= 8$ m. $: 0{,}57$ m. $=$ der Zahl der Kleider unten $= 14$. Der Unterschied $= 1$ Kleid.

Es bleibt also die Länge vorn am Mast $= 2{,}20$ m. für die „Schräge" eines Kleides, die nach Tafel I. $2{,}12$ m. vorn am Mast „Recht" entspricht.

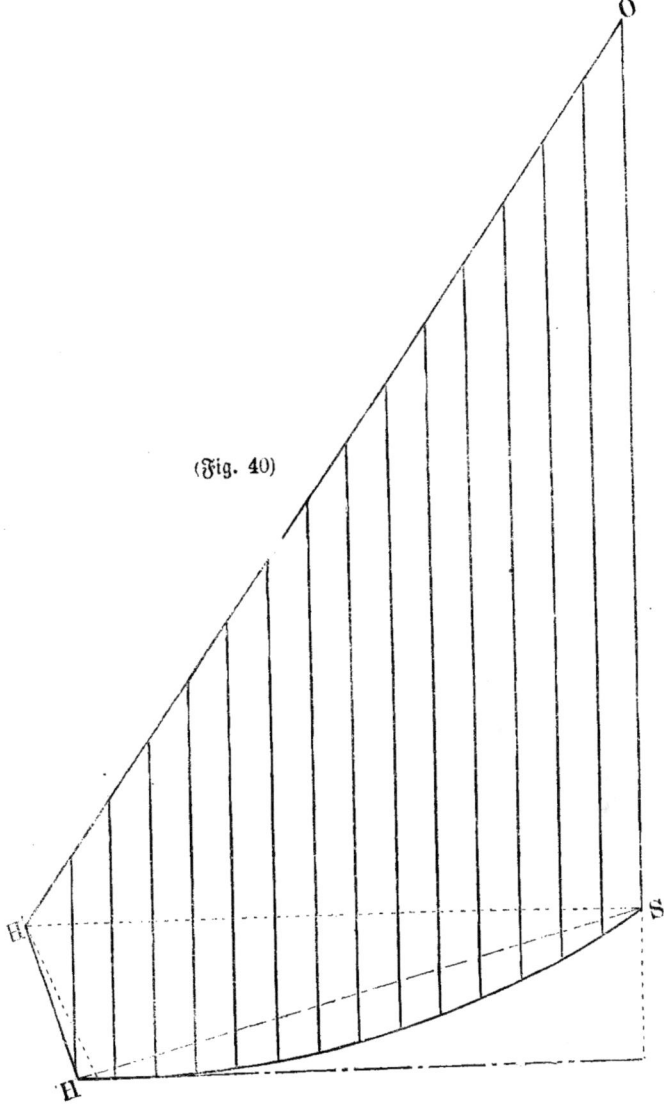

(Fig. 40)

Vorn oben = 14,80 m. : 15 = annähernd 0,99 m. für jedes Kleid "Schräge".

vorn oben Schräg das	1. Kleid von oben	= 0,98 m.	= 0,77 m. vorn oben Recht.
"	2. "	= 0,98 "	= 0,77 "
"	3. "	= 0,98 "	= 0,77 "
"	4. "	= 0,98 "	= 0,77 "
"	5. "	= 0,98 "	= 0,77 "
"	6. "	= 0,99 "	= 0,79 "
"	7. "	= 0,99 "	= 0,79 "
"	8. "	= 0,99 "	= 0,79 "
"	9. "	= 0,99 "	= 0,79 "
"	10. "	= 0,99 "	= 0,79 "
"	11. "	= 0,99 "	= 0,79 "
"	12. "	= 0,99 "	= 0,78 "
"	13. "	= 0,99 "	= 0,79 "
"	14. "	= 0,99 "	= 0,79 "
"	15. "	= 0,99 "	= 0,79 "

Vorn oben Schräg = 14,80 m. = 11,75 m. vorn oben Recht.
Vorn am Mast Recht = 2,12 m.
Summe = 13,87 m.
Hinten = 12,00 m.
Unterschied = 1,87 m. Schootenschnitt.

Diesen Schootenschnitt auf die Unterseite vertheilt, ergiebt:

für das	1. Kleid vom Schoothorn	= 0,39 m.
"	2. "	= 0,29 "
"	3. "	= 0,24 "
"	4. "	= 0,19 "
"	5. "	= 0,16 "
"	6. "	= 0,13 "
"	7. "	= 0,11 "
"	8. "	= 0,09 "
"	9. "	= 0,07 "
"	10. "	= 0,06 "
"	11. "	= 0,05 "
"	12. "	= 0,04 "
"	13. "	= 0,03 "
"	14. "	= 0,02 "

zusammen = 1,87 m.

Bei diesem Segel muß man unten die Nähte ziemlich breit auslaufen lassen; ferner achte man beim Saumeinlegen darauf, daß vorn am Mast beim unteren Hals ca. 0,25 m. Tuch mehr eingeschlagen wird, als beim oberen Hals. Es fällt nämlich der Schenkel des rechten Winkels im Schoothorn gerade durch H', und wird das Segel auf der Linie H' S nicht recken; beim unteren Hals muß deshalb mehr eingeschlagen werden, weil dies das einzige Mittel ist, um Spannung auf der Linie S H' zu vermeiden. Wenn dann der untere Hals bei neuen Segeln auch nicht ganz an den Mast hinanreicht, so wird die Unterseite mit der Zeit doch genügend nachrecken.

Ein Stengenstagsegel (Fig. 41), vorn oben 13,50 m., vorn am Mast 4,50 m., unten 8 m., hinten 10,80 m. Tuchbreite = 0,60 m., Nahtbreite = 0,03 m. Der Winkel des Segels am oberen Hals mißt 126°.

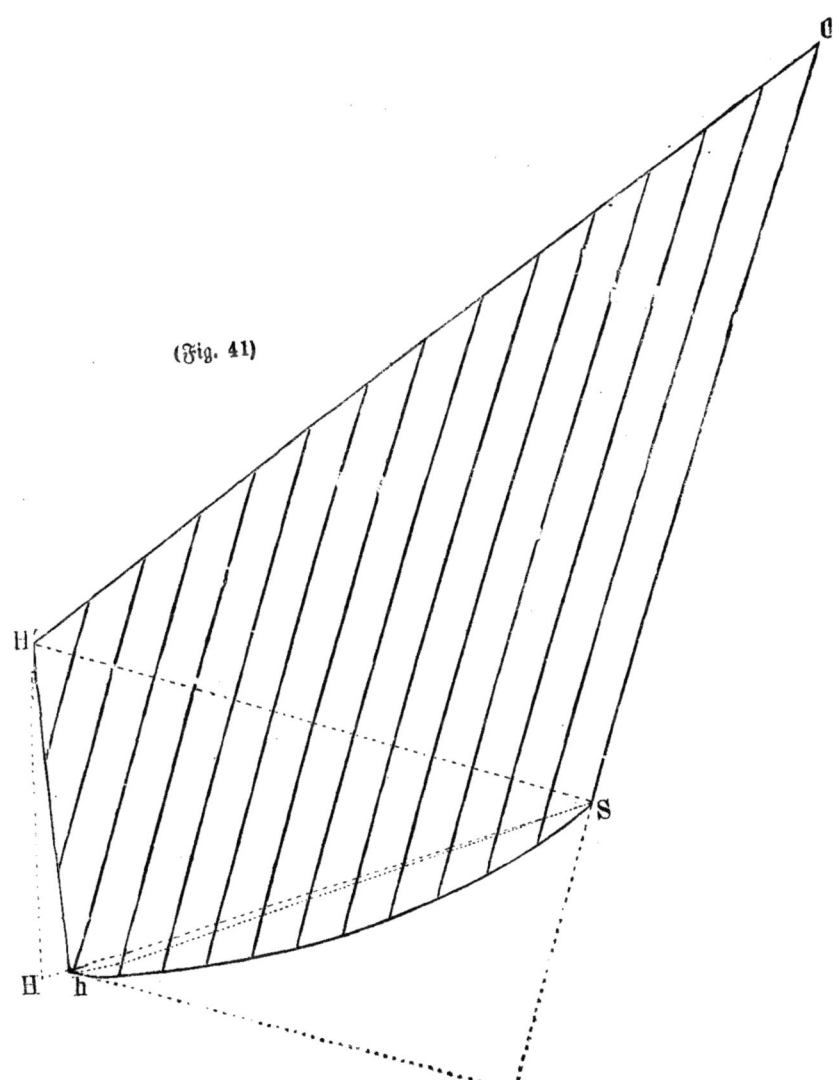
(Fig. 41)

Das Loth aus H' gefällt schneidet gerade das Schoothorn. Da die Vorderseite am Mast lang ist und das Segel dadurch viel Schooten=schnitt erhält, so wird es auf der Unterseite S H bedeutend recken, auf der Linie nach dem oberen Hals hingegen nicht, weil dort der Schenkel des Winkels im Schoothorn liegt. Wie schon bei dem vorigen Beispiel erwähnt, ist es nothwendig, daß man auf der Unterseite kürzt, damit auf der Linie S H' keine Spannung entsteht. Da die Kürzung bei diesem Segel aber zu groß sein würde, um sie nachher beim Saumeinlegen auszugleichen, weil dann das Tuch verloren geht, so ist es besser, die Rechnung gleich entsprechend auszuführen. Kürzt man nun die Unter=seite um 0,45 m. und fällt das Loth aus H auf die verlängerte Hinter=seite, so wird dasselbe 6,25 m. lang sein. In Folge des Kürzens der Unterseite wird auf der Linie S H' Lose entstehen und das Segel da=durch seinen Stand besser behalten.

Man hat nur darauf zu achten, daß der untere Hals in der ersten Zeit um die gekürzten 0,45 m. vom Mast entfernt bleibt, und entsprechend auch die ganze Vorderseite am Mast; wenn dann die Unterseite reckt, kann man Hals und Segel nach und nach mehr an=holen. Wollte man den unteren Hals gleich fest anziehen, so würde das Segel von H nach oben Falten werfen und die Unterseite zu viel Kraft auszuhalten haben.

Das Loth aus H' = 8 m. : 0,57 m. giebt die Zahl der Kleider vorn oben = 14. Das Loth aus H = 6,25 m. : 0,57 m. giebt die Zahl der Kleider unten = 11. Unterschied zwischen vorn und unten = 3 Kleider.

Vorn am Mast = 4,50 m. : 3 = 1,50 m. „Schräge" für jedes Kleid, die nach Tafel I. = 1,37 m. „Recht" entsprechen; demnach hat man 3 × 1,37 m. = 4,11 m. vorn am Mast „Recht".

Vorn oben = 13,50 m. : 14 = 0,96 m resp. 0,97 m. „Schräge" für jedes Kleid.

Rechnet man nun für 8 Kleider von oben 0,96 m., so bekommt man 7,68 m. „Schräge", und für 6 Kleider = 0,97 m., so bekommt man 5,82 m. „Schräge", zusammen also 14 Kleider mit 13,50 m. vorn oben „Schräg".

Nach Tafel I. ist 0,96 m. „Schräg" = 0,75 m. „Recht", dem=nach 8 × 0,75 m. = 6 m. „Recht". Ferner ist 0,97 m. „Schräg" = 0,76 m. „Recht", demnach 6 × 0,76 m. = 4,56 m. „Recht". Mit=hin 14 Kleider vorn oben „Recht" = 10,56 m.

Vorn oben Recht = 10,56 m.
Vorn am Mast Recht = 4,11 m.
zusammen = 14,67 m.
Hinten = 10,80 m.
Unterschied = 3,87 m. Schootenschnitt.

Diesen Schootenschnitt nebst der Rundung auf die Unterseite ver=theilt, ergiebt:

für das	1.	Kleid vom Schoothorn	=	0,72	m.
»	2.	»	=	0,59	»
»	3.	»	=	0,47	»
»	4.	»	=	0,38	»
»	5.	»	=	0,32	»
»	6.	»	=	0,28	»
»	7.	»	=	0,25	»
»	8.	»	=	0,23	»
»	9.	»	=	0,22	»
»	10.	»	=	0,21	»
»	11.	»	=	0,20	»

zusammen = 3,87 m. Schootenschnitt.

b) Gaffelsegel.

Da diese Art Segel wohl am schwierigsten zu berechnen und zu bearbeiten sind, so ist es nöthig, vorher einiges über dieselben zu bemerken.

Es kommt bei diesen wie bei anderen Segeln hauptsächlich darauf an, daß sie möglichst flach stehen; denn es wird keines von allen Schrägsegeln so leicht bauchig, wie ein Gaffelsegel.

Schon früher ist bei den anderen Schrägsegeln erklärt, daß an der Hinter= und Unterseite das Leik lose angenäht werden muß, damit das Segel kein Sack wird und der Wind, so zu sagen, herauswehen kann. Dasselbe gilt auch von Gaffelsegeln, da jedoch ihre Form schon an und für sich danach angethan ist, bauchig zu werden, so muß man noch anderweitige Maßnahmen treffen, um dies durch Berechnung und Schnitt zu vermeiden.

Es möge hier beifolgende Figur zur Erklärung dienen.

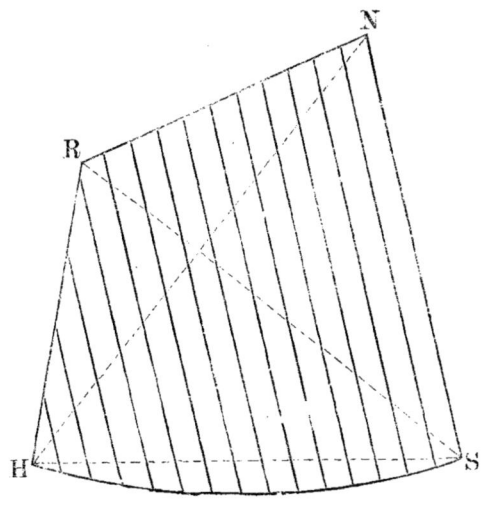

Wie bekannt, laufen die Kleider bei Gaffelsegeln parallel der Hinterseite. Es wird dort, wie schon erwähnt, daß Leik lose genommen; indessen genügt das nicht allein, um das Segel flach zu halten. Die Ursache davon ist, daß das Segel auf den Linien R S oder N H bedeutend reckt, mehr, als die Hinterseite nachgiebt; in Folge dessen wird die Hinterseite mehr zu tragen haben und das Segel in diesen Richtungen ausbauchen.

Um dieses nun zu verhindern, nimmt man hinten die losen Nähte, d. h. es wird das erste oder hinterste Kleid, abgesehen von etwaigem Schooten-, Nock- oder Halsenschnitt, um ein bestimmtes Maß länger genommen, als das zweite Kleid und in der Naht eingenäht; das zweite Kleid um ein Bestimmtes länger als das dritte und ebenfalls in der Naht eingenäht; das dritte um ein Bestimmtes länger als das vierte und so fort, bis man glaubt, genügend lose Nähte zu haben. Ihre Zahl ist von der Größe des Segels abhängig, desgleichen, wie viel auf jeder Naht eingenäht werden soll; kleinere Segel haben genug an drei bis vier, größere an fünf bis sechs losen Nähten.

Wenn das Segel neu angeschlagen wird, dürfte es vielleicht auffallen, daß die Hinterseite lose ist, was um so augenscheinlicher wird, wenn das Leik ebenfalls noch lose erhält; indessen braucht man nicht zu befürchten, daß das Segel klappert, es wird bald von der Nocke nach dem Hals und vom Rack nach dem Schoothorn bedeutend recken.

Um die Lose auf den betreffenden Nähten einzuarbeiten, legt man das erste Kleid auf das zweite, das zweite auf das dritte und so fort; es läßt sich bedeutend besser auf dem oberen Kleide, als auf dem unteren einnähen; doch muß man darauf achten, daß selbiges überall gleichmäßig geschieht.

Es ist Gebrauch, bei allen Segeln die Nähte von oben herunter zu nähen und sämmtlich einen und denselben Weg fallen zu lassen.

Abgesehen von den losen Nähten empfiehlt es sich, bei allen Segeln auf diese Weise zu arbeiten, beim Zuschneiden sowohl wie beim Nähen. Man muß das Segel sich in der Weise vor sich gelegt denken, daß die Oberseite rechts, die Unterseite links sich befindet. Von der Hinterseite geht man immer aus; legt man dann das erste Kleid auf das zweite, das zweite auf das dritte und so fort, so wird mancher Fehler verhütet. Hat dann der Anfänger beim Zuschneiden die Construction vor sich, dann wird so leicht kein Versehen vorkommen.

Die Unterseite nehmen wir nach deutscher Manier gerundet und lose; die Amerikaner schneiden dagegen alle Kleider gleichmäßig ab, um das Segel an den Baum schlagen zu können. Was das Beste ist, mag dahingestellt bleiben.

Eine Besahn (Fig. 42), vorn 6 m., unten $8{,}70$ m., hinten $8{,}50$ m., oben $5{,}50$ m. Tuchbreite $= 0{,}61$ m., Nahtbreite $= 0{,}03$ m. Der Mast hängt um $10°$. Der Baum hebt sich bei der Schoote $0{,}60$ m. über die horizontale Lage.*)

---

*) Man kann auch den Winkel beim Hals zwischen Mast und Baum nehmen.

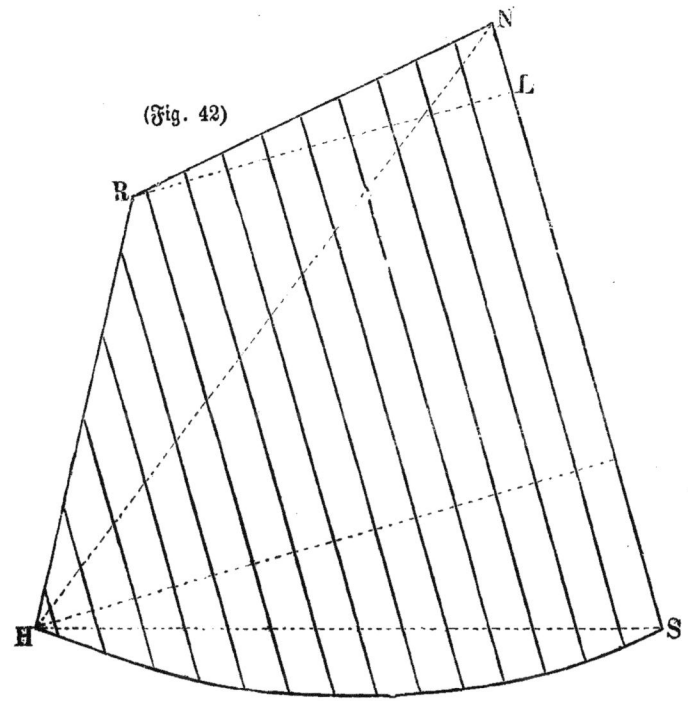

(Fig. 42)

Es ist die Construction nöthig, um die Kleiderzahl und den Nackschnitt zu finden.

Zuerst construirt man den Winkel, welchen der Mast mit dem Loth bildet $= 10°$, giebt dem Schenkel desselben die Länge der Vorderseite des Segels $= 6$ m., macht dann die untere Seite, die sich beim Schoothorn $0{,}60$ m. über die horizontale Lage erhebt $= 8{,}70$ m., nimmt dann die Hinterseite $= 8{,}50$ m. in den Zirkel und schlägt um das Schoothorn als Mittelpunkt einen Kreis, desgleichen mit der Oberseite $= 5{,}50$ m. vom Rack aus, wo beide Kreise sich schneiden ist die Nocke N.

Man fälle das Loth RL auf die Hinterseite, dieses giebt den Rackschnitt $= 1$ m.

Das Loth selbst ist $= 5{,}42$ m. lang.

Nun fälle man das Loth aus H auf die Hinterseite, welches $= 8{,}40$ m. lang sein wird.

Das Loth aus R $= 5{,}42$ m. : $0{,}58$ ergiebt die Zahl der Kleider oben $= 9^1/_3$. Das Loth aus H $= 8{,}40$ m. : $0{,}58$ ergiebt die Zahl der Kleider unten $= 14^1/_2$. Unterschied $= 5^1/_6$ Kleider vorn.

Den Rackschnitt $= 1$ m. vertheilt man gleichmäßig auf die oben benöthigten $9^1/_3$ Kleider, so daß also jedes annähernd $0{,}11$ m. erhält.

Vorn = 6 m. : $5^1/_6$ = annähernd 1,16 m. "Schräge" für jedes Kleid. Dann ist:

(Nach Tafel II)

vorn Schräg das oberste oder $^2/_3$ Kleid	= 0,78 m.	= 0,66 m.	vorn Recht
" 2. "	= 1,16 "	= 0,98 "	
" 3. "	= 1,16 "	= 0,98 "	
" 4. "	= 1,16 "	= 0,98 "	
" 5. "	= 1,16 "	= 0,98 "	
" unterste " $^1/_2$ "	= 0,58 "	= 0,49 "	
$5^1/_6$ Kleid vorn Schräg	= 6,00 m.	= 5,07 m.	vorn Recht.

Alsdann hat man die Zahl der losen Nähte zu bestimmen. Für die Größe dieses Segels werden 4 Kleider oder Nähte mit zusammen 0,38 m. genügend sein. Diese werden, wie folgt, eingetheilt. Es erhalten

das 1. Kleid von hinten	= 0,14 m.
" 2. "	= 0,11 "
" 3. "	= 0,08 "
" 4. "	= 0,05 "
die vier losen Nähte zusammen	= 0,38 m.
Es ist der Rackschnitt	= 1,00 "
Vorn Recht	= 5,07 "
Summe	= 6,45 m.
Hinten	= 8,50 "
Unterschied	= 2,05 m. Halsenschnitt.

Den Halsenschnitt nebst der Rundung vertheilt man auf die Unterseite; doch ist es gut, wenn man mit einigem Schootenschnitt anfängt. Man nimmt nämlich

für das 1. Kleid vom Schoothorn	= 0,05 m.	$\}$ = 0,07 m. Schootenschnitt.
" " 2.	= 0,02 "	
" " 3.	= 0,00 "	
" " 4.	= 0,02 "	
" " 5.	= 0,04 "	
" " 6.	= 0,06 "	
" " 7.	= 0,08 "	
" " 8.	= 0,10 "	
" " 9.	= 0,13 "	= 2,12 m. Halsenschnitt.
" " 10.	= 0,17 "	
" " 11.	= 0,22 "	
" " 12.	= 0,28 "	
" " 13.	= 0,35 "	
" " 14.	= 0,42 "	
" " $^1/_2$	= 0,25 "	
	= 2,05 m. Halsenschnitt.	

Ueber das Zuschneiden in Betreff der losen Nähte sei hier Folgendes bemerkt.

Das Segel wird von der Hinterseite zugeschnitten, deshalb denkt man es sich so gelegt, daß oben rechts, unten links ist.

Man schneidet das erste Kleid oben mit 0,11 m. Racksschnitt an und mißt dann von der Nocke auf der längeren Seite des Tuches die Hinterseite = 8,50 m. ab.

Hier macht man ein Märk, geht nach dem Faden quer über das Tuch, giebt dort den Schootenschnitt des ersten Kleides = 0,05 m.

zu, macht ein Märk und schneidet das Tuch zwischen beiden Märken durch, womit das erste Kleid fertig ist.

Jetzt ändert man am übrigbleibenden Tuche den Schootenschnitt zu 0,02 m. um, mißt mit der kürzeren Seite des zweiten Kleides an der längeren Seite des ersten entlang nach oben, geht hier für die erste lose Naht um 0,14 m. zurück, und macht ein Märk. Hier geht man nach dem Faden über das Tuch, mißt für den Rackschnitt = 0,11 m. zurück (d. h. nach unten) und macht das Märk. Zwischen beiden wird das Tuch durchschnitten, womit das zweite Kleid fertig ist.

Am Rest des Tuches wird der Rackschnitt gleich wieder für das dritte Kleid passen; dann mißt man mit der längeren Seite an der kürzeren des zweiten entlang nach unten, geht hier sofort für die lose Naht = 0,11 m. zurück und macht ein Märk. Da das dritte Kleid unten keinen Schootenschnitt bekommt, so kann man es hier quer durchschneiden, womit das dritte Kleid fertig ist.

Auf diese Weise werden auch die darauf folgenden Kleider zugeschnitten.

Es wird in der ersten Naht das erste Kleid = 0,14 m. mehr Lose haben, als das zweite; in der zweiten Naht das zweite Kleid = 0,11 m. mehr Lose als das dritte, die in beiden Nähten gleichmäßig zu vertheilen und einzunähen ist. Dasselbe ist bei den darauf folgenden Kleidern mit der betreffenden Lose der Fall. Die Nähte nimmt man gleichmäßig breit, läßt sie jedoch unten, der Rundung und des Halsenschnittes wegen, sich verbreitern, wie bei Schrägsegeln mehrfach erklärt ist. Vorn am Mast näht man, so weit wie der Saum breit wird, runde Naht, und geht dann zur platten über. Sollte das Segel Reffe haben, so laufen diese parallel mit der Unterseite.

Das Leik wird hinten und unten lose angesetzt; das Tuch vorn und oben etwas eingearbeitet.

Ein Brigsegel (Fig. 43), vorn 5,80 m., unten 10 m., hinten 10 m., oben 7 m. Tuchbreite = 0,61 m., Nahtbreite = 0,03 m. Der Winkel zwischen Mast und Baum ist 82°.

Das Loth aus R = 6,80 m. giebt den Rackschnitt 1,65 m.

Das Loth aus H = 9,50 m. : 0,58 m. = $16^{1}/_{3}$, die Zahl der Kleider unten. Das Loth aus R = 6,80 m. : 0,58 m. = $11^{3}/_{4}$, die Zahl der Kleider oben. Unterschied = $4^{7}/_{12}$ Kleider vorn.

Der Rackschnitt = 1,65 m. : $11^{3}/_{4}$ = 0,14 m. annähernd für jedes Kleid

Vorn 5,80 m. : $4^{7}/_{12}$ = 1,26 m. „Schräge" für jedes Kleid. Dann entspricht:

(Nach Tafel II)

vorn Schräg das oberste	¼	Kleid	= 0,32 m.	= 0,27 m.	vorn Recht
»	2.	»	= 1,26 »	= 1,10 »	»
»	3.	»	= 1,26 »	= 1,10 »	»
»	4.	»	= 1,26 »	= 1,10 »	»
»	5.	»	= 1,26 »	= 1,10 »	»
»	letzte oder ⅓	»	= 0,44 »	= 0,37 »	»
$4^{7}/_{12}$ Kleid vorn Schräg			= 5,80 m.	= 5,04 m.	vorn Recht.

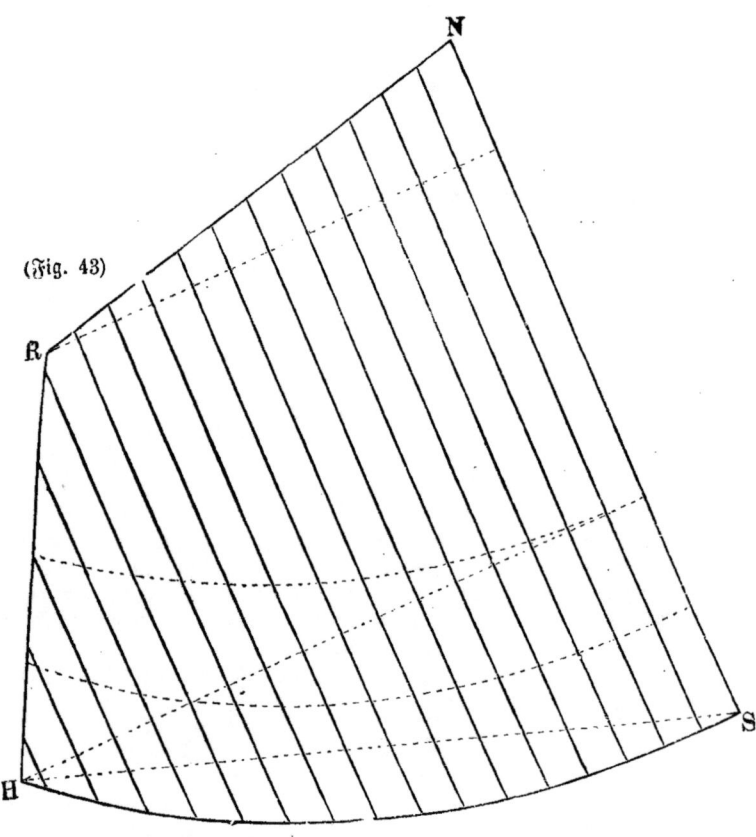

(Fig. 43)

Für die losen Nähte würde man am besten 5 Kleider mit 0,41 m. nehmen, und zwar

für das 1. Kleid =	0,14	m.
» » 2. » =	0,11	»
» » 3. » =	0,08	»
» » 4. » =	0,05	»
» » 5. » =	0,03	»
Lose Naht =	0,41	m.
Rückschnitt =	1,65	»
Vorn Recht =	5,04	»
Summe =	7,10	m.
Hinten =	10,00	»
Unterschied =	2,00	m. Halsenschnitt.

Diesen Halsenschnitt auf die Unterseite vertheilt, giebt
für das 1. Kleid vom Schoothorn = 0,01 m.
» » 2. » = 0,02 »
» » 3. » = 0,03 »
» » 4. » = 0,04 »
» » 5. » = 0,06 »
» » 6. » = 0,08 »
» » 7 » = 0,10 »
» » 8. » = 0,12 »
» » 9. » = 0,15 »
» » 10. » = 0,18 »
» » 11 » = 0,21 »
» » 12. » = 0,25 »
» » 13. » = 0,29 »
» » 14. » = 0,34 »
» » 15. » = 0,39 »
» » 16. » = 0,45 »
» $1/3$ » = 0,18 »

Halsenschnitt = 2,90 m.

Ein Großsegel (Fig. 44), vorn 9,30 m., unten 11,35 m., hinten 13 m., oben 8,40 m. Tuchbreite = 0,61 m., Nahtbreite = 0,03 m. Der Winkel zwischen Mast und Baum mißt 81°.
Das Loth aus R = 8,10 m. giebt den Nackschnitt = 2,32 m.
Das Loth aus H = 11,22 m. : 0,58 m. giebt die Zahl der Kleider unten = $19 1/3$. Das Loth aus R = 8,10 m. : 0,58 m. giebt die Zahl der Kleider oben = 14. Unterschied = $5 1/3$ Kleider vorn.
Der Nackschnitt = 2,32 m. : 14 = 0,16 m. bis 0,17 m. für jedes Kleid.
Vorn = 9,30 m. : $5 1/3$ = annähernd 1,74 m. „Schräge" für jedes Kleid. Es entspricht:

(Nach Tafel II)
vorn Schräg das 1. Kleid vom Nack = 1,74 m. = 1,63 m. vorn Recht
» 2. » = 1,74 » = 1,63 »
» 3. » = 1,74 » = 1,63 »
» 4. » = 1,75 » = 1,64 »
» 5. » = 1,75 » = 1,64 »
» $1/3$ » = 0,58 » = 0,55 »

$5 1/3$ Kleider vorn Schräg = 9,30 m. = 8,72 m. vorn Recht.

Mit losen Nähten werden 6 Kleider genommen, die zusammen 0,60 m. erhalten. Davon bekommt

das 1. Kleid = 0,19 m.
» 2. » = 0,15 »
» 3. » = 0,11 »
» 4. » = 0,08 »
» 5. » = 0,05 »
» 6. » = 0,02 »

Lose Naht = 0,60 m.
Nackschnitt = 2,32 »
Vorn Recht = 8,72 »

Summe = 11,64 m.
Hinten = 13,00 »

Unterschied = 1,36 m. Halsenschnitt.

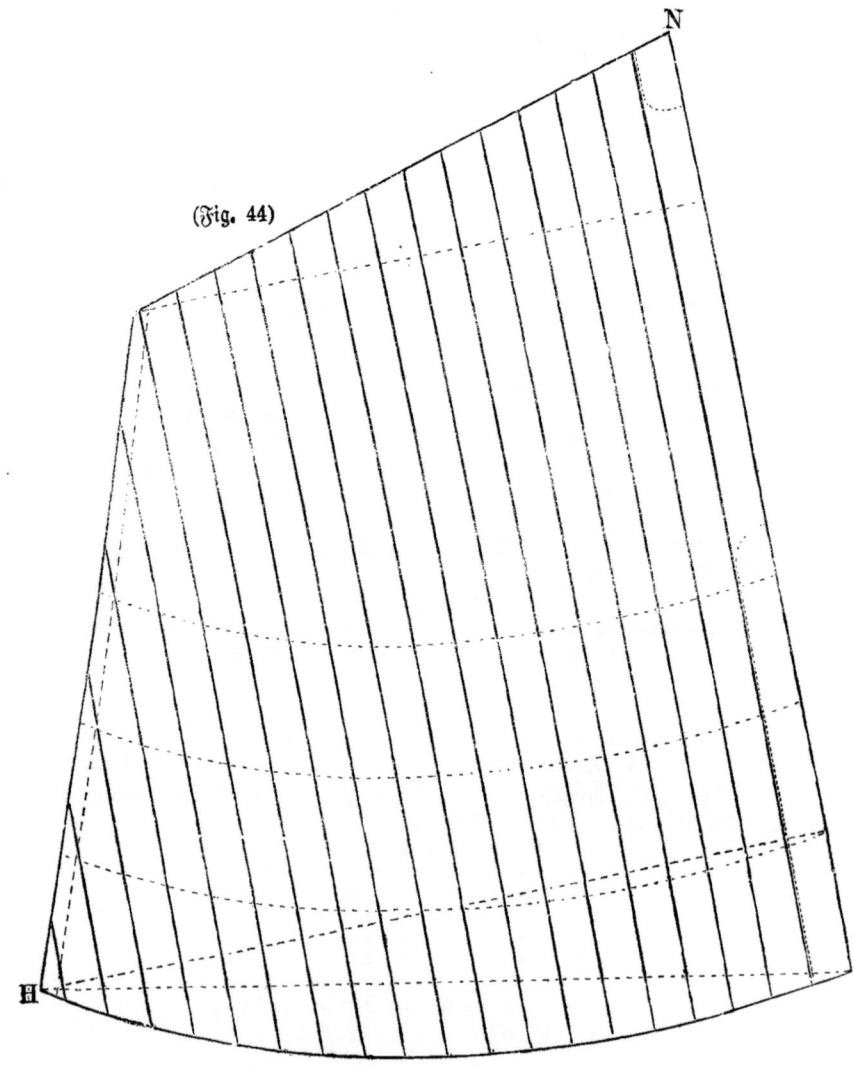

(Fig. 44)

Bei diesem Segel muß man der Rundung wegen mit etwas Schootenschnitt anfangen und man nimmt am besten

für das	1. Kleid vom Schoothorn	= 0,25 m.	
» »	2. »	= 0,18 »	
» »	3. »	= 0,13 »	
» »	4. »	= 0,09 »	= 0,78 m. Schootenschnitt.
» »	5. »	= 0,06 »	
» »	6. »	= 0,04 »	
» »	7. »	= 0,02 »	
» »	8. »	= 0,01 »	

» »	9. »	= 0,01 »	
» »	10. »	= 0,03 »	
» »	11. »	= 0,06 »	
» »	12. »	= 0,09 »	
» »	13. »	= 0,12 »	
» »	14. »	= 0,15 »	= 2,14 m. Halsenschnitt.
» »	15. »	= 0,19 »	
» »	16. »	= 0,24 »	
» »	17. »	= 0,29 »	
» »	18. »	= 0,35 »	
» »	19. »	= 0,43 »	
» »	1/3 »	= 0,18 »	
		= 1,36 m. Halsenschnitt.	

Ein Schunersegel (Fig. 45), vorn 7 m., unten 6,60 m., hinten 9,70 m., oben 5,60 m. Tuchbreite = 0,61 m., Nahtbreite 0,03 m. Der Mast hängt um 5°. Der Baum liegt horizontal.

Das Loth aus R = 5,22 m. giebt den Nackschnit = 2,20 m.

Für unten kann man die Kleiderzahl auf der Unterseite suchen, man hat also 6,60 m. : 0,58 m. = 11 1/3, die Zahl der Kleider unten. Das Loth aus R = 5,22 m. : 0,58 m. = 9, die Zahl der Kleider oben. Unterschied = 2 1/3 Kleider vorn.

Der Nackschnitt = 2,20 m. : 9 = 0,24 m. bis 0,25 m. für jedes Kleid.

Von 7 m. : 2 1/3 = 3 m. „Schräge" für jedes Kleid.

(Nach Tafel II)

Vorn Schräg das	1. Kleid vom Nack	= 3 m.	= 2,94 m.	Vorn Recht
»	2. »	= 3 »	= 2,94 »	
»	1/3 »	= 1 »	= 0,98 »	
2 1/3 Kleider vorn Schräg		= 7 m.	= 6,86 m.	Vorn Recht.

Mit losen Nähten nimmt man 3 Kleider mit 0,30 m. Davon erhalten

das	1. Kleid	= 0,15 m.
»	2. »	= 0,10 »
»	3. »	= 0,05 »
	Lose Naht	= 0,30 m.
	Nackschnitt	= 2,20 »
	Vorn Recht	= 6,86 »
	Summe	= 9,36 m.
	Hinten	= 9,70 »
	Unterschied	= 0,34 m Halsenschnitt.

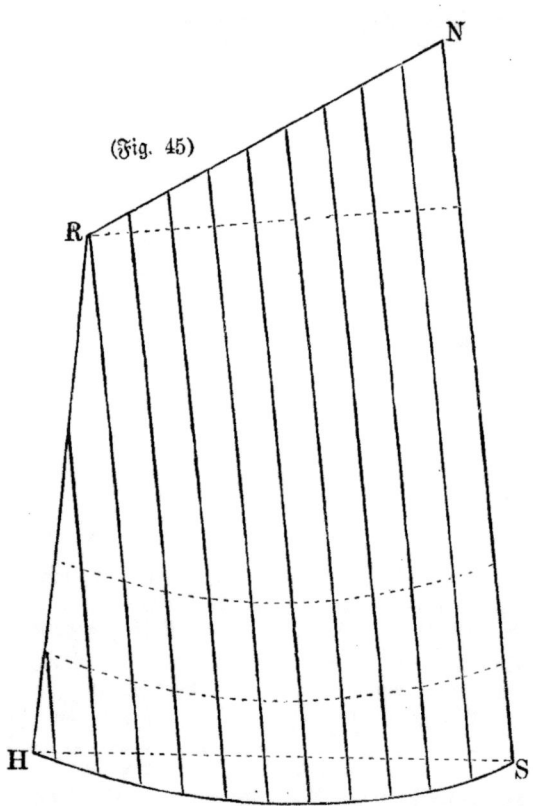

(Fig. 45)

Die Unterseite wird folgendermaßen einen guten Verlauf geben. Es bekommt

$$
\left.\begin{array}{l}
\text{das 1. Kleid vom Schoothorn} = 0{,}20 \text{ m.} \\
\text{ » 2. » } = 0{,}13 \text{ »} \\
\text{ » 3. » } = 0{,}08 \text{ »} \\
\text{ » 4. » } = 0{,}03 \text{ »} \\
\text{ » 5. » } = 0{,}01 \text{ »}
\end{array}\right\} = 0{,}45 \text{ m. Schootenschnitt.}
$$

$$
\left.\begin{array}{l}
\text{ » 6. » } = 0{,}01 \text{ »} \\
\text{ » 7. » } = 0{,}03 \text{ »} \\
\text{ » 8. » } = 0{,}07 \text{ »} \\
\text{ » 9. » } = 0{,}12 \text{ »} \\
\text{ » 10. » } = 0{,}19 \text{ »} \\
\text{ » 11. » } = 0{,}26 \text{ »} \\
\text{ » }^{1}/_{3} \text{ » } = 0{,}11 \text{ »}
\end{array}\right\} = 0{,}79 \text{ m. Halsenschnitt.}
$$

$$= 0{,}34 \text{ m. Halsenschnitt.}$$

Ein Großsegel für eine Kuff (Fig. 46), vorn 7,25 m., unten 8,75 m., hinten 10,70 m., oben 5,10 m. Tuchbreite = 0,61 m., Nahtbreite 0,03 m. Der Mast steht lothrecht. Der Baum liegt horizontal.

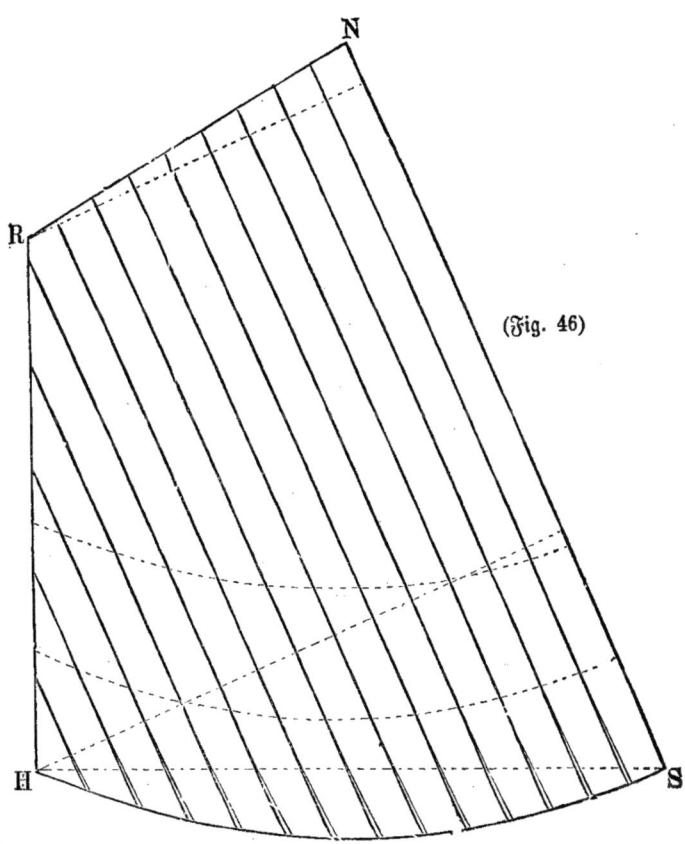

(Fig. 46)

Das Loth aus R ist annähernd = der oberen Seite. Der Rack=
schnitt ist = 0,62 m.

Das Loth aus H = 8 m. : 0,58 m. giebt die Zahl der Kleider
unten = 13³/₄. Oben = 5,10 m. : 0,58 m. giebt die Zahl der
Kleider oben = 8³/₄. Unterschied = 5 Kleider vorn.

Der Rackschnitt = 0,62 m. : 8³/₄ = 0,07 m. für jedes Kleid
Vorn = 7,25 m. : 5 = 1,45 m. „Schräge" für jedes Kleid.

(Nach Tafel II)

Vorn Schräg das 1. oder ¼ Kleid vom Rack = 0,36 m. = 0,33 m. Vorn Recht.
                 2.   = 1,45 » = 1,31 »
                 3.   = 1,45 » = 1,31 »
                 4.   = 1,45 » = 1,31 »
                 5.   = 1,45 » = 1,31 »
                 6. » ³/₄ » unten   = 1,09 » = 1,09 »

5 Kleider vorn Schräg = 7,25 m. = 6,66 m. Vorn Recht.

Ferner erhalten 4 Kleider zusammen 0,40 m. Lose auf den Nähter und zwar

das 1. Kleid von hinten = 0,16 m.
2. » = 0,12 »
3. » = 0,08 »
4. » = 0,04 »

Lose Naht = 0,40 m.
Nackschnitt = 0,62 »
Vorn Recht = 6,66 »

Summe = 7,68 m.
Hinten = 10,70 »

Unterschied = 3,02 m. Halsenschnitt.

Auf der unteren Seite bekommt

das 1. Kleid vom Schoothorn = 0,02 m.
» 2. » = 0,04 »
» 3. » = 0,06 »
» 4. » = 0,08 »
» 5. » = 0,11 »
» 6. » = 0,14 »
» 7. » = 0,17 »
» 8. » = 0,21 »
» 9. » = 0,25 »
» 10. » = 0,30 »
» 11. » = 0,35 »
» 12. » = 0,41 »
» 13. » = 0,47 »
» 3/4 » = 0,41 »

Halsenschnitt = 3,02 m.

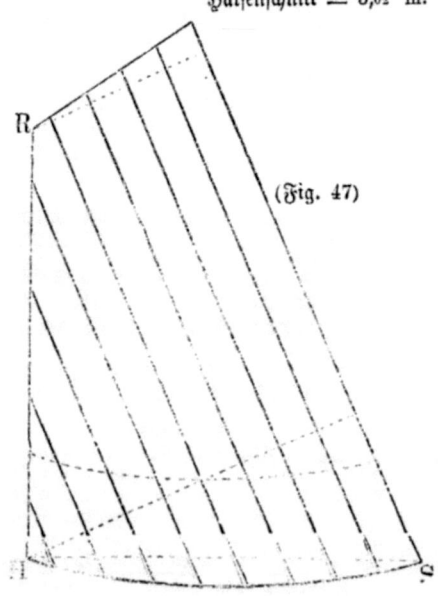

(Fig. 47)

Ein Besahn für eine Kuff (Fig. 47), vorn 5,80 m., unten 5,40 m., hinten 8 m., oben 2,60 m. Tuchbreite = 0,61 m., Nahtbreite = 0,03 m. Mast lothrecht, Bau horizontal.

Das Loth aus R = 2,53 m. giebt den Rackschnitt = 0,50 m. Das Loth aus H = 4,90 m. : 0,58 m. = $8^{1}/_{2}$, die Zahl der Kleider unten. Das Loth aus R = 2,53 m. : 0,58 m. = $4^{1}/_{3}$, die Zahl der Kleider oben. Unterschied = $4^{1}/_{6}$ Kleider vorn.

Der Rackschnitt = 0,50 m. : $4^{1}/_{3}$ = 0,11 m. bis 0,12 m. für jedes Kleid.

Vorn = 5,80 m. : $4^{1}/_{6}$ = annähernd 1,39 m. „Schräge" für jedes Kleid.

(Nach Tafel II)

Vorn Schräg das oberste oder $^{2}/_{3}$ Kleid = 0,92 m. = 0,84 m. Vorn Recht.
» 2. » = 1,39 » = 1,25 »
» 3. » = 1,40 » = 1,26 »
» 4. » = 1,40 » = 1,26 »
» untere » $^{1}/_{2}$ » = 0,69 » = 0,63 »

$4^{1}/_{6}$ Kleider vorn Schräg = 5,80 m. = 5,24 m. Vorn Recht.

Da man bei diesem Segel keine losen Nähte anzuwenden braucht, so hat man demnach:

Vorn Recht = 5,24 m.
Rackschnitt = 0,50 »
Summe = 5,74 m.
Hinten = 8,00 »
Unterschied = 2,26 m.

Die Unterseite ist folgendermaßen einzutheilen:

das 1. Kleid vom Schoothorn erhält = 0,08 m.
» 2. » = 0,10 »
» 3. » = 0,13 »
» 4. » = 0,17 »
» 5. » = 0,23 »
» 6. » = 0,31 »
» 7. » = 0,40 »
» 8. » = 0,52 »
» $^{1}/_{2}$ » = 0,32 »
Halsenschnitt = 2,26 m.

Ein Großsegel für ein Tjalk (Fig. 48), vorn 6,70 m., unten 8,70 m., hinten 10,15 m., oben 2,90 m. Tuchbreite = 0,61 m., Nahtbreite = 0,03 m. Der Mast steht lothrecht. Der Baum liegt horizontal.

Das Loth aus R wird oberhalb der Nocke fallen; man muß demnach die Hinterseite über N hinaus verlängern, um den Nockschnitt zu finden, welcher = 0,35 m. lang sein wird.

Das Loth ist annähernd gleich der oberen Seite, und kann man auf dieser die Kleiderzahl suchen.

Das Loth aus H = 7 m. : 0,58 m. = annähernd 12, der Zahl der Kleider unten. Die Oberkante = 2,90 m. : 0,58 m. = 5, der Zahl der Kleider oben. Unterschied = 7 Kleider vorn.

Den Nockschnitt vertheilt man gleichmäßig auf die 5 Kleider, so daß also jedes 0,07 m. erhält.

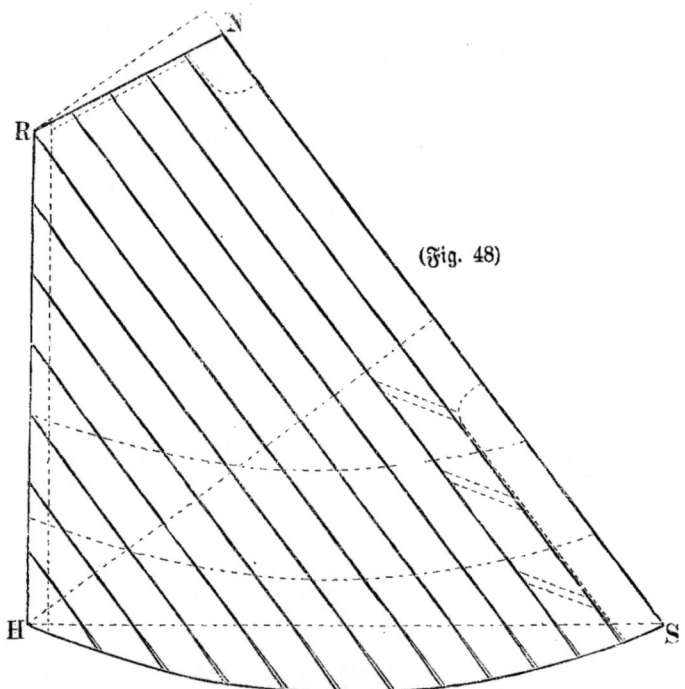

(Fig. 48)

Vorn 6,70 m. : 7 = annähernd 0,96 m. "Schräge" für jedes Kleid.

(Nach Tafel II)

Vorn Schräg das 1. Kleid vom Rack = 0,95 m. = 0,73 m. Vorn Recht.
2. »   = 0,95 »   = 0,73 »
3. »   = 0,96 »   = 0,74 »
4. »   = 0,96 »   = 0,74 »
5. »   = 0,96 »   = 0,74 »
6. »   = 0,96 »   = 0,74 »
7. »   = 0,96 »   = 0,74 »

Vorn Schräg = 6,70 m. = 5,16 m. Vorn Recht.

Für die losen Nähte sind 4 Kleider mit 0,40 m. zu berechnen, und zwar erhält

das 1. Kleid = 0,18 m.
 » 2. »   = 0,12 »
 » 3. »   = 0,07 »
 » 4. »   = 0,03 »

Summe = 0,40 m.
+ Vorn Recht = 5,16 »
           = 5,56 m.
− Rockschnitt = 0,35 »
           = 5,21 m.
Hinten = 10,15 »
Halsenschnitt = 4,94 m.

Dieser auf die untere Seite des Segels vertheilt, ergiebt:

für das 1. Kleid vom Schoothorn = 0,13 m.
„ „ 2. „ = 0,16 „
„ „ 3. „ = 0,19 „
„ „ 4. „ = 0,23 „
„ „ 5. „ = 0,27 „
„ „ 6. „ = 0,32 „
„ „ 7. „ = 0,38 „
„ „ 8. „ = 0,45 „
„ „ 9. „ = 0,53 „
„ „ 10. „ = 0,63 „
„ „ 11. „ = 0,75 „
„ „ 12. „ = 0,90 „

Halsenschnitt = 4,94 m.

Ueber die letzteren Segel sei hier noch Einiges hinsichtlich der Bearbeitung erwähnt. In Folge des großen Unterschiedes der Breite des Segels oben und unten fallen die meisten Kleider an den Mast und es entsteht der große Halsenschnitt; das Tuch an der Unterseite läuft sehr schräg und wird daher bedeutend recken. Es empfiehlt sich, die Nähte an der unteren Seite des Segels mehr als gewöhnlich zu verbreitern, bei dem Großsegel der Tjalk auf der vorderen Hälfte bis zu 0,10 oder 0,12 m., in der Nähe des Schoothorns jedoch nicht so viel, weil hier die Unterseite in Folge der Rundung mehr parallel mit dem (Einschlags=) Faden des Tuches läuft. In der Mitte des Segels kann man ungefähr 1,50 m. vom Fußleik entfernt mit dem Verbreitern der Naht anfangen, im Schoothorn und Hals jedoch nicht so hoch, sondern erst zwischen etwa 0,75 bis 1m. von unten. Das Leik am Fuße des Segels muß auch etwas mehr Lose haben als gewöhnlich, an der Hinterseite aber nur so viel, wie sonst Gebrauch ist. Es ist gut, das Segel neu, namentlich hinsichtlich der unteren Seite, lieber zu klein als zu groß zu machen, weil diese immer bedeutend reckt.

Den Stoßlappen im Schoothorn nimmt man bei diesen, so wie bei allen Gaffelsegeln ungefähr 0,60 bis 0,70 m. höher als die etwa in den Segeln befindlichen Reffe, an der Nocke ca. 0,75 m. lang. An der Vorderseite setzt man gewöhnlich ein halbes Kleid als Verdoppelung auf, und zwar der ganzen Länge nach von oben bis unten. Außer dem Stoßlappen im Schoothorn werden dort, sowie von jedem Reff aus, auch noch Zungen untergelegt, damit das Segel mehr Stärke erhält.

Ein Barkfegel (Fig. 49), vorn 6,30 m., oben 4,05 m., hinten 8,75 m., unten 6,75 m. Tuchbreite = 0,61 m., Nahtbreite = 0,03 m. Der Winkel zwischen Mast und Gaffel mißt 120°.

Das Loth aus R, annähernd gleich der oberen Seite, giebt als Nackschnitt 0,60 m.

Das Loth aus H = 6,35 m. : 0,58 m. = 11, die Zahl der Kleider unten. Oben = 4,05 m. = 0,58 m. = 7, die Zahl der Kleider oben. Unterschied = 4 Kleider vorn.

Der Nackschnitt = 0,60 m. : 7 = 0,08 bis 0,09 m. für jedes Kleid.

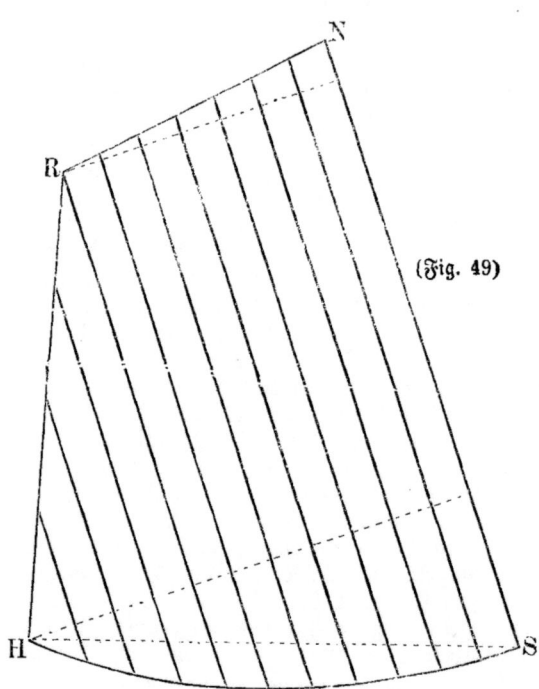

(Fig. 49)

Vorn = 6,30 m. : 4 = annähernd 1,57 m. „Schräge" für jedes Kleid.

(Nach Tafel II)

Vorn Schräg das 1. Kleid vom Rack = 1,57 m. = 1,44 m. Vorn Recht.
   „ 2. „   = 1,57 „ = 1,44 „
   „ 3. „   = 1,58 „ = 1,45 „
   „ 4. „   = 1,58 „ = 1,45 „

Vorn Schräg = 6,30 m. = 5,78 m. Vorn Recht.

Für lose Nähte rechnet man 3 Kleider mit 0,27 m., von denen auf

das 1. Kleid = 0,14 m.
 „ 2. „   = 0,09 „
 „ 3. „   = 0,04 „ entfallen.

Zusammen = 0,27 m.
Rackschnitt = 0,60 „
Vorn Recht = 5,78 „

Summe = 6,65 m.
Hinten = 8,75 „

Unterschied = 2,10 m. Halsenschnitt.

Den Halsenschnitt auf die untere Seite vertheilt, giebt:

für das 1. Kleid vom Schoothorn = 0,03 m.
» » 2. » = 0,05 »
» » 3. » = 0,07 »
» » 4. » = 0,10 »
» » 5. » = 0,13 »
» » 6. » = 0,16 »
» » 7. » = 0,20 »
» » 8. » = 0,24 »
» » 9. » = 0,30 »
» » 10. » = 0,37 »
» » 11. « = 0,45 »

Halsenschnitt = 2,10 m.

Ein **Gaffeltopsegel** (Fig. 50), vorn 7,80 m., unten 6,30 m., hinten 6,50 m., oben 2,30 m. Tuchbreite = 0,60 m., Nahtbreite = 0,03 m. Der Winkel am Hals mißt 54°.

Das Loth aus R, annähernd gleich der oberen Seite, giebt als Nackschnitt 0,36 m.

Das Loth aus H, annähernd gleich der unteren Seite, fällt auf die verlängerte Hinterseite.

Unten = 6,30 m. : 0,57 m. = 11, die Zahl der Kleider unten. Oben = 2,30 m. : 0,57 m. = 4, die Zahl der Kleider oben. Unterschied = 7 Kleider vorn.

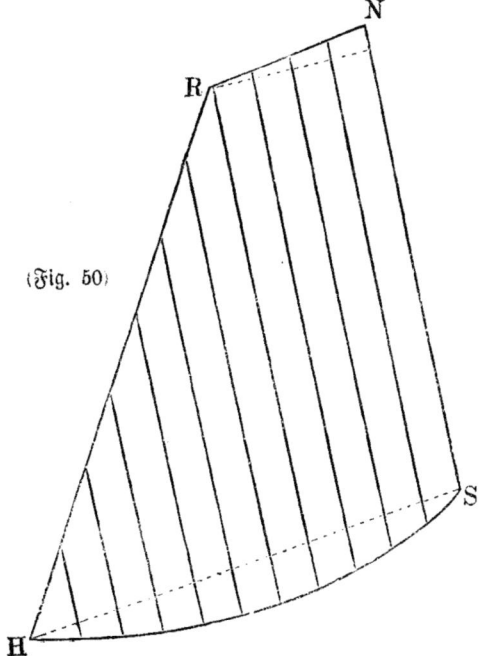

(Fig. 50)

Der Nackschnitt = 0,36 m. : 4 = 0,09 für jedes Kleid.
Vorn = 7,80 m. : 7 = annähernd 1,11 m. „Schräge" für jedes Kleid.

Vorn Schräg das 1. Kleid vom Nack = 1,11 m. = 0,93 m. Vorn Recht.
» 2. » = 1,11 » = 0,93 »
» 3. » = 1,11 » = 0,93 »
» 4. » = 1,11 » = 0,93 »
» 5. » = 1,12 » = 0,95 »
» 6. » = 1,12 » = 0,95 »
» 7. » = 1,12 » = 0,95 »

Vorn Schräg = 7,80 m. = 6,57 m. Vorn Recht.

Bei diesem Segel braucht man keine losen Nähte zu nehmen; man hat also:

Vorn Recht = 6,57 m.
Nackschnitt = 0,36 »
Summe = 6,93 m.
Hinten = 6,50 »
Unterschied = 0,43 m. Schootenschnitt.

Diesen Schootenschnitt mit etwas Rundung auf die Unterseite des Segels vertheilt, ergiebt:

für das 1. Kleid vom Schoothorn = 0,20 m.
» » 2. » = 0,14 »
» » 3. » = 0,10 »
» » 4. » = 0,07 » } = 0,58 m. Schootenschnitt.
» » 5. » = 0,04 »
» » 6. » = 0,02 »
» » 7. » = 0,01 »
» » 8. » = 0,00
» » 9. » = 0,02 »
» » 10. » = 0,05 » } = 0,15 m. Halsenschnitt.
» » 11. » = 0,08 »

Unterschied = 0,43 m. Schootenschnitt.

III.

Segel verschiedener Art.

Ein Großsegel, Dreieckform (Fig. 51a) vorn 9 m., unten 11 m., hinten 13 m. Tuchbreite = 0,61 m., Nahtbreite = 0,03 m. Man fällt das Loth aus H auf die Hinterseite, um die Kleiderzahl zu finden.

Das Loth = 7,50 m. : 0,58 m. = annähernd 13, die Zahl der gesuchten Kleider.

Vorn 9 m. : 13 = annähernd 0,69 m. „Schräge" für jedes Kleid.

Vorn Schräg das	1. Kleid von oben	= 0,69 m.	=	**0,32 m.**	**Vorn Recht.**
„	2. „	= 0,69 „	=	0,32 „	
„	3. „	= 0,69 „	=	0,32 „	
„	4. „	= 0,69 „	=	0,32 „	
„	5. „	= 0,69 „	=	0,32 „	
„	6. „	= 0,69 „	=	0,32 „	
„	7. „	= 0,69 „	=	0,32 „	
„	8. „	= 0,69 „	=	0,32 „	
„	9. „	= 0,69 „	=	0,32 „	
„	10. „	= 0,69 „	=	0,32 „	
„	11. „	= 0,70 „	=	0,34 „	
„	12. „	= 0,70 „	=	0,34 „	
„	13. „	= 0,70 „	=	0,34 „	

Vorn Schräg = 9,00 m. = 4,22 m. Vorn Recht.
Hinten = 13,00 „
Halsenschnitt = 8,78 m.

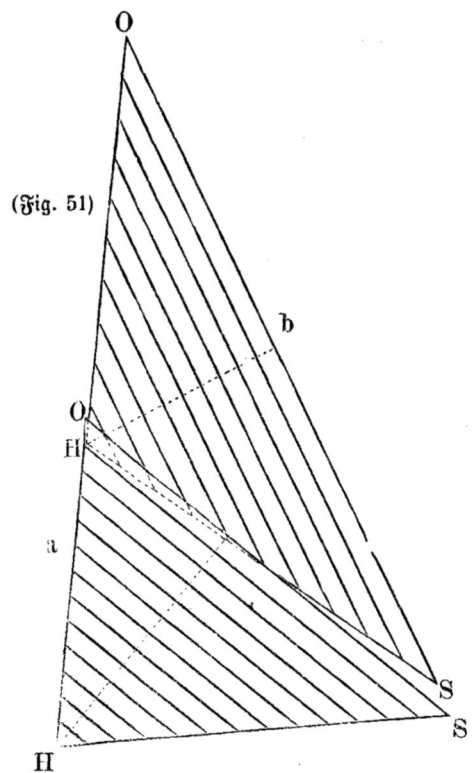

(Fig. 51)

Maßstab 1 : 200.

Bei diesem Segel ist es besser, die Unterseite gleichmäßig zu schneiden; demnach ist also der Halsenschnitt auf alle Kleider gleichmäßig zu vertheilen. 8,78 m. : 13 ergiebt für jedes Kleid 0,675 m. Man kann die Kleider in der vorderen Hälfte 0,68 m., in der hinteren 0,67 m. schneiden. Es darf hier an der Unterseite das Leik nicht lose genommen, sondern muß eben so straff als das Tuch, genäht werden, damit es zum Tragen kommt. Auf der Vorderseite kann man das Tuch wie gewöhnlich etwas lose nehmen, jedoch nicht zu sehr; auf der hinteren Seite das Leik so lose, wie es bei anderen Schrägsegeln Gebrauch ist. An der Vorderseite fängt man mit runder Naht an, doch nehmen die Nähte nach unten nicht an Breite zu, sondern behalten die gewöhnliche Breite von 0,03 m. bei. Das dazu gehörige Gaffeltopsegel ist folgendes.

Gaffeltopsegel (Fig. 51 b), vorn 11 m., unten 11,80 m., hinten 19,80 m. Tuchbreite = 0,61 m., Nahtbreite = 0,03 m.

Man fälle auch hier das Loth aus H auf die Hinterseite. Dasselbe ist 5,80 m. lang, die durch 0,58 m. getheilt, die Zahl der Kleider = 10 ergeben.

Vorn 11 m : 10 = 1,10 m. „Schräge" für jedes Kleid.

Nach Tafel II. ist 1,10 m. „Schräg" = 0,92 m. „Recht"

Demnach vorn „Recht" = 9,20 m., hinten = 19,80 m., also Halsenschnitt = 10,60 m.

Da auch hier die Unterseite gleichmäßig geschnitten werden muß, so erhält man 10,60 m. : 10 = 1,06 m. Halsenschnitt für jedes Kleid.

Mit dem Leiken verfährt man in derselben Weise, wie bei dem vorhergehenden Segel, desgleichen auch mit den Nähten.

Diese Art Segel werden selten angefertigt, da sie nicht von solchem Vortheil sind, wie Segel an einer Gaffel.

Ein Sturmsegel (Fig. 52), vorn 7 m., unten 7,40 m., hinten 10 m. Tuchbreite = 0,61 m., Nahtbreite = 0,03 m.

Das Loth aus H auf die Hinterseite = 5,20 m. Diese durch 0,58 dividirt, giebt die Zahl der Kleider = 9.

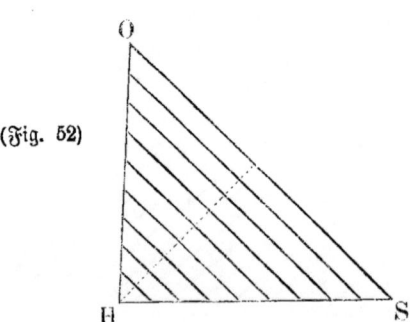

(Fig. 52)

Maßstab 1 : 200.

Vorn 7 m. : 9 = annähernd 0,78 m. "Schräge" für jedes Kleid.
Vorn Schräg das 1. Kleid von oben = 0,77 m. = 0,47 m. Vorn Recht.
„ 2. „ = 0,77 „ = 0,47 „
„ 3. „ = 0,78 „ = 0,49 „
„ 4. „ = 0,78 „ = 0,49 „
„ 5. „ = 0,78 „ = 0,49 „
„ 6. „ = 0,78 „ = 0,49 „
„ 7. „ = 0,78 „ = 0,49 „
„ 8. „ = 0,78 „ = 0,49 „
„ 9. „ = 0,78 „ = 0,49 „

Vorn Schräg = 7,00 m. = 4,37 m. Vorn Recht.
Hinten = 10,00 „
Halsenschnitt = 5,63 „

(Fig. 53)

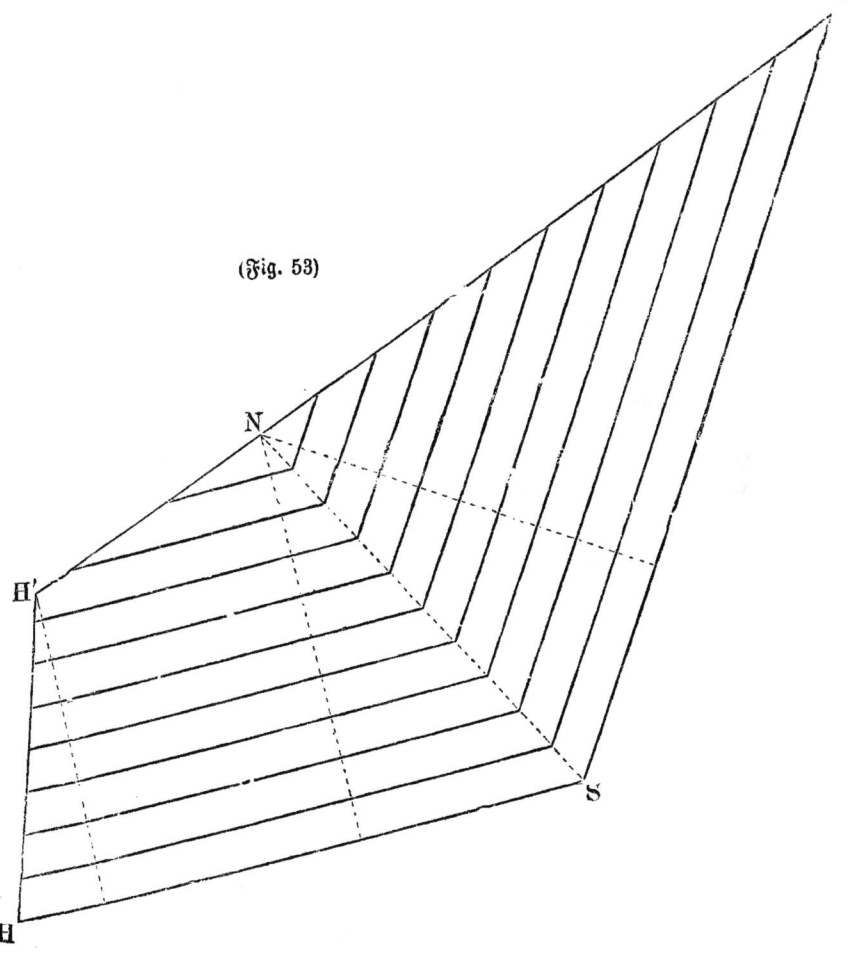

Wird Letzterer gleichmäßig auf die Unterseite vertheilt, so erhält jedes Kleid 0,62 bis 0,63 m. Halsenschnitt.

In Betreff der Nähte und der Leike muß dieses Segel in derselben Weise, wie die vorhergehenden gearbeitet werden.

Ein Stengenstagsegel (Fig. 53). Das Segel hat dieselbe Größe, wie in Figur 41, ist hier jedoch zweitheilig berechnet.

Vorn oben 13,50 m, vorn am Mast 4,50 m., unten 8 m., hinten 10,80 m. Tuchbreite = 0,60 m., Nahtbreite = 0,03 m. Der Winkel am oberen Hals mißt 126°.

Es wird durch die Halbirung vorn oben I. = 9,65 m., vorn oben II. = 3,85 m., zusammen also vorn oben 13,50 m.

Das Loth aus N auf die Hinterseite = 5,70 m. Diese durch 0,57 m. dividirt, giebt die Zahl der Kleider = 10.

Vorn oben I. = 9,65 m. : 10 = 0,965 m. „Schräge" für jedes Kleid, die nach Tafel I. = 0,755 m. „Recht" entsprechen.

Demnach hat man:

$$10 \times 0{,}755 = 7{,}56 \text{ m.} = \text{Vorn oben I Recht.}$$
$$\text{Hinten} = 10{,}80 \text{ »}$$
$$\text{Halbirungsschnitt} = 3{,}24 \text{ m. des oberen Theiles.}$$

Das Loth aus H' auf die Unterseite = 4,35 m. giebt den Halsenschnitt = 1,20 m.

Das Loth aus H' = 4,35 m. : 0,57 m. = 7,6, die Zahl der Kleider vorn am Mast. Das Loth aus N auf die Unterseite = 5,70 m. : 0,57 m. = 10, die Zahl der Kleider an der Halbirungsnaht. Unterschied = 2,4 Kleider vorn oben II.

Der Halsenschnitt = 1,20 m. : 7,6 = annähernd 0,16 m. für jedes Kleid.

Vorn oben II. = 3,85 m. : 2,4 = annähernd 1,60 m. „Schräge" für jedes Kleid. Es entspricht

(Nach Tafel I)

	Vorn oben II Schräg.		Recht.
das 0,4 Kleid am oberen Hals	= 0,64 m.		= 0,60 m.
„ 1. volle Kleid	= 1,60 »		= 1,48 »
„ 2 „ „	= 1,61 »		= 1,48 »
	Vorn oben II Schräg = 3,85 m.		Vorn oben II Recht = 3,56 m.

$$\text{Halsenschnitt} = 1{,}20 \text{ m.}$$
$$\text{Vorn oben II Recht} = 3{,}56 \text{ »}$$
$$\text{Summe} = 4{,}76 \text{ m.}$$
$$\text{Unten} = 8{,}00 \text{ »}$$
$$\text{Unterschied} = 3{,}24 \text{ m. Halbirungsschnitt des unteren Theils.}$$

Dieser Halbirungsschnitt auf 10 Kleider vertheilt, giebt für jedes Kleid 0,324 m.

Ein Großbramstagsegel, Viereckform, zweitheilig (Fig. 54). Dieselbe Größe wie in Figur 40. Vorn 14,80 m., vorn am Mast 2,20 m., hinten 12 m., unten 8,20 m. Tuchbreite = 0,60 m., Nahtbreite = 0,03 m. Der Winkel am oberen Hals 126°.

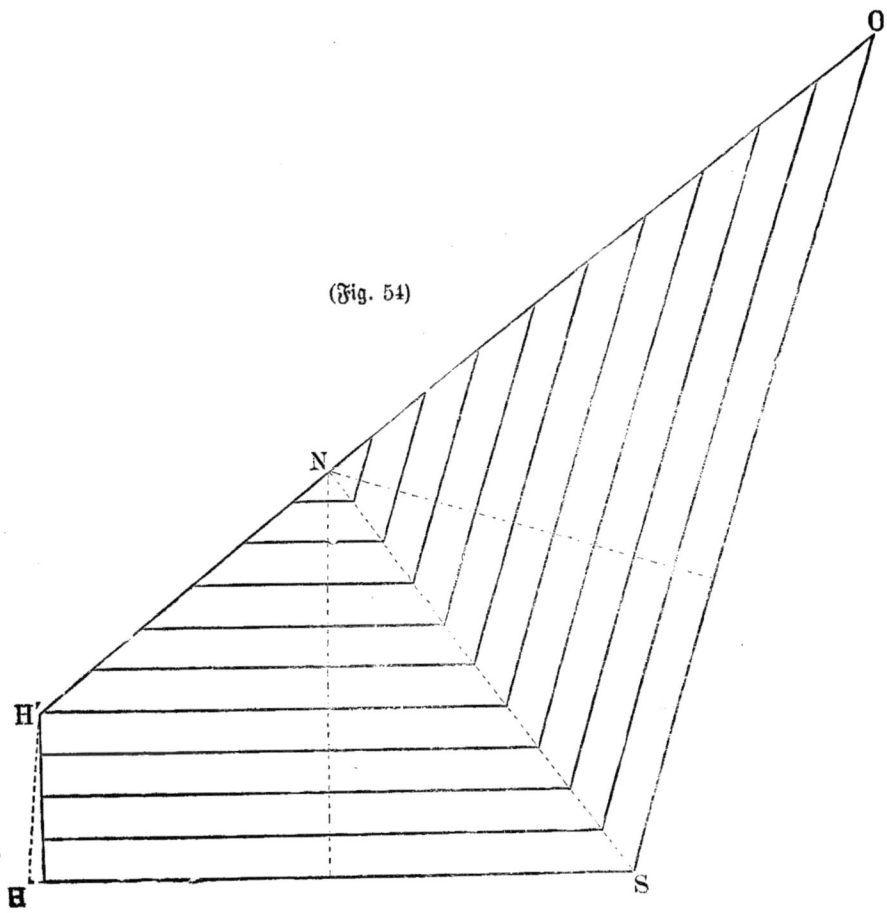

(Fig. 54)

Es wird durch die Halbirung: Vorn oben I. = 9,55 m., vorn oben II. = 5,25 m, vorn also = 14,80 m.

Das Loth aus N auf die Hinterseite = 5,60 m. : 0,57 m = 9³/₄, der Zahl der Kleider.

Vorn oben I. = 9,55 m. : 9³/₄ = 0,98 m. "Schräge" für jedes Kleid.

Nach Tafel I. entspricht 0,98 m. "Schräg" = 0,77 m. "Recht". Man hat also:

³/₄ Kleid × 0,77 m. = 7,51 m. Vorn oben I Recht.
Hinten = 12,00 »
Halbirungsschnitt = 4,49 m. im oberen Theile.

Das Loth aus H' auf die verlängerte Unterseite giebt den Halsenschnitt $= 0{,}20$ m.

Vorn am Mast $= 2{,}20$ m. : $0{,}57$ m. $=$ annähernd $3\,^7/_8$, der Kleiderzahl vorn am Mast. Das Loth aus N auf die Unterseite $= 5{,}60$ m. : $0{,}57$ m. ergiebt die Zahl der Kleider an der Halbirungsnaht $= 9\,^3/_4$. Unterschied $= 5\,^7/_8$ Kleider vorn oben II.

Der Halsenschnitt $= 0{,}20$ m. : $3\,^7/_8 =$ annähernd $0{,}05$ m. für jedes Kleid.

Vorn oben II. $= 5{,}25$ m. : $5\,^7/_8 =$ annähernd $0{,}89$ m. „Schräge" für jedes Kleid. Es ist

(Nach Tafel I)

	Vorn oben II Schräg	Recht.
das $^1/_8$ Kleid am oberen Hals	$= 0{,}11$ m.	$= 0{,}08$ m.
„ 1. „	$= 0{,}89$ „	$= 0{,}66$ „
„ 2. „	$= 0{,}89$ „	$= 0{,}66$ „
„ 3. „	$= 0{,}90$ „	$= 0{,}67$ „
„ 4. „	$= 0{,}90$ „	$= 0{,}67$ „
„ 5. „	$= 0{,}90$ „	$= 0{,}67$ „
„ $^3/_4$ „	$= 0{,}66$ „	$= 0{,}50$ „

Vorn oben II Schräg $= 5{,}25$ m. Vorn oben II Recht $= 3{,}91$ m.
— Halsenschnitt $= 0{,}20$ „
$= 3{,}71$ m.
Unten $= 8{,}20$ „

Im unteren Theile Halbirungsschnitt $= 4{,}49$ m.

Diese $4{,}49$ m. auf $9\,^3/_4$ Kleider vertheilt, giebt für jedes Kleid $0{,}46$ m.

Wenngleich diese Art Viereckform etwas schwieriger zu berechnen und zuzuschneiden ist, so sind solche Segel doch immerhin zu empfehlen, weil sie auf die Dauer ihren Stand besser als die eintheiligen behalten.

Ein Gaffeltopsegel, Viereckform, zweitheilig (Fig. 55), vorn 9 m., unten 7 m., hinten $6{,}50$ m., oben $2{,}70$ m. Tuchbreite $= 0{,}60$ m., Nahtbreite $= 0{,}03$ m. Der Winkel am Hals mißt $50\,^0$.

Es wird durch die Halbirungslinie vorn oben $= 3{,}30$ m., vorn unten $= 5{,}70$ m., vorn also $= 9$ m. sein.

Das Loth aus R auf die Hinterseite giebt den Rackschnitt $= 0{,}17$ m.

Das Loth aus N auf die Hinterseite $= 4{,}28$ m. : $0{,}57$ m. ergiebt die Zahl der Kleider an der Halbirungsnaht $= 7\,^1/_2$. Oben $= 2{,}70$ m. : $0{,}57$ m. ergiebt die Zahl der Kleider oben $= 4\,^3/_4$. Unterschied $= 2\,^3/_4$ Kleider vorn oben.

Der Rackschnitt $0{,}17$ m. : $4\,^3/_4 = 0{,}03$ resp. $0{,}04$ m. für jedes Kleid.

Vorn oben $3{,}30$ m. : $2\,^3/_4 = 1{,}20$ m. „Schräge" für jedes Kleid. Es entspricht:

(Nach Tafel I)

Vorn oben Schräg das $^1/_4$ Kleid am Rack	$= 0{,}30$ m.	$= 0{,}26$ m. Vorn oben Recht.
„ 1. „	$= 1{,}20$ „	$= 1{,}04$ „
„ 2. „	$= 1{,}20$ „	$= 1{,}04$ „
„ $^1/_2$ „	$= 0{,}60$ „	$= 0{,}52$ „

Vorn oben Schräg $= 3{,}30$ m. $= 2{,}86$ m. Recht.

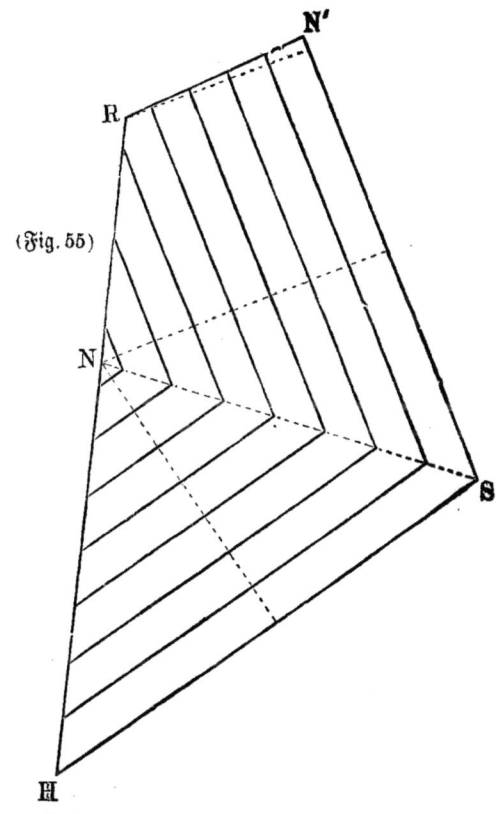

(Fig. 55)

Nackschnitt = 0,17 m.
Vorn oben Recht = 2,86 »
Summe = 3,03 m.
Hinten = 6,50 »
Unterschied = 3,47 m. Halbirungsschnitt im oberen Theile.

Das Loth aus N auf die Unterseite = 4,28 m. : 0,57 m. giebt die Zahl der Kleider = $7^1/_2$.
Vorn unten = 5,70 m. : $7^1/_2$ = 0,76 m. „Schräge" für jedes Kleid.
(Nach Tafel I)

Vorn unten Schräg vom Hals das 1. Kleid = 0,76 m. = 0,47 m. vorn unten Recht.
   » 2. » = 0,76 » = 0,47
   » 3. » = 0,76 » = 0,47
   » 4. » = 0,76 » = 0,47
   » 5. » = 0,76 » = 0,47
   » 6. » = 0,76 » = 0,47
   » 7. » = 0,76 » = 0,47
   » $^1/_2$ » = 0,38 » = 0,24
Vorn unten Schräg = 5,70 m. = 3,53 m. vorn unten Recht.
= 7,00 m. unten.
Im unteren Theile Halbirungsschnitt = 3,47 m.

Diese 3,47 m. auf 7½ Kleider vertheilt, giebt für jedes derselben annähernd 0,46 m.

Eine Bramrahe mißt zwischen den Scheibengaten 8,80 m., eine Marsrahe zwischen den Scheibengaten 12,50 m., die Distanz zwischen beiden Rahen 6 m. Das Stag liegt 0,90 m. über der Marsrahe. Es soll ein Bramsegel (Tuchbreite 0,61 m., Nahtbreite 0,03 m.) und ein Bramleesegel (Tuchbreite 0,70 m., Nahtbreite 0,03 m) gemacht werden.

Nimmt man die Nocken des Bramsegels 0,35 m. innerhalb der Scheibengaten, so wird man für die oberen Breite des Bramsegels 8,10 : 0,58 = 14 Kleider bedürfen. Bleiben die Schooten der Breite nach um 0,45 m. von den Scheibengaten, so wird der Fuß 11,60 : 0,58 = 20 Kleider breit werden. Läßt man sie ferner in der Höhe um 0,30 m. von der Marsrahe entfernt bleiben, so wird die Seite des Segels im lothrechten Abstande oder ins „Rechte" = 5,70 m., und die Mitte = 5,10 m. sein; demnach der Fuß 0,60 m. Schooten=schnitt bekommen.

Da man oben und unten eine gerade Kleiderzahl hat, so nimmt man in der Mitte die Naht.

Der Unterschied zwischen der oberen und unteren Breite ist auf jeder Seite 3 Kleider; auf diese die Seite „Recht" = 5,70 m. ver= theilt, giebt für jedes Kleid 1,90 m. „Recht". Da keine Gillung nöthig ist, so werden alle Kleider gleichmäßig geschnitten.

Auf den Fuß theilt man die 0,60 m. Schootenschnitt, wie folgt, ein. Es erhalten:

die 2 ersten Kleider von der Mitte	= 0,00 m.
das 3. Kleid	= 0,01 "
" 4. "	= 0,02 "
" 5. "	= 0,04 "
" 6. "	= 0,06 "
" 7. "	= 0,08 "
" 8. "	= 0,10 "
" 9. "	= 0,13 "
" 10. "	= 0,16 "
Schootenschnitt	= 0,60 m.

Bramsegel oben 8,10 m., unten 11,60 m.
Bramleesegel oben 2,70 m., unten 4,64 m.

Da es bei Leesegeln hinsichtlich der Größe auf keine besondere Genauigkeit ankommt, so kann man auf der schrägen oberen und unteren Breite die Kleiderzahl berechnen, dadurch wird das Segel etwas größer.

Man nimmt also die Innenseite = 5 m. (annähernd die Mitte des Bramsegels), die Außenseite = 5,90 m. (annähernd die Außen= seite „Schräg" des Bramsegels). Die obere Seite würde man, wenn die Tuchbreite 0,60 m. beträgt, mit 0,15 m. anschneiden müssen, da ein ziemlicher Unterschied zwischen der Breite der Rahen und das Bramsegel nicht tief ist. Bei 0,70 m. Tuchbreite würde man demnach 0,175 m. für jedes Kleid zu nehmen haben. 4 × 0,175 m. = 0,70 m. „Schräge" oben.

2,70 m. : 0,67 m. = 4, der Zahl der Kleiber oben. 4,64 m. : 0,67 m. = 7, der Zahl der Kleiber unten. Unterschied = 3 Kleiber.

Außenseite = 5,90 m. : 3 = annähernd 1,97 m. „Schräge" für jedes Kleid und zwar erhalten

(Nach Tafel XI)

das 1. Kleid von oben = 1,97 m. = 1,84 m.
 „ 2.   „   = 1,97 »   = 1,84 »
 „ 3.   „   = 1,96 »   = 1,83 »

Außenseite Schräg = 5,90 m.   Außen Recht = 5,51 m.

Schräg oben = 0,70 m.
Außen Recht = 5,51 »
Summe = 6,21 m.
Innenseite = 5,00 »
Unterschied = 1,21 m. Schootenschnitt.

Diesen Schootenschnitt auf den Fuß des Segels gleichmäßig vertheilt, ergiebt für jedes Kleid annähernd 0,17 m.

Wollte man in Betreff der Kleiderzahl genau verfahren, so hätte man nach der Construction für die obere Breite das Loth von der Außennocke auf die Innenseite, für die untere von der Außenschoote auf die verlängerte Innenseite zu fällen, um auf beiden die Kleiderzahl zu suchen.

Ein Lateinsegel mißt vorn 3 m., unten 6,80 m., hinten 5,80 m., oben 5,50 m. Tuchbreite 0,70 m., Nahtbreite 0,03 m. Der Winkel am unteren Hals mißt 80°.

Das Loth aus dem oberen Hals auf die Hinterseite ergiebt den Rackschnitt = 1,20 m.

Das Loth aus dem unteren Hals = 6,70 m. : 0,67 m., = 10 der Zahl der Kleider unten. Das Loth aus dem oberen Hals = 5,40 m. : 0,67 m., = 8, der Zahl der Kleider oben. Unterschied = 2 Kleider vorn.

Den Rackschnitt = 1,20 m. auf 8 Kleider vertheilt, giebt für jedes Kleid 0,15 m.

Vorn = 3 m. : 2 = 1,50 m. „Schräge" für jedes Kleid.

Nach Tafel XI. entsprechen 1,50 m. „Schräg" = 1,32 m. „Recht". Man hat also 2 × 1,32 m. = 2,64 m. vorn „Recht".

Rackschnitt = 1,20 m.
Vorn Recht = 2,64 »
Summe = 3,84 m.
Hinten = 5,80 »
Unterschied = 1,96 m. Halsenschnitt.

Vertheilt man diesen Halsenschnitt nebst der Rundung auf die Unterseite, so bekommt

das 1. Kleid vom Schoothorn = 0,04 m.
» 2. » = 0,06 »
» 3. » = 0,08 »
» 4. » = 0,11 »
» 5. » = 0,15 »
» 6. » = 0,20 »
» 7. » = 0,25 »
» 8. » = 0,30 »
» 9. » = 0,35 »
» 10. » = 0,42 »

Halsenschnitt = 1,96 m.

Ein **Spritsegel**, vorn 4 m., unten 5,20 m. hinten 6,50 m., oben 3,70 m. Tuchbreite 0,61 m., Nahtbreite 0,03 m. Der Winkel am Hals mißt 85°.

Das Loth aus dem Rack auf die Hinterseite giebt den Rackschnitt = 1,28 m.

Das Loth aus dem Hals = 4,05 m. : 0,58 m = $8^{1}/_{2}$, der Zahl der Kleider unten. Das Loth aus dem Rack = 3,50 m. : 0,58 m. = 6, der Zahl der Kleider oben. Unterschied = $2^{1}/_{2}$ Kleider vorn.

Vorn 4 m. : $2^{1}/_{2}$ = 1,60 m. „Schräge" für jedes Kleid vorn.

Es erhält also

(Nach Tafel II)

vorn Schräg das 1. Kleid vom Rack = 1,60 m. = 1,47 m. vorn Recht.
» 2. » = 1,60 » = 1,47 »
» 3. » = 0,80 » = 0,73 »

Vorn Schräg = 4,00 m. = 3,67 m. vorn Recht.

Es ist der Rackschnitt = 1,28 m. : 6 = 0,21 m. für jedes Kleid.

Rackschnitt = 1,28 m.
Vorn Recht = 3,67 »
Summe = 4,95 m.
Hinten = 6,50 »
Unterschied = 1,55 m. Halsenschnitt.

Vertheilt man letzteren auf die Unterseite, so bekommt,

das 1. Kleid vom Schoothorn = 0,05 m.
» 2. » = 0,08 »
» 3. » = 0,11 »
» 4. » = 0,14 »
» 5. » = 0,17 »
» 6. » = 0,21 »
» 7. » = 0,26 »
» 8. » = 0,33 »
» $^{1}/_{2}$ » = 0,20 »

Halsenschnitt = 1,55 m.

IV.
Veränderungen der Segel.

Da man oft Segel an Bord hat, welche nicht gut stehen oder passen, so dürften einige Bemerkungen, durch welche Aenderungen schlecht stehende Segel zu verbessern sind, hier am Platze sein.

In manchen Fällen hat der schlechte Stand seinen Grund in der Bearbeitung, oft liegt er aber auch am Schnitt oder ist in Folge der Form des Segels mit der Zeit eingetreten.

Gesetzt, ein eintheiliger Klüber, hoch im Schoothorn, hätte neu keine Rundung genug an der Vorderseite erhalten, so wird sich sehr bald Spannung vom Schoothorn quer über das Tuch einstellen und die Unterseite lose liegen.

Um diesem Uebelstande abzuhelfen, muß man das Vorderleik vom Hals bis zur Stelle, wo die Spannung oder der Schenkel des rechten Winkels im Schoothorn sich befindet, abtrennen, den Saum lösen, und vom Hals, aufwärts allmählich verlaufend, etwas abnehmen; doch muß das Segel an der Stelle, wo die Spannung ist, seine volle Breite behalten. Wie viel abzunehmen ist, muß man nach dem Stand des Segels beurtheilen. Auch kann man, wenn die Spannung nicht sehr stark, die Nähte unterhalb des Schenkels des rechten Winkels im Schoothorn lösen und unten breiter auslaufen lassen, dadurch erreicht man denselben Zweck.

Sollte das Segel oberhalb des erwähnten Schenkels bauchig sein, so ist die Vorderseite nach oben nicht gerade genug, sondern zu sehr abgerundet genommen (siehe Erklärung Figur 10). Um diesen Fehler zu verbessern, muß man das Vorderleik abnehmen und die Vorderseite nach oben gerade schneiden; doch hat das Segel auch in diesem Falle auf dem Schenkel des rechten Winkels im Schoothorn seine Breite zu behalten.

Ist einem Stagsegel beim Ableiken der Hinterseite keine Lose im Leik gegeben, so werden die hinteren Kleider sich förmlich aufbauchen, demnach beim Winde mehr Schaden als Nutzen bringen. Man hat dann das Leik loser zu nehmen, damit das Segel flach (platt) zu stehen kommt.

Hat ein Stagsegel unten Rundung und das Leik ist nicht lose angesetzt, so wird ersteres sich spannen und einen Sack an der Unterseite bilden.

Bei einem Stagsegel, welches an der Hinterseite klappert, sind entweder die Kleider oben nicht gleichmäßig geschnitten, d. h. die ersten Kleider sind mit mehr „Schräge" angeschnitten als die folgenden, so daß in Folge dessen die Hinterseite lose kommen muß, oder die Schoote liegt zu horizontal, so daß die Hinterseite nicht zum Tragen kommt. Im ersteren Falle muß man oben an der Vorderseite, vielleicht an 2 Kleidern verlaufend, etwas abnehmen, dadurch wird die Hinterseite

mehr angezogen, im anderen Falle der Schoote eine mehr vertikale
Richtung geben.

Klappert ein Stagsegel an der Unterseite, so sind dort die Nähte
zu verbreitern, das Leik muß jedoch wieder lose angenäht werden.

Ein zweitheiliger Klüver hat unten und hinten zu viel Lose, so
daß derselbe sich auf der Halbirungsnaht spannt. Man löst dann das
Schootleik und die Halbirungsnaht, um im Schoothorn an der Hinter=
und der Unterseite zu kürzen.

Gesetzt, es sollte ein zweitheiliger Klüver aus 7 Kleidern geändert
und an der Hinter= und der Unterseite um 0,35 m. gekürzt werden, so
hat man von jedem Kleide 0,05 zu nehmen, und zwar beginnt man bei
dem 1. Kleide an der Vorderseite von der Halbirungsnaht und arbeitet
dann dem Schoothorn zu. Vom ersten Kleide nimmt man 0,05 m.,
vom zweiten 0,10 m. und so fort bis das letzte, das Kleid im Schoot=
horn, um 0,35 m. gekürzt ist; alsdann wird die Halbirungsnaht wieder
genäht. Hat man das Leik im Schoothorn so weit, wie zum Spliß
erforderlich, vom Segel losgetrennt, so werden die einzelnen Kardelen
auf drei verschiedenen Stellen durchschnitten, soweit auseinander ge=
dreht, wie gekürzt werden muß, und dann wieder zusammengelegt.
In dieser Weise erfordert die Aenderung des Segels weniger Arbeit,
als wenn man das ganze Schootleik abtrennt und versplißt. Das
Segel wird dann etwas Rundung an der Vorderseite erhalten, die
Halbirungsnaht wird lose werden und die Hinter= und die Unterseite
mehr zum Tragen kommen.

Rahsegel zu ändern.

Ein Rahsegel ist oben und unten zu breit. Das Zweckmäßigste
wird sein, das Segel in der Mitte zu verkleinern, weil dies mit der
geringsten Arbeit verbunden ist. Man schneidet am Ober= und Unter=
leik die Kardelen auf drei verschiedenen Stellen, wie beim Klüver
angegeben, durch, trennt dann, wenn eine Mittelnaht vorhanden, die=
selbe auf und nimmt von beiden Kleidern so viel ab, wie das Segel
schmaler werden soll. Dasselbe geschieht mit der Verdoppelung an der
Hinterseite, worauf die Naht wieder zusammengenäht, das Leik, wie
vorhin erklärt, gekürzt und wieder angesetzt wird. Hat das Segel ein
Mittelkleid, so kann man aus diesem so viel herausnehmen, wie das
Segel schmäler werden soll und es dann wieder durch eine Naht ver=
binden. Auf diese Weise läßt sich die Aenderung leichter vornehmen,
als wenn man die beiden Seiten losnehmen würde.

Ist ein Rahsegel oben passend, unten jedoch zu schmal, so ist es
am besten, ein Kleid oder so viel, wie das Segel am Fuße verbreitert
werden soll, in der Mitte von oben nach unten einzusetzen, darauf die
Nocken und einen Theil der Seitenleike zu lösen und oben jede Seite
des Segels wieder zu verschmälern, indem man die Schrägung
allmählich auslaufen läßt. Einen Keil in die Mitte oder an jeder
Seite einzusetzen ist nicht thunlich, es würde dann das Segel schwer=
lich einen guten Stand bekommen. Am Leik werden die Kardelen

auf die vorhin angegebene Art durchgeschnitten, um ersteres dann durch Einlegung einer Karbele zu verlängern. Die Entfernung der Durch=schnitte von einander ist ganz von der Verlängerung, welche das Leik erhalten soll, abhängig; je länger man dasselbe haben will, um so weiter müssen die Durchschnitte von einander entfernt sein. Hat man die Karbelen an geeigneten Stellen durchgeschnitten, so werden sie von jeder Seite bis zur Mitte auseinander genommen und wieder so zu=sammen gelegt, daß jede Karbele mit der ihr znnächstliegenden von der entgegengesetzten Seite verspließt werden kann. Die zum Ver=längern bestimmte Karbele wird von dem äußeren Durchschnitt der einen Seite nach dem der anderen Seite eingelegt und verspließt.

Ist ein Rahsegel unten passend, oben zu schmal, so verfährt man am zweckmäßigsten, wenn man den Betrag, um den es oben breiter sein soll, von oben nach unten in die Mitte einsetzt und dann das Segel in den Schooten und am Seitenleik verschmälert. Man braucht indessen nicht die ganze Seite zu lösen, vielmehr wird es genügen, auf etwa einem Drittel des Segels die „Schräge" auslaufen zu lassen, weil es gewöhnlich Gillung besitzt und in den Schooten etwas aus=geholt ist.

Ist ein Rahsegel unten passend, oben zu breit, so muß man von den Nocken, an den Seiten verlaufend, vom Tuche abnehmen; ist es oben passend, unten zu breit, so muß man von den Schooten, an den Seiten verlaufend, abnehmen.

Ist ein Rahsegel zu tief, so läßt es sich am besten oben ver=kleinern. Will man die Arbeit des Leikablösens sparen, so trennt man den oberen Saum auf, schneidet hier das Tuch eben unter dem Saum, durch und dann vom Segel den Betrag, um den man kürzen will, ab, setzt mit runder Naht das obere Stück wieder an und näht den Saum welcher die runde Naht verdeckt. Stimmt die Breite des Segels dort, wo es zusammengenäht ist, nicht, so kann man den Unterschied auf jeder Seite auslaufen lassen.

Will man den Saum mit wegfallen lassen, so hat man die Gaten von Neuen aufzusetzen und das Rahleik wieder anzunähen.

Sonstige kleine Aenderungen an Segeln wird Jeder nach seinem eigenen Ermessen leicht treffen können, man hat nur immer darauf zu achten, daß das Segel passend wird, einen guten Stand behält und daß Veränderungen mit der möglichst geringen Arbeit und wenigen Auslagen zu machen sind.

So oft auch schon darüber gestritten ist, welches Segeltuch das beste sei, eben so oft sind auch verschiedene Ansichten geäußert.

Obschon es schwer ist, hierüber ein richtiges Urtheil abzugeben, so findet man doch häufig, daß gerade deutsche Kapitäne das englische und schottische Segeltuch für besser halten als das deutsche. Aber weshalb stellt man das deutsche Tuch gegen ausländisches zurück? Leider hat der Deutsche gewöhnlich eine höhere Meinung von aus=

ländischen, als von seinen eigenen Landesfabrikaten. Weshalb sollte in Deutschland nicht ein eben so gutes Tuch verfertigt werden können, wie im Auslande? Oder denkt man etwa, daß die Ausländer gewissenhafter in Betreff der Bearbeitung sind, als die Deutschen? Wenn nicht gesagt sein soll, daß hierin absichtlich gesündigt wird, so ist doch anzunehmen, daß jedem Fabrikanten der bleibende Ruf seiner Firma ungleich höher am Herzen liegt, als ein vorübergehender Gewinn.

Es mag dahin gestellt bleiben, aus welchem Grunde Kapitäne zu einem solchen Urtheil kommen. Gewiß hat Jeder schon mehrere Arten Segeltuch verbraucht; es kommt aber besonders darauf an, wie das Tuch verbraucht und wie die Segel behandelt werden.

Es gereicht keinem Schiffer oder Steuermann zur Ehre, Segel wegfliegen zu lassen, im Gegentheil ist der, welcher zu segeln versteht und dabei die Segel rechtzeitig zu bergen weiß, jedenfalls für umsichtiger und geschickter zu halten. Wie häufig findet man, daß gerade bei Böen die Segel verloren gehen und doch sollte eigentlich keine Bö ein Schiff überraschen, wenn der wachthabende Offizier seine Schuldigkeit thut, weil sie, mit Ausnahme der weißen Bö, stets von Warnungszeichen begleitet ist, welche von dem aufmerksamen Seemann nicht mißverstanden werden können.

Wie man dann zu handeln hat, ob das Schiff mit losen Segeln an den Wind kommen, oder abgehalten werden muß, je nachdem man Seeraum hat oder nicht, das muß Jedem selbst überlassen bleiben; wer sich aber mit allen Segeln von einer Bö überraschen läßt, der mag sehen, wie er am besten fährt; die Strafe für seine Nachlässigkeit wird gewiß nicht ausbleiben. Nur darf man dann die Schuld nicht auf die Segel schieben, daß diese nicht ausgehalten haben, denn die besten Segel können unter solchen Umständen verloren gehen.

Ich habe während meiner Fahrzeit verschiedene Tuche verarbeitet und am Bord verbraucht und immer darauf geachtet, wie dieselben sich bewährten; ich muß aber gestehen, daß ich das deutsche Segeltuch von C. W. Delius in Versmold als eins der besten befunden habe, das sich mit allen anderen Tuchen messen kann. Delius „Kern" ist eine ganz vorzügliche Sorte, die sich zu neuen Segeln sehr eignet, doch kann man auch „Kron" ganz gut dazu verwenden. Die Sorte „Marke" ist zum Ausbessern der Segel gut und genügend stark, denn es würde nicht practisch sein, wollte man ein Segel mit schwererem Tuch, als das alte z. B. bei der Anfertigung gewesen, ausbessern.

Ein Segel gar zu lange ausbessern, ist nicht thunlich, weil es durch zu häufiges Ausflicken den guten Stand verliert; vortheilhafter ist es, das Segel in den Passaten genügend abzunutzen, das beste Tuch dann herauszutrennen und zu anderen Segeln zu verarbeiten, oder, wenn reichlich davon vorhanden, leichte Segel, wie Unterleisegel, Stagsegel ꝛc. daraus zu verfertigen. Letzteres wird für Jeden, der mit dem Zuschneiden und der Bearbeitung Bescheid weiß, keine großen Schwierigkeiten bieten.

Erklärung der Tafeln.

Die Tafeln enthalten zu irgend einer schrägen Seite von $0{,}60$ m., der geringsten Tuchbreite, bis zu 4 m. die dazu gehörige rechte Seite, d. h. zu irgend einer Hypothenuse die anliegende Kathete. Die Tuchbreite ist hier immer die gegenüberliegende Kathete und kann man demnach irgend einer schrägen die rechte Seite der Strich- oder Koppeltafel in Graben entnehmen. Da die Breite des meisten Segeltuches zwischen $0{,}60$ m. und $0{,}70$ m. beträgt, so sind zu diesen Werthen die Tafeln beigefügt. Sollte Jemand eine Tuchbreite zu verarbeiten haben, die nicht angegeben, so kann er die Werthe leicht aus der Koppeltafel finden. Gesetzt, man hätte eine Tuchbreite von $0{,}55$ m. für ein Segel zu verarbeiten und findet die schräge Seite eines Kleides $= 1{,}17$ m., so ergiebt sich aus der Koppeltafel unter $1{,}17$ als Distanz und $0{,}55$ Abweitung, der Breitenunterschied oder die rechte Seite $= 1{,}03$ m. Oder die Tuchbreite wäre $0{,}75$ m., und die schräge Seite eines Kleides $1{,}08$ m., so ist der zugehörige Breitenunterschied oder die rechte Seite $= 0{,}78$ m. Ist man nicht im Besitze der Koppeltafel, so läßt sich die rechte Seite auch durch Messung finden. Da zur Berechnung der Segel der ganzen Centimeter vollkommen genügt, so sind die Bruchtheile fortgelassen.

Tafel I.

Tuchbreite 0,60 m.

Schräg	Recht	Schräg	Recht	Schräg	Recht	Schräg	Recht	Schräg	Recht
0,61 m =	0,11 m	1,10 m =	0,92 m	1,60 m =	1,48 m	2,10 m =	2,01 m	2,60 m =	2,53 m
0,62 »	0,16 »	1,11 »	0,93 »	1,61 »	1,49 »	2,11 »	2,03 »	2,61 »	2,54 »
0,63 »	0,20 »	1,12 »	0,95 »	1,62 »	1,50 »	2,12 »	2,04 »	2,62 »	2,55 »
0,64 »	0,23 »	1,13 »	0,96 »	1,63 »	1,51 »	2,13 »	2,05 »	2,63 »	2,56 »
0,65 »	0,26 »	1,14 »	0,97 »	1,64 »	1,53 »	2,14 »	2,06 »	2,64 »	2,57 »
0,66 »	0,28 »	1,15 »	0,98 »	1,65 »	1,54 »	2,15 »	2,07 »	2,65 »	2,58 »
0,67 »	0,30 »	1,16 »	0,99 »	1,66 »	1,55 »	2,16 »	2,08 »	2,66 »	2,59 »
0,68 »	0,32 »	1,17 »	1,00 »	1,67 »	1,56 »	2,17 »	2,09 »	2,67 »	2,60 »
0,69 »	0,34 »	1,18 »	1,01 »	1,68 »	1,57 »	2,18 »	2,10 »	2,68 »	2,61 »
		1,19 »	1,03 »	1,69 »	1,58 »	2,19 »	2,11 »	2,69 »	2,62 »
0,70 m =	0,36 m	1,20 m =	1,04 m	1,70 m =	1,59 m	2,20 m =	2,12 m	2,70 m =	2,63 m
0,71 »	0,38 »	1,21 »	1,05 »	1,71 »	1,60 »	2,21 »	2,13 »	2,71 »	2,64 »
0,72 »	0,40 »	1,22 »	1,06 »	1,72 »	1,61 »	2,22 »	2,14 »	2,72 »	2,65 »
0,73 »	0,42 »	1,23 »	1,07 »	1,73 »	1,62 »	2,23 »	2,15 »	2,73 »	2,66 »
0,74 »	0,44 »	1,24 »	1,08 »	1,74 »	1,63 »	2,24 »	2,16 »	2,74 »	2,67 »
0,75 »	0,46 »	1,25 »	1,09 »	1,75 »	1,64 »	2,25 »	2,17 »	2,75 »	2,68 »
0,76 »	0,47 »	1,26 »	1,11 »	1,76 »	1,65 »	2,26 »	2,18 »	2,76 »	2,69 »
0,77 »	0,48 »	1,27 »	1,12 »	1,77 »	1,66 »	2,27 »	2,19 »	2,77 »	2,70 »
0,78 »	0,50 »	1,28 »	1,13 »	1,78 »	1,67 »	2,28 »	2,20 »	2,78 »	2,71 »
0,79 »	0,52 »	1,29 »	1,14 »	1,79 »	1,68 »	2,29 »	2,21 »	2,79 »	2,72 »
0,80 m =	0,53 m	1,30 m =	1,15 m	1,80 m =	1,69 m	2,30 m =	2,22 m	2,80 m =	2,74 m
0,81 »	0,54 »	1,31 »	1,16 »	1,81 »	1,71 »	2,31 »	2,23 »	2,81 »	2,75 »
0,82 »	0,56 »	1,32 »	1,17 »	1,82 »	1,72 »	2,32 »	2,24 »	2,82 »	2,76 »
0,83 »	0,58 »	1,33 »	1,18 »	1,83 »	1,73 »	2,33 »	2,25 »	2,83 »	2,77 »
0,84 »	0,59 »	1,34 »	1,19 »	1,84 »	1,74 »	2,34 »	2,26 »	2,84 »	2,78 »
0,85 »	0,60 »	1,35 »	1,20 »	1,85 »	1,75 »	2,35 »	2,27 »	2,85 »	2,79 »
0,86 »	0,62 »	1,36 »	1,21 »	1,86 »	1,76 »	2,36 »	2,28 »	2,86 »	2,80 »
0,87 »	0,63 »	1,37 »	1,23 »	1,87 »	1,77 »	2,37 »	2,29 »	2,87 »	2,81 »
0,88 »	0,64 »	1,38 »	1,24 »	1,88 »	1,78 »	2,38 »	2,30 »	2,88 »	2,82 »
0,89 »	0,66 »	1,39 »	1,25 »	1,89 »	1,79 »	2,39 »	2,31 »	2,89 »	2,83 »
0,90 m =	0,67 m	1,40 m =	1,26 m	1,90 m =	1,80 m	2,40 m =	2,33 m	2,90 m =	2,84 m
0,91 »	0,69 »	1,41 »	1,28 »	1,91 »	1,81 »	2,41 »	2,34 »	2,91 »	2,85 »
0,92 »	0,70 »	1,42 »	1,29 »	1,92 »	1,82 »	2,42 »	2,35 »	2,92 »	2,86 »
0,93 »	0,71 »	1,43 »	1,30 »	1,93 »	1,83 »	2,43 »	2,36 »	2,93 »	2,87 »
0,94 »	0,72 »	1,44 »	1,31 »	1,94 »	1,84 »	2,44 »	2,37 »	2,94 »	2,88 »
0,95 »	0,74 »	1,45 »	1,32 »	1,95 »	1,85 »	2,45 »	2,38 »	2,95 »	2,89 »
0,96 »	0,75 »	1,46 »	1,33 »	1,96 »	1,86 »	2,46 »	2,39 »	2,96 »	2,90 »
0,97 »	0,76 »	1,47 »	1,34 »	1,97 »	1,87 »	2,47 »	2,40 »	2,97 »	2,91 »
0,98 »	0,77 »	1,48 »	1,35 »	1,98 »	1,88 »	2,48 »	2,41 »	2,98 »	2,92 »
0,99 »	0,79 »	1,49 »	1,36 »	1,99 »	1,89 »	2,49 »	2,42 »	2,99 »	2,93 »
1,00 m =	0,80 m	1,50 m =	1,37 m	2,00 m =	1,90 m	2,50 m =	2,43 m	3,00 m =	2,94 m
1,01 »	0,81 »	1,51 »	1,38 »	2,01 »	1,91 »	2,51 »	2,44 »	3,10 »	3,04 »
1,02 »	0,82 »	1,52 »	1,40 »	2,02 »	1,93 »	2,52 »	2,45 »	3,20 »	3,14 »
1,03 »	0,83 »	1,53 »	1,41 »	2,03 »	1,94 »	2,53 »	2,46 »	3,30 »	3,24 »
1,04 »	0,85 »	1,54 »	1,42 »	2,04 »	1,95 »	2,54 »	2,47 »	3,40 »	3,34 »
1,05 »	0,86 »	1,55 »	1,43 »	2,05 »	1,96 »	2,55 »	2,48 »	3,50 »	3,45 »
1,06 »	0,87 »	1,56 »	1,44 »	2,06 »	1,97 »	2,56 »	2,49 »	3,60 »	3,55 »
1,07 »	0,88 »	1,57 »	1,45 »	2,07 »	1,98 »	2,57 »	2,50 »	3,70 »	3,65 »
1,08 »	0,89 »	1,58 »	1,46 »	2,08 »	1,99 »	2,58 »	2,51 »	3,80 »	3,75 »
1,09 »	0,91 »	1,59 »	1,47 »	2,09 »	2,00 »	2,59 »	2,52 »	3,90 »	3,85 »

Tafel II.

Tuchbreite 0,61 m.

Schräg	Recht	Schräg	Recht	Schräg	Recht	Schräg	Recht	Schräg	Recht
		1,10 m =	0,91 m	1,60 m =	1,47 m	2,10 m =	2,01 m	2,60 m =	2,52 m
		1,11 »	0,92 »	1,61 »	1,48 »	2,11 »	2,02 »	2,61 »	2,54 »
0,62 m =	0,11 m	1,12 »	0,94 »	1,62 »	1,50 »	2,12 »	2,03 »	2,62 »	2,55 »
0,63 »	0,15 »	1,13 »	0,95 »	1,63 »	1,51 »	2,13 »	2,04 »	2,63 »	2,56 »
0,64 »	0,19 »	1,14 »	0,96 »	1,64 »	1,52 »	2,14 »	2,05 »	2,64 »	2,57 »
0,65 »	0,22 »	1,15 »	0,97 »	1,65 »	1,53 »	2,15 »	2,06 »	2,65 »	2,58 »
0,66 »	0,25 »	1,16 »	0,98 »	1,66 »	1,54 »	2,16 »	2,07 »	2,66 »	2,59 »
0,67 »	0,27 »	1,17 »	0,99 »	1,67 »	1,55 »	2,17 »	2,08 »	2,67 »	2,60 »
0,68 »	0,30 »	1,18 »	1,01 »	1,68 »	1,56 »	2,18 »	2,09 »	2,68 »	2,61 »
0,69 »	0,32 »	1,19 »	1,02 »	1,69 »	1,57 »	2,19 »	2,10 »	2,69 »	2,62 »
0,70 m =	0,34 m	1,20 m =	1,03 m	1,70 m =	1,59 m	2,20 m =	2,11 m	2,70 m =	2,63 m
0,71 »	0,36 »	1,21 »	1,04 »	1,71 »	1,60 »	2,21 »	2,12 »	2,71 »	2,64 »
0,72 »	0,38 »	1,22 »	1,06 »	1,72 »	1,61 »	2,22 »	2,13 »	2,72 »	2,65 »
0,73 »	0,40 »	1,23 »	1,07 »	1,73 »	1,62 »	2,23 »	2,14 »	2,73 »	2,66 »
0,74 »	0,41 »	1,24 »	1,08 »	1,74 »	1,63 »	2,24 »	2,15 »	2,74 »	2,67 »
0,75 »	0,43 »	1,25 »	1,09 »	1,75 »	1,64 »	2,25 »	2,16 »	2,75 »	2,68 »
0,76 »	0,45 »	1,26 »	1,10 »	1,76 »	1,65 »	2,26 »	2,17 »	2,76 »	2,69 »
0,77 »	0,47 »	1,27 »	1,11 »	1,77 »	1,66 »	2,27 »	2,18 »	2,77 »	2,70 »
0,78 »	0,49 »	1,28 »	1,12 »	1,78 »	1,67 »	2,28 »	2,19 »	2,78 »	2,71 »
0,79 »	0,50 »	1,29 »	1,14 »	1,79 »	1,68 »	2,29 »	2,20 »	2,79 »	2,72 »
0,80 m =	0,51 m	1,30 m =	1,15 m	1,80 m =	1,69 m	2,30 m =	2,21 m	2,80 m =	2,73 m
0,81 »	0,53 »	1,31 »	1,16 »	1,81 »	1,70 »	2,31 »	2,22 »	2,81 »	2,75 »
0,82 »	0,55 »	1,32 »	1,17 »	1,82 »	1,71 »	2,32 »	2,23 »	2,82 »	2,76 »
0,83 »	0,56 »	1,33 »	1,18 »	1,83 »	1,72 »	2,33 »	2,25 »	2,83 »	2,77 »
0,84 »	0,57 »	1,34 »	1,19 »	1,84 »	1,73 »	2,34 »	2,26 »	2,84 »	2,78 »
0,85 »	0,59 »	1,35 »	1,20 »	1,85 »	1,74 »	2,35 »	2,27 »	2,85 »	2,79 »
0,86 »	0,60 »	1,36 »	1,21 »	1,86 »	1,75 »	2,36 »	2,28 »	2,86 »	2,80 »
0,87 »	0,61 »	1,37 »	1,23 »	1,87 »	1,77 »	2,37 »	2,29 »	2,87 »	2,81 »
0,88 »	0,63 »	1,38 »	1,24 »	1,88 »	1,78 »	2,38 »	2,30 »	2,88 »	2,82 »
0,89 »	0,65 »	1,39 »	1,25 »	1,89 »	1,79 »	2,39 »	2,31 »	2,89 »	2,83 »
0,90 m =	0,66 m	1,40 m =	1,26 m	1,90 m =	1,80 m	2,40 m =	2,32 m	2,90 m =	2,84 m
0,91 »	0,68 »	1,41 »	1,27 »	1,91 »	1,81 »	2,41 »	2,33 »	2,91 »	2,85 »
0,92 »	0,69 »	1,42 »	1,28 »	1,92 »	1,82 »	2,42 »	2,34 »	2,92 »	2,86 »
0,93 »	0,70 »	1,43 »	1,29 »	1,93 »	1,83 »	2,43 »	2,35 »	2,93 »	2,87 »
0,94 »	0,71 »	1,44 »	1,30 »	1,94 »	1,84 »	2,44 »	2,36 »	2,94 »	2,88 »
0,95 »	0,73 »	1,45 »	1,31 »	1,95 »	1,85 »	2,45 »	2,37 »	2,95 »	2,89 »
0,96 »	0,74 »	1,46 »	1,32 »	1,96 »	1,86 »	2,46 »	2,38 »	2,96 »	2,90 »
0,97 »	0,75 »	1,47 »	1,33 »	1,97 »	1,87 »	2,47 »	2,39 »	2,97 »	2,91 »
0,98 »	0,76 »	1,48 »	1,34 »	1,98 »	1,88 »	2,48 »	2,40 »	2,98 »	2,92 »
0,99 »	0,78 »	1,49 »	1,35 »	1,99 »	1,89 »	2,49 »	2,41 »	2,99 »	2,93 »
1,00 m =	0,79 m	1,50 m =	1,37 m	2,00 m =	1,90 m	2,50 m =	2,42 m	3,00 m =	2,94 m
1,01 »	0,81 »	1,51 »	1,38 »	2,01 »	1,91 »	2,51 »	2,43 »	3,10 »	3,04 »
1,02 »	0,82 »	1,52 »	1,39 »	2,02 »	1,92 »	2,52 »	2,44 »	3,20 »	3,14 »
1,03 »	0,83 »	1,53 »	1,40 »	2,03 »	1,93 »	2,53 »	2,45 »	3,30 »	3,24 »
1,04 »	0,84 »	1,54 »	1,41 »	2,04 »	1,94 »	2,54 »	2,46 »	3,40 »	3,35 »
1,05 »	0,85 »	1,55 »	1,42 »	2,05 »	1,95 »	2,55 »	2,47 »	3,50 »	3,45 »
1,06 »	0,86 »	1,56 »	1,43 »	2,06 »	1,96 »	2,56 »	2,48 »	3,60 »	3,55 »
1,07 »	0,87 »	1,57 »	1,44 »	2,07 »	1,97 »	2,57 »	2,49 »	3,70 »	3,65 »
1,08 »	0,88 »	1,58 »	1,45 »	2,08 »	1,99 »	2,58 »	2,50 »	3,80 »	3,75 »
1,09 »	0,90 »	1,59 »	1,46 »	2,09 »	2,00 »	2,59 »	2,51 »	3,90 »	3,85 »

Tafel III.

Tuchbreite 0,62 m.

Schräg	Recht	Schräg	Recht	Schräg	Recht	Schräg	Recht	Schräg	Recht
		1,10 m =	0,91 m	1,60 m =	1,47 m	2,10 m =	2,01 m	2,60 m =	2,52 m
		1,11 »	0,92 »	1,61 »	1,48 »	2,11 »	2,02 »	2,61 »	2,53 »
		1,12 »	0,93 »	1,62 »	1,49 »	2,12 »	2,03 »	2,62 »	2,54 »
0,63 m =	0,11 m	1,13 »	0,94 »	1,63 »	1,50 »	2,13 »	2,04 »	2,63 »	2,55 »
0,64 »	0,15 »	1,14 »	0,95 »	1,64 »	1,51 »	2,14 »	2,05 »	2,64 »	2,56 »
0,65 »	0,20 »	1,15 »	0,96 »	1,65 »	1,53 »	2,15 »	2,06 »	2,65 »	2,57 »
0,66 »	0,23 »	1,16 »	0,97 »	1,66 »	1,54 »	2,16 »	2,07 »	2,66 »	2,59 »
0,67 »	0,25 »	1,17 »	0,99 »	1,67 »	1,55 »	2,17 »	2,09 »	2,67 »	2,60 »
0,68 »	0,28 »	1,18 »	1,00 »	1,68 »	1,56 »	2,18 »	2,00 »	2,68 »	2,61 »
0,69 »	0,30 »	1,19 »	1,01 »	1,69 »	1,57 »	2,19 »	2,11 »	2,69 »	2,62 »
0,70 m =	0,33 m	1,20 m =	1,03 m	1,70 m =	1,58 m	2,20 m =	2,11 m	2,70 m =	2,62 m
0,71 »	0,34 »	1,21 »	1,04 »	1,71 »	1,59 »	2,21 »	2,12 »	2,71 »	2,64 »
0,72 »	0,37 »	1,22 »	1,05 »	1,72 »	1,60 »	2,22 »	2,13 »	2,72 »	2,65 »
0,73 »	0,39 »	1,23 »	1,06 »	1,73 »	1,61 »	2,23 »	2,14 »	2,73 »	2,66 »
0,74 »	0,40 »	1,24 »	1,07 »	1,74 »	1,62 »	2,24 »	2,15 »	2,74 »	2,67 »
0,75 »	0,42 »	1,25 »	1,08 »	1,75 »	1,63 »	2,25 »	2,16 »	2,75 »	2,68 »
0,76 »	0,44 »	1,26 »	1,09 »	1,76 »	1,64 »	2,26 »	2,17 »	2,76 »	2,69 »
0,77 »	0,45 »	1,27 »	1,11 »	1,77 »	1,65 »	2,27 »	2,18 »	2,77 »	2,70 »
0,78 »	0,47 »	1,28 »	1,12 »	1,78 »	1,66 »	2,28 »	2,19 »	2,78 »	2,71 »
0,79 »	0,49 »	1,29 »	1,13 »	1,79 »	1,68 »	2,29 »	2,20 »	2,79 »	2,72 »
0,80 m =	0,50 m	1,30 m =	1,14 m	1,80 m =	1,69 m	2,30 m =	2,21 m	2,80 m =	2,73 m
0,81 »	0,52 »	1,31 »	1,15 »	1,81 »	1,70 »	2,31 »	2,22 »	2,81 »	2,74 »
0,82 »	0,54 »	1,32 »	1,16 »	1,82 »	1,71 »	2,32 »	2,23 »	2,82 »	2,75 »
0,83 »	0,55 »	1,33 »	1,17 »	1,83 »	1,72 »	2,33 »	2,25 »	2,83 »	2,76 »
0,84 »	0,56 »	1,34 »	1,18 »	1,84 »	1,73 »	2,34 »	2,26 »	2,84 »	2,77 »
0,85 »	0,58 »	1,35 »	1,19 »	1,85 »	1,74 »	2,35 »	2,27 »	2,85 »	2,78 »
0,86 »	0,60 »	1,36 »	1,21 »	1,86 »	1,75 »	2,36 »	2,28 »	2,86 »	2,80 »
0,87 »	0,61 »	1,37 »	1,22 »	1,87 »	1,76 »	2,37 »	2,29 »	2,87 »	2,81 »
0,88 »	0,62 »	1,38 »	1,23 »	1,88 »	1,77 »	2,38 »	2,30 »	2,88 »	2,82 »
0,89 »	0,63 »	1,39 »	1,24 »	1,89 »	1,78 »	2,39 »	2,31 »	2,89 »	2,83 »
0,90 m =	0,64 m	1,40 m =	1,25 m	1,90 m =	1,79 m	2,40 m =	2,32 m	2,90 m =	2,84 m
0,91 »	0,66 »	1,41 »	1,26 »	1,91 »	1,80 »	2,41 »	2,33 »	2,91 »	2,85 »
0,92 »	0,68 »	1,42 »	1,27 »	1,92 »	1,81 »	2,42 »	2,34 »	2,92 »	2,86 »
0,93 »	0,69 »	1,43 »	1,28 »	1,93 »	1,82 »	2,43 »	2,35 »	2,93 »	2,87 »
0,94 »	0,71 »	1,44 »	1,29 »	1,94 »	1,83 »	2,44 »	2,36 »	2,94 »	2,88 »
0,95 »	0,72 »	1,45 »	1,31 »	1,95 »	1,84 »	2,45 »	2,37 »	2,95 »	2,89 »
0,96 »	0,73 »	1,46 »	1,32 »	1,96 »	1,86 »	2,46 »	2,38 »	2,96 »	2,90 »
0,97 »	0,74 »	1,47 »	1,33 »	1,97 »	1,87 »	2,47 »	2,39 »	2,97 »	2,91 »
0,98 »	0,76 »	1,48 »	1,34 »	1,98 »	1,88 »	2,48 »	2,40 »	2,98 »	2,92 »
0,99 »	0,77 »	1,49 »	1,35 »	1,99 »	1,89 »	2,49 »	2,41 »	2,99 »	2,93 »
1,00 m =	0,78 m	1,50 m =	1,36 m	2,00 m =	1,90 m	2,50 m =	2,42 m	3,00 m =	2,94 m
1,01 »	0,79 »	1,51 »	1,38 »	2,01 »	1,91 »	2,51 »	2,43 »	3,10 »	3,04 »
1,02 »	0,80 »	1,52 »	1,39 »	2,02 »	1,92 »	2,52 »	2,44 »	3,20 »	3,14 »
1,03 »	0,82 »	1,53 »	1,40 »	2,03 »	1,93 »	2,53 »	2,45 »	3,30 »	3,24 »
1,04 »	0,83 »	1,54 »	1,41 »	2,04 »	1,94 »	2,54 »	2,46 »	3,40 »	3,35 »
1,05 »	0,85 »	1,55 »	1,42 »	2,05 »	1,95 »	2,55 »	2,47 »	3,50 »	3,45 »
1,06 »	0,86 »	1,56 »	1,43 »	2,06 »	1,97 »	2,56 »	2,48 »	3,60 »	3,55 »
1,07 »	0,87 »	1,57 »	1,44 »	2,07 »	1,98 »	2,57 »	2,49 »	3,70 »	3,65 »
1,08 »	0,88 »	1,58 »	1,45 »	2,08 »	1,99 »	2,58 »	2,50 »	3,80 »	3,75 »
1,09 »	0,89 »	1,59 »	1,46 »	2,09 »	2,00 »	2,59 »	2,51 »	3,90 »	3,85 »

Tafel IV.

Tuchbreite 0,63 m.

Schräg	Recht	Schräg	Recht	Schräg	Recht	Schräg	Recht	Schräg	Recht
		1,10 m = 0,90 m	1,60 m = 1,47 m	2,10 m = 2,00 m	2,60 m = 2,52 m
		1,11 »	0,91 »	1,61 »	1,48 »	2,11 »	2,02 »	2,61 »	2,53 »
		1,12 »	0,92 »	1,62 »	1,49 »	2,12 »	2,03 »	2,62 »	2,54 »
		1,13 »	0,94 »	1,63 »	1.50 »	2,13 »	2,04 »	2,63 »	2,55 »
0,64 m =	0,11 m	1,14 »	0,95 »	1,64 »	1,51 »	2,14 »	2,05 »	2,64 »	2,56 »
0,65 »	0,16 »	1,15 »	0,96 »	1,65 »	1,53 »	2,15 »	2,06 »	2,65 »	2,57 »
0,66 »	0,18 »	1,16 »	0,97 »	1,66 »	1,54 »	2,16 »	2,07 »	2,66 »	2,58 »
0,67 »	0,28 »	1,17 »	0,98 »	1,67 »	1,55 »	2,17 »	2,08 »	2,67 »	2,59 »
0,68 »	0,26 »	1,18 »	1,00 »	1,68 »	1,56 »	2,18 »	2,09 »	2,68 »	2,60 »
0,69 »	0,28 »	1,19 »	1,01 »	1,69 »	1,57 »	2,19 »	2,10 »	2,69 »	2,62 »
0,70 m =	0,31 m	1,20 m =	1,02 m	1,70 m =	1,58 m	2,20 m =	2,11 m	2,70 m =	2,63 m
0,71 »	0,33 »	1,21 »	1,03 »	1,71 »	1,59 »	2,21 »	2,12 »	2,71 »	2,64 »
0,72 »	0,35 »	1,22 »	1,04 »	1,72 »	1,60 »	2,22 »	2,13 »	2,72 »	2,65 »
0,73 »	0,37 »	1,23 »	1,05 »	1,73 »	1,61 »	2,23 »	2,14 »	2,73 »	2,66 »
0,74 »	0,39 »	1,24 »	1,06 »	1,74 »	1,62 »	2,24 »	2,15 »	2,74 »	2,67 »
0,75 »	0,41 »	1,25 »	1,08 »	1,75 »	1,63 »	2,25 »	2,16 »	2,75 »	2,68 »
0,76 »	0,43 »	1,26 »	1,09 »	1,76 »	1,64 »	2,26 »	2,17 »	2,76 »	2,69 »
0,77 »	0,44 »	1,27 »	1,10 »	1,77 »	1,65 »	2,27 »	2,18 »	2,77 »	2,70 »
0,78 »	0,46 »	1,28 »	1,11 »	1,78 »	1,66 »	2,28 »	2,19 »	2,78 »	2,71 »
0,79 »	0,48 »	1,29 »	1,13 »	1,79 »	1,67 »	2,29 »	2,20 »	2,79 »	2,72 »
0,80 m =	0,49 m	1,30 m =	1,14 m	1,80 m =	1,68 m	2,30 m =	2,21 m	2,80 m =	2,73 m
0,81 »	0,51 »	1,31 »	1,15 »	1,81 »	1,70 »	2,31 »	2,22 »	2,81 »	2,74 »
0,82 »	0,53 »	1,32 »	1,16 »	1,82 »	1,71 »	2,32 »	2,23 »	2,82 »	2,75 »
0,83 »	0,54 »	1,33 »	1,17 »	1,83 »	1,72 »	2,33 »	2,24 »	2,83 »	2,76 »
0,84 »	0,55 »	1,34 »	1,18 »	1,84 »	1,73 »	2,34 »	2,25 »	2,84 »	2,77 »
0,85 »	0,57 »	1,35 »	1,19 »	1,85 »	1,74 »	2,35 »	2,26 »	2,85 »	2,78 »
0,86 »	0,59 »	1,36 »	1,20 »	1,86 »	1,75 »	2,36 »	2,28 »	2,86 »	2,79 »
0,87 »	0,60 »	1,37 »	1,22 »	1,87 »	1,76 »	2,37 »	2,29 »	2,87 »	2,80 »
0,88 »	0,61 »	1,38 »	1,23 »	1,88 »	4,77 »	2,38 »	2,30 »	2,88 »	2,81 »
0,89 »	0,63 »	1,39 »	1,24 »	1,89 »	1,79 »	2,39 »	2,31 »	2,89 »	2,82 »
0,90 m =	0,64 m	1,40 m =	1,25 m	1,90 m =	1,80 m	2,40 m =	2,32 m	2,90 m =	2,83 m
0,91 »	0,65 »	1,41 »	1,26 »	1,91 »	1,81 »	2,41 »	2,33 »	2,91 »	2,84 »
0,92 »	0,67 »	1,42 »	1,27 »	1,92 »	1,82 »	2,42 »	2,34 »	2,92 »	2,85 »
0,93 »	0,68 »	1,43 »	1,28 »	1,93 »	1,83 »	2,43 »	2,35 »	2,93 »	2,86 »
0,94 »	0,70 »	1,44 »	1,29 »	1,94 »	1,84 »	2,44 »	2,36 »	2,94 »	2,87 »
0,95 »	0,71 »	1,45 »	1,30 »	1,95 »	1,85 »	2,45 »	2,37 »	2,95 »	2,88 »
0,96 »	0,73 »	1,46 »	1,31 »	1,96 »	1,86 »	2,46 »	2,38 »	2,96 »	2,89 »
0,97 »	0,74 »	1,47 »	1,32 »	1,97 »	1,87 »	2,47 »	2,39 »	2,97 »	2,90 »
0,98 »	0,75 »	1,48 »	1,34 »	1,98 »	1,88 »	2,48 »	2,40 »	2,98 »	2,91 »
0,99 »	0,76 »	1,49 »	1,35 »	1,99 »	1,89 »	2,49 »	2,41 »	2,99 »	2,92 »
1,00 m =	0,78 m	1,50 m =	1,36 m	2,00 m =	1,90 m	2,50 m =	2,42 m	3,00 m =	2,93 m
1,01 »	0,79 »	1,51 »	1,37 »	2,01 »	1,91 »	2,51 »	2,43 »	3,10 »	3,03 »
1,02 »	0,80 »	1,52 »	1,38 »	2,02 »	1,92 »	2,52 »	2,44 »	3,20 »	3,14 »
1,03 »	0,81 »	1,53 »	1,40 »	2,03 »	1,93 »	2,53 »	2,45 »	3,30 »	3,24 »
1,04 »	0,83 »	1,54 »	1,41 »	2,04 »	1,94 »	2,54 »	2,46 »	3,40 »	3,34 »
1,05 »	0,84 »	1,55 »	1,42 »	2,05 »	1,95 »	2,55 »	2,47 »	3,50 »	3,44 »
1,06 »	0,85 »	1,56 »	1,43 »	2,06 »	1,96 »	2,56 »	2,48 »	3,60 »	3,55 »
1,07 »	0,86 »	1,57 »	1,44 »	2,07 »	1,97 »	2,57 »	2,49 »	3,70 »	3,65 »
1,08 »	0,87 »	1,58 »	1,45 »	2,08 »	1,98 »	2,58 »	2,50 »	3,80 »	3,75 »
1,09 »	0,88 »	1,59 »	1,46 »	2,09 »	1,99 »	2,59 »	2,51 »	3,90 »	3,85 »

Tafel V.

Tuchbreite 0,64 m.

Schräg	Recht	Schräg	Recht	Schräg	Recht	Schräg	Recht	Schräg	Recht
		1,10 m =	0,89 m	1,60 m =	1,46 m	2,10 m =	2,00 m	2,60 m =	2,52 m
		1,11 »	0,91 »	1,61 »	1,48 »	2,11 »	2,01 »	2,61 »	2,53 »
		1,12 »	0,92 »	1,62 »	1,49 »	2,12 »	2,02 »	2,62 »	2,54 »
		1,13 »	0,93 »	1,63 »	1,50 »	2,13 »	2,03 »	2,63 »	2,55 »
		1,14 »	0,94 »	1,64 »	1,51 »	2,14 »	2,04 »	2,64 »	2,56 »
0,65 m =	0,11 m	1,15 »	0,95 »	1,65 »	1,52 »	2,15 »	2,05 »	2,65 »	2,57 »
0,66 »	0,16 »	1,16 »	0,96 »	1,66 »	1,53 »	2,16 »	2,06 »	2,66 »	2,58 »
0,67 »	0,20 »	1,17 »	0,98 »	1,67 »	1,54 »	2,17 »	2,07 »	2,67 »	2,59 »
0,68 »	0,23 »	1,18 »	0,99 »	1,68 »	1,56 »	2,18 »	2,08 »	2,68 »	2,60 »
0,69 »	0,26 »	1,19 »	1,00 »	1,69 »	1,57 »	2,19 »	2,09 »	2,69 »	2,61 »
0,70 m =	0,29 m	1,20 m =	1,02 m	1,70 m =	1,58 m	2,20 m =	2,10 m	2,70 m =	2,62 m
0,71 »	0,31 »	1,21 »	1,03 »	1,71 »	1,59 »	2,21 »	2,11 »	2,71 »	2,63 »
0,72 »	0,33 »	1,22 »	1,04 »	1,72 »	1,60 »	2,22 »	2,12 »	2,72 »	2,64 »
0,73 »	0,35 »	1,23 »	1,05 »	1,73 »	1,61 »	2,23 »	2,13 »	2,73 »	2,65 »
0,74 »	0,37 »	1,24 »	1,06 »	1,74 »	1,62 »	2,24 »	2,14 »	2,74 »	2,66 »
0,75 »	0,39 »	1,25 »	1,07 »	1,75 »	1,63 »	2,25 »	2,15 »	2,75 »	2,67 »
0,76 »	0,41 »	1,26 »	1,08 »	1,76 »	1,64 »	2,26 »	2,17 »	2,76 »	2,69 »
0,77 »	0,43 »	1,27 »	1,10 »	1,77 »	1,65 »	2,27 »	2,18 »	2,77 »	2,70 »
0,78 »	0,45 »	1,28 »	1,11 »	1,78 »	1,66 »	2,28 »	2,19 »	2,78 »	2,71 »
0,79 »	0,46 »	1,29 »	1,12 »	1,79 »	1,67 »	2,29 »	2,20 »	2,79 »	2,72 »
0,80 m =	0,48 m	1,30 m =	1,13 m	1,80 m =	1,68 »	2,30 m =	2,21 m	2,80 m =	2,73 m
0,81 »	0,49 »	1,31 »	1,14 »	1,81 »	1,69 »	2,31 »	2,22 »	2,81 »	2,74 »
0,82 »	0,50 »	1,32 »	1,15 »	1,82 »	1,71 »	2,32 »	2,23 »	2,82 »	2,75 »
0,83 »	0,52 »	1,33 »	1,16 »	1,83 »	1,72 »	2,33 »	2,24 »	2,83 »	2,76 »
0,84 »	0,54 »	1,34 »	1,17 »	1,84 »	1,73 »	2,34 »	2,25 »	2,84 »	2,77 »
0,85 »	0,56 »	1,35 »	1,19 »	1,85 »	1,74 »	2,35 »	2,26 »	2,85 »	2,78 »
0,86 »	0,57 »	1,36 »	1,20 »	1,86 »	1,75 »	2,36 »	2,27 »	2,86 »	2,79 »
0,87 »	0,58 »	1,37 »	1,21 »	1,87 »	1,76 »	2,37 »	2,28 »	2,87 »	2,80 »
0,88 »	0,60 »	1,58 »	1,22 »	1,88 »	1,77 »	2,38 »	2,29 »	2,88 »	2,81 »
0,89 »	0,61 »	1,39 »	1,23 »	1,89 »	1,78 »	2,39 »	2,30 »	2,89 »	2,82 »
0,90 m =	0,62 m	1,40 m =	1,25 m	1,90 m =	1,79 m	2,40 m =	2,31 m	2,90 m =	2,83 m
0,91 »	0,64 »	1,41 »	1,26 »	1,91 »	1,80 »	2,41 »	2,33 »	2,91 »	2,84 »
0,92 »	0,66 »	1,42 »	1,27 »	1,92 »	1,81 »	2,42 »	2,34 »	2,92 »	2,85 »
0,93 »	0,67 »	1,43 »	1,28 »	1,93 »	1,82 »	2,43 »	2,35 »	2,93 »	2,86 »
0,94 »	0,69 »	1,44 »	1,29 »	1,94 »	1,83 »	2,44 »	2,36 »	2,94 »	2,87 »
0,95 »	0,70 »	1,45 »	1,30 »	1,95 »	1,84 »	2,45 »	2,37 »	2,95 »	2,88 »
0,96 »	0,71 »	1,46 »	1,31 »	1,96 »	1,85 »	2,46 »	2,38 »	2,96 »	2,89 »
0,97 »	0,73 »	1,47 »	1,32 »	1,97 »	1,86 »	2,47 »	2,39 »	2,97 »	2,90 »
0,98 »	0,74 »	1,48 »	1,33 »	1,98 »	1,87 »	2,48 »	2,40 »	2,98 »	2,91 »
0,99 »	0,76 »	1,49 »	1,34 »	1,99 »	1,88 »	2,49 »	2,41 »	2,99 »	2,92 »
1,00 m =	0,77 m	1,50 m =	1,36 m	2,00 m =	1,89 m	2,50 m =	2,42 m	3,00 m =	2,93 m
1,01 »	0,78 »	1,51 »	1,37 »	2,01 »	1,90 »	2,51 »	2,43 »	3,10 »	3,03 »
1,02 »	0,79 »	1,52 »	1,38 »	2,02 »	1,91 »	2,52 »	2,44 »	3,20 »	3,13 »
1,03 »	0,81 »	1,53 »	1,39 »	2,03 »	1,93 »	2,53 »	2,45 »	3,30 »	3,24 »
1,04 »	0,82 »	1,54 »	1,40 »	2,04 »	1,94 »	2,54 »	2,46 »	3,40 »	3,34 »
1,05 »	0,83 »	1,55 »	1,41 »	2,05 »	1,95 »	2,55 »	2,47 »	3,50 »	3,44 »
1,06 »	0,85 »	1,56 »	1,42 »	2,06 »	1,96 »	2,56 »	2,48 »	3,60 »	3,54 »
1,07 »	0,86 »	1,57 »	1,43 »	2,07 »	1,97 »	2,57 »	2,49 »	3,70 »	3,64 »
1,08 »	0,87 »	1,58 »	1,44 »	2,08 »	1,98 »	2,58 »	2,50 »	3,80 »	3,74 »
1,09 »	0,88 »	1,59 »	1,45 »	2,09 »	1,99 »	2,59 »	2,51 »	3,90 »	3,85 »

Tafel VI.

Tuchbreite 0,65 m.

Schräg	Recht	Schräg	Recht	Schräg	Recht	Schräg	Recht	Schräg	Recht
		1,10 m = 0,89 m	1,60 m = 1,46 m	2,10 m = 2,00 m	2,60 m = 2,51 m
		1,11 »	0,90 »	1,61 »	1,47 »	2,11 »	2,01 »	2,61 »	2,53 »
		1,12 »	0,91 »	1,62 »	1,48 »	2,12 »	2,02 »	2,62 »	2,54 »
		1,13 »	0,93 »	1,63 »	1,49 »	2,13 »	2,03 »	2,63 »	2,55 »
		1,14 »	0,94 »	1,64 »	1,50 »	2,14 »	2,04 »	2,64 »	2,56 »
		1,15 »	0,95 »	1,65 »	1,52 »	2,15 »	2,05 »	2,65 »	2,57 »
0,66 m =	0,12 m	1,16 »	0,96 »	1,66 »	1,53 »	2,16 »	2,06 »	2,66 »	2,58 »
0,67 »	0,16 »	1,17 »	0,97 »	1,67 »	1,54 »	2,17 »	2,07 »	2,67 »	2,59 »
0,68 »	0,20 »	1,18 »	0,98 »	1,68 »	1,55 »	2,18 »	2,08 »	2,68 »	2,60 »
0,69 »	0,23 »	1,19 »	1,00 »	1,69 »	1,56 »	2,19 »	2,09 »	2,69 »	2,61 »
0,70 m =	0,26 m	1,20 m =	1,01 m	1,70 m =	1,57 m	2,20 m =	2,10 m	2,70 m =	2,62 m
0,71 »	0,29 »	1,21 »	1,02 »	1,71 »	1,58 »	2,21 »	2,11 »	2,71 »	2,63 »
0,72 »	0,31 »	1,22 »	1,03 »	1,72 »	1,59 »	2,22 »	2,12 »	2,72 »	2,64 »
0,73 »	0,33 »	1,23 »	1,04 »	1,73 »	1,60 »	2,23 »	2,13 »	2,73 »	2,65 »
0,74 »	0,35 »	1,24 »	1,05 »	1,74 »	1,61 »	2,24 »	2,14 »	2,74 »	2,66 »
0,75 »	0,37 »	1,25 »	1,06 »	1,75 »	1,62 »	2,25 »	2,15 »	2,75 »	2,67 »
0,76 »	0,39 »	1,26 »	1,08 »	1,76 »	1,63 »	2,26 »	2,16 »	2,76 »	2,68 »
0,77 »	0,41 »	1,27 »	1,09 »	1,77 »	1,64 »	2,27 »	2,17 »	2,77 »	2,69 »
0,78 »	0,43 »	1,28 »	1,10 »	1,78 »	1,65 »	2,28 »	2,18 »	2,78 »	2,70 »
0,79 »	0,45 »	1,29 »	1,11 »	1,79 »	1,67 »	2,29 »	2,19 »	2,79 »	2,72 »
0,80 m =	0,47 m	1,30 m =	1,13 m	1,80 m =	1,68 m	2,30 m =	2,21 m	2,80 m =	2,73 m
0,81 »	0,49 »	1,31 »	1,14 »	1,81 »	1,69 »	2,31 »	2,22 »	2,81 »	2,74 »
0,82 »	0,50 »	1,32 »	1,15 »	1,82 »	1,70 »	2,32 »	2,23 »	2,82 »	2,75 »
0,83 »	0,52 »	1,33 »	1,16 »	1,83 »	1,71 »	2,33 »	2,24 »	2,83 »	2,76 »
0,84 »	0,53 »	1,34 »	1,17 »	1,84 »	1,72 »	2,34 »	2,25 »	2,84 »	2,77 »
0,85 »	0,55 »	1,35 »	1,18 »	1,85 »	1,73 »	2,35 »	2,26 »	2,85 »	2,78 »
0,86 »	0,56 »	1,36 »	1,19 »	1,86 »	1,74 »	2,36 »	2,27 »	2,86 »	2,79 »
0,87 »	0,57 »	1,37 »	1,20 »	1,87 »	1,75 »	2,37 »	2,28 »	2,87 »	2,80 »
0,88 »	0,59 »	1,38 »	1,22 »	1,88 »	1,76 »	2,38 »	2,29 »	2,88 »	2,81 »
0,89 »	0,61 »	1,39 »	1,23 »	1,89 »	1,77 »	2,39 »	2,30 »	2,89 »	2,82 »
0,90 m =	0,62 m	1,40 m =	1,24 m	1,90 m =	1,78 m	2,40 m =	2,31 m	2,90 m =	2,83 m
0,91 »	0,63 »	1,41 »	1,25 »	1,91 »	1,79 »	2,41 »	2,32 »	2,91 »	2,84 »
0,92 »	0,65 »	1,42 »	1,26 »	1,92 »	1,80 »	2,42 »	2,33 »	2,92 »	2,85 »
0,93 »	0,66 »	1,43 »	1,27 »	1,93 »	1,81 »	2,43 »	2,34 »	2,93 »	2,86 »
0,94 »	0,68 »	1,44 »	1,28 »	1,94 »	1,82 »	2,44 »	2,35 »	2,94 »	2,87 »
0,95 »	0,69 »	1,45 »	1,29 »	1,95 »	1,83 »	2,45 »	2,36 »	2,95 »	2,88 »
0,96 »	0,70 »	1,46 »	1,30 »	1,96 »	1,85 »	2,46 »	2,37 »	2,96 »	2,89 »
0,97 »	0,72 »	1,47 »	1,32 »	1,97 »	1,86 »	2,47 »	2,38 »	2,97 »	2,90 »
0,98 »	0,73 »	1,48 »	1,33 »	1,98 »	1,87 »	2,48 »	2,39 »	2,98 »	2,91 »
0,99 »	0,75 »	1,49 »	1,34 »	1,99 »	1,88 »	2,49 »	2,40 »	2,99 »	2,92 »
1,00 m =	0,76 m	1,50 m =	1,35 m	2,00 m =	1,89 m	2,50 m =	2,41 m	3,00 m =	2,93 m
1,01 »	0,77 »	1,51 »	1,36 »	2,01 »	1,90 »	2,51 »	2,42 »	3,10 »	3,03 »
1,02 »	0,78 »	1,52 »	1,37 »	2,02 »	1,91 »	2,52 »	2,43 »	3,20 »	3,13 »
1,03 »	0,80 »	1,53 »	1,39 »	2,03 »	1,92 »	2,53 »	2,44 »	3,30 »	3,24 »
1,04 »	0,81 »	1,54 »	1,40 »	2,04 »	1,93 »	2,54 »	2,45 »	3,40 »	3,34 »
1,05 »	0,83 »	1,55 »	1,41 »	2,05 »	1,94 »	2,55 »	2,46 »	3,50 »	3,44 »
1,06 »	0,84 »	1,56 »	1,42 »	2,06 »	1,95 »	2,56 »	2,47 »	3,60 »	3,54 »
1,07 »	0,85 »	1,57 »	1,43 »	2,07 »	1,97 »	2,57 »	2,48 »	3,70 »	3,64 »
1,08 »	0,86 »	1,58 »	1,44 »	2,08 »	1,98 »	2,58 »	2,50 »	3,80 »	3,74 »
1,09 »	0,87 »	1,59 »	1,45 »	2,09 »	1,99 »	2,59 »	2,51 »	3,90 »	3,85 »

Tafel VII.

Tuchbreite 0,66 m.

Schräg	Recht	Schräg	Recht	Schräg	Recht	Schräg	Recht	Schräg	Recht
		1,10 m = 0,88 m		1,60 m = 1,45 m		2,10 m = 2,00 m		2,60 m = 2,51 m	
		1,11 »	0,89 »	1,61 »	1,47 »	2,11 »	2,01 »	2,61 »	2,52 »
		1,12 »	0,90 »	1,62 »	1,48 »	2,12 »	2,02 »	2,62 »	2,53 »
		1,13 »	0,91 »	1,63 »	1,49 »	2,13 »	2,03 »	2,63 »	2,54 »
		1,14 »	0,92 »	1,64 »	1,50 »	2,14 »	2,04 »	2,64 »	2,55 »
		1,15 »	0,94 »	1,65 »	1,51 »	2,15 »	2,05 »	2,65 »	2,57 »
		1,16 »	0,95 »	1,66 »	1,53 »	2,16 »	2,06 »	2,66 »	2,58 »
0,67 m =	0,12 m	1,17 »	0,97 »	1,67 »	1,54 »	2,17 »	2,07 »	2,67 »	2,59 »
0,68 »	0,17 »	1,18 »	1,98 »	1,68 »	1,55 »	2,18 »	2,08 »	2,68 »	2,60 »
0,69 »	0,20 »	1,19 »	1,99 »	1,69 »	1,56 »	2,19 »	2,09 »	2,69 »	2,61 »
0,70 m =	0,23 m	1,20 m = 1,00 m		1,70 m = 1,57 m		2,20 m = 2,10 m		2,70 m = 2,62 m	
0,71 »	0,26 »	1,21 »	1,01 »	1,71 »	1,58 »	2,21 »	2,11 »	2,71 »	2,63 »
0,72 »	0,29 »	1,22 »	1,02 »	1,72 »	1,59 »	2,22 »	2,12 »	2,72 »	2,64 »
0,73 »	0,31 »	1,23 »	1,03 »	1,73 »	1,60 »	2,23 »	2,13 »	2,73 »	2,65 »
0,74 »	0,33 »	1,24 »	1,04 »	1,74 »	1,61 »	2,24 »	2,14 »	2,74 »	2,66 »
0,75 »	0,35 »	1,25 »	1,06 »	1,75 »	1,62 »	2,25 »	2,15 »	2,75 »	2,67 »
0,76 »	0,38 »	1,26 »	1,07 »	1,76 »	1,63 »	2,26 »	2,16 »	2,76 »	2,68 »
0,77 »	0,40 »	1,27 »	1,09 »	1,77 »	1,64 »	2,27 »	2,17 »	2,77 »	2,69 »
0,78 »	0,41 »	1,28 »	1,10 »	1,78 »	1,65 »	2,28 »	2,18 »	2,78 »	2,70 »
0,79 »	0,43 »	1,29 »	1,11 »	1,79 »	1,66 »	2,29 »	2,19 »	2,79 »	2,71 »
0,80 m =	0,45 m	1,30 m = 1,12 m		1,80 m = 1,67 m		2,30 m = 2,20 m		2,80 m = 2,72 m	
0,81 »	0,46 »	1,31 »	1,13 »	1,81 »	1,69 »	2,31 »	2,21 »	2,81 »	2,73 »
0,82 »	0,18 »	1,32 »	1,14 »	1,82 »	1,70 »	2,32 »	2,22 »	2,82 »	2,74 »
0,83 »	0,50 »	1,33 »	1,15 »	1,83 »	1,71 »	2,33 »	2,24 »	2,83 »	2,75 »
0,84 »	0,52 »	1,34 »	1,16 »	1,84 »	1,72 »	2,34 »	2,25 »	2,84 »	2,76 »
0,85 »	0,54 »	1,35 »	1,18 »	1,85 »	1,73 »	2,35 »	2,26 »	2,85 »	2,77 »
0,86 »	0,55 »	1,36 »	1,19 »	1,86 »	1,74 »	2,36 »	2,27 »	2,86 »	2,78 »
0,87 »	0,57 »	1,37 »	1,20 »	1,87 »	1,75 »	2,37 »	2,28 »	2,87 »	2,79 »
0,88 »	0,59 »	1,38 »	1,21 »	1,88 »	1,76 »	2,38 »	2,29 »	2,88 »	2,80 »
0,89 »	0,60 »	1,39 »	1,22 »	1,89 »	1,77 »	2,39 »	2,30 »	2,89 »	2,81 »
0,90 m =	0,61 m	1,40 m = 1,24 m		1,90 m = 1,78 m		2,40 m = 2,31 m		2,90 m = 2,82 m	
0,91 »	0,63 »	1,41 »	1,25 »	1,91 »	1,79 »	2,41 »	2,32 »	2,91 »	2,83 »
0,92 »	0,64 »	1,42 »	1,26 »	1,92 »	1,80 »	2,42 »	2,33 »	2,92 »	2,84 »
0,93 »	0,66 »	1,43 »	1,27 »	1,93 »	1,81 »	2,43 »	2,34 »	2,93 »	2,85 »
0,94 »	0,67 »	1,44 »	1,28 »	1,94 »	1,82 »	2,44 »	2,35 »	2,94 »	2,86 »
0,95 »	0,68 »	1,45 »	1,29 »	1,95 »	1,83 »	2,45 »	2,36 »	2,95 »	2,87 »
0,96 »	0,69 »	1,46 »	1,30 »	1,96 »	1,84 »	2,46 »	2,37 »	2,96 »	2,88 »
0,97 »	0,71 »	1,47 »	1,31 »	1,97 »	1,85 »	2,47 »	2,38 »	2,97 »	2,89 »
0,98 »	0,73 »	1,48 »	1,32 »	1,98 »	1,86 »	2,48 »	2,39 »	2,98 »	2,90 »
0,99 »	0,74 »	1,49 »	1,34 »	1,99 »	1,88 »	2,49 »	2,40 »	2,99 »	2,91 »
1,00 m =	0,75 m	1,50 m = 1,35 m		2,00 m = 1,89 m		2,50 m = 2,41 m		3,00 m = 2,92 m	
1,01 »	0,76 »	1,51 »	1,36 »	2,01 »	1,90 »	2,51 »	2,42 »	3,10 »	3,03 »
1,02 »	0,77 »	1,52 »	1,37 »	2,02 »	1,91 »	2,52 »	2,43 »	3,20 »	3,13 »
1,03 »	0,79 »	1,53 »	1,38 »	2,03 »	1,92 »	2,53 »	2,44 »	3,30 »	3,23 »
1,04 »	0,80 »	1,54 »	1,39 »	2,04 »	1,93 »	2,54 »	2,45 »	3,40 »	3,34 »
1,05 »	0,82 »	1,55 »	1,40 »	2,05 »	1,94 »	2,55 »	2,46 »	3,50 »	3,44 »
1,06 »	0,83 »	1,56 »	1,41 »	2,06 »	1,95 »	2,56 »	2,47 »	3,60 »	3,54 »
1,07 »	0,84 »	1,57 »	1,42 »	2,07 »	1,96 »	2,57 »	2,48 »	3,70 »	3,64 »
1,08 »	0,85 »	1,58 »	1,43 »	2,08 »	1,97 »	2,58 »	2,49 »	3,80 »	3,74 »
1,09 »	0,86 »	1,59 »	1,44 »	2,09 »	2,00 »	2,59 »	2,50 »	3,90 »	3,84 »

Tafel VIII.

Tuchbreite 0,67 m.

Schräg	Recht	Schräg	Recht	Schräg	Recht	Schräg	Recht
		1,10 m = 0,87 m		1,60 m = 1,45 m		2,10 m = 1,99 m	2,60 m = 2,51 m
		1,11 » 0,88 »		1,61 » 1,46 »		2,11 » 2,00 »	2,61 » 2,52 »
		1,12 » 0,89 »		1,62 » 1,47 »		2,12 » 2,01 »	2,62 » 2,53 »
		1,13 » 0,90 »		1,63 » 1,49 »		2,13 » 2,02 »	2,63 » 2,54 »
		1,14 » 0,92 »		1,64 » 1,50 »		2,14 » 2,03 »	2,64 » 2,55 »
		1,15 » 0,93 »		1,65 » 1,51 »		2,15 » 2,04 »	2,65 » 2,56 »
		1,16 » 0,94 »		1,66 » 1,52 »		2,16 » 2,05 »	2,66 » 2,57 »
		1,17 » 0,96 »		1,67 » 1,53 »		2,17 » 2,06 »	2,67 » 2,59 »
0,68 m	0,12 m	1,18 » 0,97 »		1,68 » 1,54 »		2,18 » 2,07 »	2,68 » 2,60 »
0,69 »	0,17 »	1,19 » 0,98 »		1,69 » 1,55 »		2,19 » 2,08 »	2,69 » 2,61 »
0,70 m = 0,21 m		1,20 m = 0,99 m		1,70 m = 1,56 m		2,20 m = 2,09 m	2,70 m = 2,62 m
0,71 » 0,24 »		1,21 » 1,00 »		1,71 » 1,57 »		2,21 » 2,10 »	2,71 » 2,63 »
0,72 » 0,26 »		1,22 » 1,02 »		1,72 » 1,58 »		2,22 » 2,11 »	2,72 » 2,64 »
0,73 » 0,29 »		1,23 » 1,03 »		1,73 » 1,59 »		2,23 » 2,12 »	2,73 » 2,65 »
0,74 » 0,31 »		1,24 » 1,04 »		1,74 » 1,60 »		2,24 » 2,13 »	2,74 » 2,66 »
0,75 » 0,34 »		1,25 » 1,05 »		1,75 » 1,61 »		2,25 » 2,15 »	2,75 » 2,67 »
0,76 » 0,36 »		1,26 » 1,07 »		1,76 » 1,62 »		2,26 » 2,16 »	2,76 » 2,68 »
0,77 » 0,38 »		1,27 » 1,08 »		1,77 » 1,64 »		2,27 » 2,17 »	2,77 » 2,69 »
0,78 » 0,40 »		1,28 » 1,09 »		1,78 » 1,65 »		2,28 » 2,18 »	2,78 » 2,70 »
0,79 » 0,42 »		1,29 » 1,10 »		1,79 » 1,66 »		2,29 » 2,19 »	2,79 » 2,71 »
0,80 m = 0,44 m		1,30 m = 1,11 m		1,80 m = 1,67 m		2,30 m = 2,20 m	2,80 m = 2,72 m
0,81 » 0,45 »		1,31 » 1,12 »		1,81 » 1,68 »		2,31 » 2,21 »	2,81 » 2,73 »
0,82 » 0,47 »		1,32 » 1,13 »		1,82 » 1,69 »		2,32 » 2,22 »	2,82 » 2,74 »
0,83 » 0,49 »		1,33 » 1,15 »		1,83 » 1,71 »		2,33 » 2,23 »	2,83 » 2,75 »
0,84 » 0,51 »		1,34 » 1,16 »		1,84 » 1,72 »		2,34 » 2,24 »	2,84 » 2,76 »
0,85 » 0,52 »		1,35 » 1,17 »		1,85 » 1,73 »		2,35 » 2,25 »	2,85 » 2,77 »
0,86 » 0,54 »		1,36 » 1,18 »		1,86 » 1,74 »		2,36 » 2,26 »	2,86 » 2,78 »
0,87 » 0,56 »		1,37 » 1,20 »		1,87 » 1,75 »		2,37 » 2,28 »	2,87 » 2,79 »
0,88 » 0,57 »		1,38 » 1,21 »		1,88 » 1,76 »		2,38 » 2,29 »	2,88 » 2,80 »
0,89 » 0,58 »		1,39 » 1,22 »		1,89 » 1,77 »		2,39 » 2,30 »	2,89 » 2,81 »
0,90 m = 0,60 m		1,40 m = 1,23 m		1,90 m = 1,78 m		2,40 m = 2,31 m	2,90 m = 2,82 m
0,91 » 0,62 »		1,41 » 1,24 »		1,91 » 1,79 »		2,41 » 2,32 »	2,91 » 2,83 »
0,92 » 0,63 »		1,42 » 1,25 »		1,92 » 1,80 »		2,42 » 2,33 »	2,92 » 2,84 »
0,93 » 0,65 »		1,43 » 1,26 »		1,93 » 1,81 »		2,43 » 2,34 »	2,93 » 2,85 »
0,94 » 0,66 »		1,44 » 1,27 »		1,94 » 1,82 »		2,44 » 2,35 »	2,94 » 2,86 »
0,95 » 0,67 »		1,45 » 1,28 »		1,95 » 1,83 »		2,45 » 2,36 »	2,95 » 2,87 »
0,96 » 0,68 »		1,46 » 1,30 »		1,96 » 1,84 »		2,46 » 2,37 »	2,96 » 2,88 »
0,97 » 0,70 »		1,47 » 1,31 »		1,97 » 1,85 »		2,47 » 2,38 »	2,97 » 2,89 »
0,98 » 0,72 »		1,48 » 1,32 »		1,98 » 1,86 »		2,48 » 2,39 »	2,98 » 2,90 »
0,99 » 0,73 »		1,49 » 1,33 »		1,99 » 1,87 »		2,49 » 2,40 »	2,99 » 2,91 »
1,00 m = 0,74 m		1,50 m = 1,34 m		2,00 m = 1,88 m		2,50 m = 2,41 m	3,00 m = 2,92 m
1,01 » 0,75 »		1,51 » 1,35 »		2,01 » 1,90 »		2,51 » 2,42 »	3,10 » 3,02 »
1,02 » 0,77 »		1,52 » 1,37 »		2,02 » 1,91 »		2,52 » 2,43 »	3,20 » 3,12 »
1,03 » 0,78 »		1,53 » 1,38 »		2,03 » 1,92 »		2,53 » 2,44 »	3,30 » 3,23 »
1,04 » 0,80 »		1,54 » 1,39 »		2,04 » 1,93 »		2,54 » 2,45 »	3,40 » 3,33 »
1,05 » 0,81 »		1,55 » 1,40 »		2,05 » 1,94 »		2,55 » 2,46 »	3,50 » 3,44 »
1,06 » 0,82 »		1,56 » 1,41 »		2,06 » 1,95 »		2,56 » 2,47 »	3,60 » 3,54 »
1,07 » 0,83 »		1,57 » 1,42 »		2,07 » 1,96 »		2,57 » 2,48 »	3,70 » 3,64 »
1,08 » 0,84 »		1,58 » 1,43 »		2,08 » 1,97 »		2,58 » 2,49 »	3,80 » 3,74 »
1,09 » 0,86 »		1,59 » 1,44 »		2,09 » 1,98 »		2,59 » 2,50 »	3,90 » 3,84 »

Tafel IX.

Tuchbreite 0,68 m

Schräg	Recht	Schräg	Recht	Schräg	Recht	Schräg	Recht	Schräg	Recht
		1,10 m = 0,86 m	1,60 m = 1,45 m	2,10 m = 1,99 m	2,60 m = 2,51 m
		1,11 »	0,88 »	1,61 »	1,46 »	2,11 »	2,00 »	2,61 »	2,52 »
		1,12 »	0,89 »	1,62 »	1,47 »	2,12 »	2,01 »	2,62 »	2,53 »
		1,13 »	0,90 »	1,63 »	1,48 »	2,13 »	2,02 »	2,63 »	2,54 »
		1,14 »	0,91 »	1,64 »	1,49 »	2,14 »	2,03 »	2,64 »	2,55 »
		1,15 »	0,93 »	1,65 »	1,51 »	2,15 »	2,04 »	2,65 »	2,56 »
		1,16 »	0,94 »	1,66 »	1,52 »	2,16 »	2,05 »	2,66 »	2,57 »
		1,17 »	0,96 »	1,67 »	1,53 »	2,17 »	2,06 »	2,67 »	2,58 »
		1,18 »	0,97 »	1,68 »	1,54 »	2,18 »	2,07 »	2,68 »	2,59 »
0,69 m = 0,12 m	1,19 »	0,98 »	1,69 »	1,55 »	2,19 »	2,08 »	2,69 »	2,60 »
0,70 m = 0,17 m	1,20 m = 0,99 m	1,70 m = 1,56 m	2,20 m = 2,09 m	2,70 m = 2,61 m
0,71 »	0,21 »	1,21 »	1,00 »	1,71 »	1,57 »	2,21 »	2,10 »	2,71 »	2,62 »
0,72 »	0,24 »	1,22 »	1,01 »	1,72 »	1,58 »	2,22 »	2,11 »	2,72 »	2,64 »
0,73 »	0,27 »	1,23 »	1,02 »	1,73 »	1,59 »	2,23 »	2,12 »	2,73 »	2,65 »
0,74 »	0,29 »	1,24 »	1,03 »	1,74 »	1,60 »	2,24 »	2,13 »	2,74 »	2,66 »
0,75 »	0,32 »	1,25 »	1,05 »	1,75 »	1,61 »	2,25 »	2,15 »	2,75 »	2,67 »
0,76 »	0,34 »	1,26 »	1,06 »	1,76 »	1,62 »	2,26 »	2,16 »	2,76 »	2,68 »
0,77 »	0,36 »	1,27 »	1,07 »	1,77 »	1,63 »	2,27 »	2,17 »	2,77 »	2,69 »
0,78 »	0,39 »	1,28 »	1,09 »	1,78 »	1,64 »	2,28 »	2,18 »	2,78 »	2,70 »
0,79 »	0,40 »	1,29 »	1,10 »	1,79 »	1,66 »	2,29 »	2,19 »	2,79 »	2,71 »
0,80 m = 0,42 m	1,30 m = 1,11 m	1,80 m = 1,67 m	2,30 m = 2,20 m	2,80 m = 2,72 m
0,81 »	0,44 »	1,31 »	1,12 »	1,81 »	1,68 »	2,31 »	2,21 »	2,81 »	2,73 »
0,82 »	0,46 »	1,32 »	1,13 »	1,82 »	1,69 »	2,32 »	2,22 »	2,82 »	2,74 »
0,83 »	0,48 »	1,33 »	1,14 »	1,83 »	1,70 »	2,33 »	2,23 »	2,83 »	2,75 »
0,84 »	0,49 »	1,34 »	1,15 »	1,84 »	1,71 »	2,34 »	2,24 »	2,84 »	2,76 »
0,85 »	0,51 »	1,35 »	1,17 »	1,85 »	1,72 »	2,35 »	2,25 »	2,85 »	2,77 »
0,86 »	0,53 »	1,36 »	1,18 »	1,86 »	1,73 »	2,36 »	2,26 »	2,86 »	2,78 »
0,87 »	0,55 »	1,37 »	1,19 »	1,87 »	1,74 »	2,37 »	2,27 »	2,87 »	2,79 »
0,88 »	0,56 »	1,38 »	1,20 »	1,88 »	1,75 »	2,38 »	2,28 »	2,88 »	2,80 »
0,89 »	0,57 »	1,39 »	1,21 »	1,89 »	1,76 »	2,39 »	2,29 »	2,89 »	2,81 »
0,90 m = 0,59 m	1,40 m = 1,22 m	1,90 m = 1,77 m	2,40 m = 2,30 m	2,90 m = 2,82 m
0,91 »	0,61 »	1,41 »	1,23 »	1,91 »	1,78 »	2,41 »	2,31 »	2,91 »	2,83 »
0,92 »	0,62 »	1,42 »	1,24 »	1,92 »	1,79 »	2,42 »	2,32 »	2,92 »	2,84 »
0,93 »	0,63 »	1,43 »	1,25 »	1,93 »	1,80 »	2,43 »	2,33 »	2,93 »	2,85 »
0,94 »	0,64 »	1,44 »	1,27 »	1,94 »	1,81 »	2,44 »	2,34 »	2,94 »	2,86 »
0,95 »	0,66 »	1,45 »	1,28 »	1,95 »	1,83 »	2,45 »	2,35 »	2,95 »	2,87 »
0,96 »	0,68 »	1,46 »	1,29 »	1,96 »	1,84 »	2,46 »	2,36 »	2,96 »	2,88 »
0,97 »	0,69 »	1,47 »	1,30 »	1,97 »	1,85 »	2,47 »	2,37 »	2,97 »	2,89 »
0,98 »	0,71 »	1,48 »	1,32 »	1,98 »	1,86 »	2,48 »	2,38 »	2,98 »	2,90 »
0,99 »	0,72 »	1,49 »	1,33 »	1,99 »	1,87 »	2,49 »	2,39 »	2,99 »	2,91 »
1,00 m = 0,73 m	1,50 m = 1,34 m	2,00 m = 1,88 m	2,50 m = 2,40 m	3,00 m = 2,92 m
1,01 »	0,75 »	1,51 »	1,35 »	2,01 »	1,89 »	2,51 »	2,41 »	3,10 »	3,02 »
1,02 »	0,76 »	1,52 »	1,36 »	2,02 »	1,90 »	2,52 »	2,42 »	3,20 »	3,13 »
1,03 »	0,78 »	1,53 »	1,37 »	2,03 »	1,91 »	2,53 »	2,43 »	3,30 »	3,23 »
1,04 »	0,79 »	1,54 »	1,38 »	2,04 »	1,93 »	2,54 »	2,44 »	3,40 »	3,33 »
1,05 »	0,80 »	1,55 »	1,39 »	2,05 »	1,94 »	2,55 »	2,46 »	3,50 »	3,44 »
1,06 »	0,81 »	1,56 »	1,40 »	2,06 »	1,95 »	2,56 »	2,47 »	3,60 »	3,54 »
1,07 »	0,83 »	1,57 »	1,41 »	2,07 »	1,96 »	2,57 »	2,48 »	3,70 »	3,64 »
1,08 »	0,84 »	1,58 »	1,42 »	2,08 »	1,97 »	2,58 »	2,49 »	3,80 »	3,74 »
1,09 »	0,85 »	1,59 »	1,44 »	2,09 »	1,98 »	2,59 »	2,50 »	3,90 »	3,84 »

Tafel X.

Tuchbreite 0,69 m.

Schräg	Recht	Schräg	Recht	Schräg	Recht	Schräg	Recht	Schräg	Recht
		1,10 m =	1,85 m	1,60 m =	1,44 m	2,10 m =	1,98 m	2,60 m =	2,51 m
		1,11 »	0,87 »	1,61 »	1,46 »	2,11 »	1,99 »	2,61 »	2,52 »
		1,12 »	0,88 »	1,62 »	1,47 »	2,12 »	2,00 »	2,62 »	2,53 »
		1,13 »	0,89 »	1,63 »	1,48 »	2,13 »	2,01 »	2,63 »	2,54 »
		1,14 »	0,91 »	1,64 »	1,49 »	2,14 »	2,02 »	2,64 »	2,55 »
		1,15 »	0,92 »	1,65 »	1,50 »	2,15 »	2,03 »	2,65 »	2,56 »
		1,16 »	0,93 »	1,66 »	1,51 »	2,16 »	2,04 »	2,66 »	2,57 »
		1,17 »	0,94 »	1,67 »	1,52 »	2,17 »	2,06 »	2,67 »	2,58 »
		1,18 »	0,95 »	1,68 »	1,53 »	2,18 »	2,07 »	2,68 »	2,59 »
		1,19 »	0,96 »	1,69 »	1,54 »	2,19 »	2,08 »	2,69 »	2,60 »
0,70 m =	0,11 m	1,20 m =	0,98 m	1,70 m =	1,55 m	2,20 m =	2,09 m	2,70 m =	2,61 m
0,71 »	0,17 »	1,21 »	0,99 »	1,71 »	1,56 »	2,21 »	2,10 »	2,71 »	2,62 »
0,72 »	0,21 »	1,22 »	1,01 »	1,72 »	1,57 »	2,22 »	2,11 »	2,72 »	2,63 »
0,73 »	0,24 »	1,23 »	1,02 »	1,73 »	1,58 »	2,23 »	2,12 »	2,73 »	2,64 »
0,74 »	0,27 »	1,24 »	1,03 »	1,74 »	1,59 »	2,24 »	2,13 »	2,74 »	2,65 »
0,75 »	0,29 »	1,25 »	1,04 »	1,75 »	1,61 »	2,25 »	2,14 »	2,75 »	2,66 »
0,76 »	0,32 »	1,26 »	1,06 »	1,76 »	1,62 »	2,26 »	2,15 »	2,76 »	2,68 »
0,77 »	0,34 »	1,27 »	1,07 »	1,77 »	1,63 »	2,27 »	2,16 »	2,77 »	2,69 »
0,78 »	0,37 »	1,28 »	1,08 »	1,78 »	1,64 »	2,28 »	2,17 »	2,78 »	2,70 »
0,79 »	0,38 »	1,29 »	1,09 »	1,79 »	1,65 »	2,29 »	2,18 »	2,79 »	2,71 »
0,80 m =	0,40 m	1,30 m =	1,10 m	1,80 m =	1,66 m	2,30 m =	2,20 m	2,80 m =	2,72 m
0,81 »	0,42 »	1,31 »	1,11 »	1,81 »	1,68 »	2,31 »	2,21 »	2,81 »	2,73 »
0,82 »	0,45 »	1,32 »	1,13 »	1,82 »	1,69 »	2,32 »	2,22 »	2,82 »	2,74 »
0,83 »	0,46 »	1,33 »	1,14 »	1,83 »	1,70 »	2,33 »	2,23 »	2,83 »	2,75 »
0,84 »	0,48 »	1,34 »	1,15 »	1,84 »	1,71 »	2,34 »	2,24 »	2,84 »	2,76 »
0,85 »	0,50 »	1,35 »	1,16 »	1,85 »	1,72 »	2,35 »	2,25 »	2,85 »	2,77 »
0,86 »	0,51 »	1,36 »	1,18 »	1,86 »	1,73 »	2,36 »	2,26 »	2,86 »	2,78 »
0,87 »	0,53 »	1,37 »	1,19 »	1,87 »	1,74 »	2,37 »	2,27 »	2,87 »	2,79 »
0,88 »	0,54 »	1,38 »	1,20 »	1,88 »	1,75 »	2,38 »	2,28 »	2,88 »	2,80 »
0,89 »	0,56 »	1,39 »	1,21 »	1,89 »	1,76 »	2,39 »	2,29 »	2,89 »	2,81 »
0,90 m =	0,58 m	1,40 m =	1,22 m	1,90 m =	1,77 m	2,40 m =	2,30 m	2,90 m =	2,82 m
0,91 »	0,60 »	1,41 »	1,23 »	1,91 »	1,78 »	2,41 »	2,31 »	2,91 »	2,83 »
0,92 »	0,61 »	1,42 »	1,24 »	1,92 »	1,79 »	2,42 »	2,32 »	2,92 »	2,84 »
0,93 »	0,62 »	1,43 »	1,25 »	1,93 »	1,80 »	2,43 »	2,33 »	2,93 »	2,85 »
0,94 »	0,64 »	1,44 »	1,26 »	1,94 »	1,81 »	2,44 »	2,34 »	2,94 »	2,86 »
0,95 »	0,65 »	1,45 »	1,28 »	1,95 »	1,82 »	2,45 »	2,35 »	2,95 »	2,87 »
0,96 »	0,67 »	1,46 »	1,29 »	1,96 »	1,83 »	2,46 »	2,36 »	2,96 »	2,88 »
0,97 »	0,68 »	1,47 »	1,30 »	1,97 »	1,84 »	2,47 »	2,37 »	2,97 »	2,89 »
0,98 »	0,69 »	1,48 »	1,31 »	1,98 »	1,85 »	2,48 »	2,38 »	2,98 »	2,90 »
0,99 »	0,70 »	1,49 »	1,32 »	1,99 »	1,87 »	2,49 »	2,39 »	2,99 »	2,91 »
1,00 m =	0,72 m	1,50 m =	1,34 m	2,00 m =	1,88 m	2,50 m =	2,40 m	3,00 m =	2,92 m
1,01 »	0,74 »	1,51 »	1,35 »	2,01 »	1,89 »	2,51 »	2,41 »	3,10 »	3,02 »
1,02 »	0,76 »	1,52 »	1,36 »	2,02 »	1,90 »	2,52 »	2,42 »	3,20 »	3,12 »
1,03 »	0,77 »	1,53 »	1,37 »	2,03 »	1,91 »	2,53 »	2,43 »	3,30 »	3,23 »
1,04 »	0,78 »	1,54 »	1,38 »	2,04 »	1,92 »	2,54 »	2,44 »	3,40 »	3,33 »
1,05 »	0,79 »	1,55 »	1,39 »	2,05 »	1,93 »	2,55 »	2,45 »	3,50 »	3,44 »
1,06 »	0,80 »	1,56 »	1,40 »	2,06 »	1,94 »	2,56 »	2,46 »	3,60 »	3,54 »
1,07 »	0,82 »	1,57 »	1,41 »	2,07 »	1,95 »	2,57 »	2,47 »	3,70 »	3,64 »
1,08 »	0,83 »	1,58 »	1,42 »	2,08 »	1,96 »	2,58 »	2,49 »	3,80 »	3,74 »
1,09 »	0,84 »	1,59 »	1,43 »	2,09 »	1,97 »	2,59 »	2,50 »	3,90 »	3,84 »

Tafel XI.

Tuchbreite 0,70 m.

Schräg	Recht	Schräg	Recht	Schräg	Recht	Schräg	Recht	Schräg	Recht
		1,10 m =	0,84 m	1,60 m =	1,44 m	2,10 m =	1,98 m	2,60 m =	2,51 m
		1,11 »	0,86 »	1,61 »	1,45 »	2,11 »	1,99 »	2,61 »	2,52 »
		1,12 »	0,87 »	1,62 »	1,46 »	2,12 »	2,00 »	2,62 »	2,53 »
		1,13 »	0,88 »	1,63 »	1,47 »	2,13 »	2,01 »	2,63 »	2,54 »
		1,14 »	0,89 »	1,64 »	1,48 »	2,14 »	2,02 »	2,64 »	2,55 »
		1,15 »	0,90 »	1,65 »	1,49 »	2,15 »	2,03 »	2,65 »	2,56 »
		1,16 »	0,92 »	1,66 »	1,50 »	2,16 »	2,04 »	2,66 »	2,57 »
		1,17 »	0,93 »	1,67 »	1,51 »	2,17 »	2,05 »	2,67 »	2,58 »
		1,18 »	0,95 »	1,68 »	1,52 »	2,18 »	2,06 »	2,68 »	2,59 »
		1,19 »	0,96 »	1,69 »	1,53 »	2,19 »	2,07 »	2,69 »	2,60 »
		1,20 m =	0,98 m	1,70 m =	1,55 m	2,20 m =	2,09 m	2,70 m =	2,61 m
0,71 m =	0,12 m	1,21 »	0,99 »	1,71 »	1,56 »	2,21 »	2,10 »	2,71 »	2,62 »
0,72 »	0,17 »	1,22 »	1,00 »	1,72 »	1,57 »	2,22 »	2,11 »	2,72 »	2,63 »
0,73 »	0,21 »	1,23 »	1,01 »	1,73 »	1,58 »	2,23 »	2,12 »	2,73 »	2,64 »
0,74 »	0,24 »	1,24 »	1,02 »	1,74 »	1,59 »	2,24 »	2,13 »	2,74 »	2,65 »
0,75 »	0,27 »	1,25 »	1,03 »	1,75 »	1,60 »	2,25 »	2,14 »	2,75 »	2,66 »
0,76 »	0,30 »	1,26 »	1,04 »	1,76 »	1,62 »	2,26 »	2,15 »	2,76 »	2,67 »
0,77 »	0,32 »	1,27 »	1,05 »	1,77 »	1,63 »	2,27 »	2,16 »	2,77 »	2,68 »
0,78 »	0,34 »	1,28 »	1,07 »	1,78 »	1,64 »	2,28 »	2,17 »	2,78 »	2,69 »
0,79 »	0,37 »	1,29 »	1,08 »	1,79 »	1,65 »	2,29 »	2,18 »	2,79 »	2,70 »
0,80 m =	0,39 m	1,30 m =	1,09 m	1,80 m =	1,66 m	2,30 m =	2,19 m	2,80 m =	2,71 m
0,81 »	0,41 »	1,31 »	1,11 »	1,81 »	1,67 »	2,31 »	2,20 »	2,81 »	2,72 »
0,82 »	0,42 »	1,32 »	1,12 »	1,82 »	1,68 »	2,32 »	2,21 »	2,82 »	2,73 »
0,83 »	0,44 »	1,33 »	1,13 »	1,83 »	1,69 »	2,33 »	2,22 »	2,83 »	2,74 »
0,84 »	0,46 »	1,34 »	1,14 »	1,84 »	1,70 »	2,34 »	2,23 »	2,84 »	2,75 »
0,85 »	0,49 »	1,35 »	1,16 »	1,85 »	1,71 »	2,35 »	2,24 »	2,85 »	2,76 »
0,86 »	0,51 »	1,36 »	1,17 »	1,86 »	1,72 »	2,36 »	2,25 »	2,86 »	2,77 »
0,87 »	0,52 »	1,37 »	1,18 »	1,87 »	1,73 »	2,37 »	2,26 »	2,87 »	2,78 »
0,88 »	0,53 »	1,38 »	1,19 »	1,88 »	1,74 »	2,38 »	2,27 »	2,88 »	2,79 »
0,89 »	0,55 »	1,39 »	1,20 »	1,89 »	1,75 »	2,39 »	2,28 »	2,89 »	2,80 »
0,90 m =	0,57 m	1,40 m =	1,21 m	1,90 m =	1,76 m	2,40 m =	2,29 m	2,90 m =	2,81 m
0,91 »	0,58 »	1,41 »	1,22 »	1,91 »	1,77 »	2,41 »	2,30 »	2,91 »	2,82 »
0,92 »	0,59 »	1,42 »	1,23 »	1,92 »	1,78 »	2,42 »	2,31 »	2,92 »	2,83 »
0,93 »	0,61 »	1,43 »	1,24 »	1,93 »	1,79 »	2,43 »	2,32 »	2,93 »	2,84 »
0,94 »	0,63 »	1,44 »	1,25 »	1,94 »	1,81 »	2,44 »	2,33 »	2,94 »	2,85 »
0,95 »	0,65 »	1,45 »	1,27 »	1,95 »	1,82 »	2,45 »	2,34 »	2,95 »	2,86 »
0,96 »	0,66 »	1,46 »	1,28 »	1,96 »	1,83 »	2,46 »	2,35 »	2,96 »	2,87 »
0,97 »	0,67 »	1,47 »	1,29 »	1,97 »	1,84 »	2,47 »	2,36 »	2,97 »	2,89 »
0,98 »	0,68 »	1,48 »	1,30 »	1,98 »	1,85 »	2,48 »	2,38 »	2,98 »	2,90 »
0,99 »	0,70 »	1,49 »	1,31 »	1,99 »	1,86 »	2,49 »	2,39 »	2,99 »	2,91 »
1,00 m =	0,72 m	1,50 m =	1,32 m	2,00 m =	1,87 m	2,50 m =	2,40 m	3,00 m =	2,92 m
1,01 »	0,73 »	1,51 »	1,33 »	2,01 »	1,88 »	2,51 »	2,41 »	3,10 »	3,02 »
1,02 »	0,74 »	1,52 »	1,34 »	2,02 »	1,89 »	2,52 »	2,42 »	3,20 »	3,12 »
1,03 »	0,75 »	1,53 »	1,35 »	2,03 »	1,90 »	2,53 »	2,43 »	3,30 »	3,22 »
1,04 »	0,77 »	1,54 »	1,36 »	2,04 »	1,91 »	2,54 »	2,44 »	3,40 »	3,33 »
1,05 »	0,78 »	1,55 »	1,38 »	2,05 »	1,93 »	2,55 »	2,45 »	3,50 »	3,43 »
1,06 »	0,79 »	1,56 »	1,39 »	2,06 »	1,94 »	2,56 »	2,46 »	3,60 »	3,53 »
1,07 »	0,80 »	1,57 »	1,40 »	2,07 »	1,95 »	2,57 »	2,47 »	3,70 »	3,63 »
1,08 »	0,81 »	1,58 »	1,41 »	2,08 »	1,96 »	2,58 »	2,48 »	3,80 »	3,73 »
1,09 »	0,83 »	1,59 »	1,42 »	2,09 »	1,97 »	2,59 »	2,49 »	3,90 »	3,84 »